国家示范性高等职业院校优质核心课程改革教材

公路病害分析与防治

主　编　宋　莉
副主编　唐富军
主　审　盛　湧

人民交通出版社

内容提要

本书为国家示范性高等职业院校课程改革教材。全书共分为六个学习任务，分别是：路基工程病害及其防治技术；沥青路面病害及其防治技术；水泥混凝土路面病害及其防治技术；涵洞病害及其防治技术；桥梁常见病害及其防治技术；隧道常见病害及其防治技术。

本书是高职高专院校道路桥梁工程技术专业教学用书，也可作为职业技能培训教材，或供从事路桥养护或管理的技术人员参考使用。

图书在版编目(CIP)数据

公路病害分析与防治/宋莉主编. —北京：人民交通出版社，2012.6
ISBN 978-7-114-09802-4

Ⅰ.①公… Ⅱ.①宋… Ⅲ.①公路—病害—防治—高等职业教育 —教材 Ⅳ.①U418

中国版本图书馆 CIP 数据核字(2012)第 099341 号

国家示范性高等职业院校优质核心课程改革教材

书　　名：	公路病害分析与防治
著　作　者：	宋　莉
责任编辑：	夏　迎
出版发行：	人民交通出版社
地　　址：	(100011)北京市朝阳区安定门外外馆斜街 3 号
网　　址：	http://www.ccpress.com.cn
销售电话：	(010) 59757973
总 经 销：	人民交通出版社发行部
经　　销：	各地新华书店
印　　刷：	北京市密东印刷有限公司
开　　本：	787×1092　1/16
印　　张：	14.5
字　　数：	360 千
版　　次：	2012 年 7 月　第 1 版
印　　次：	2015 年 8 月　第 2 次印刷
书　　号：	ISBN 978-7-114-09802-4
定　　价：	42.00 元

(有印刷、装订质量问题的图书由本社负责调换)

四川交通职业技术学院
优质核心课程改革教材编审委员会

主　　任　魏庆曜
副 主 任　李全文　王晓琼
委　　员　(道路桥梁类专业编审组)
　　　　　杨　平　袁　杰　李永林　张政国　晏大容　黄万才　盛　湧
　　　　　阮志刚　聂忠权　陈海英　常昇宏　张　立　王闰臣　刘玉洁
　　　　　宋林锦　乔晓霞
　　　　　(汽车运用技术专业编审组)
　　　　　周林福　袁　杰　吴　斌　秦兴顺　张　洪　甘绍津　刘晓东
　　　　　何　攀　粟　林　李作发　杨　军　莫　凯　高　琼　旷文才
　　　　　黄云鹏　顾　华　郭远辉　陈　清　许　康　吴晖彤　周　旭
　　　　　方　文
　　　　　(建筑工程专业编审组)
　　　　　杨甲奇　袁　杰　蒋泽汉　李全怀　李伯成　郑玉祥　曹雪梅
　　　　　郑新德　李　燕　杨陈慧

序 Xu

  为贯彻教育部、财政部《关于实施国家示范性高等职业院校建设计划,加快高等职业教育改革与发展的意见》(教高【2006】14号)和《关于全面提高高等职业教育教学质量的若干意见》(教高【2006】16号)精神,作为国家示范性高等职业院校建设单位,我院从2007年开始组织探索如何设计开发既能体现职业教育类型特点,又能满足高等教育层次需求的专业课程体系和教学方法。三年来,我们先后邀请了多名国内外职业教育专家,组织进行了现代职业技术教育理论系统学习和职业技术教育课程开发方法系统的培训;在课程开发专家团队指导下,按照"行业分析,典型工作任务,行动领域,学习领域"的开发思路,以职业分析为依据,以培养职业行动能力为核心,对传统的学科式专业课程进行解构和重构,形成了以学习领域课程结构为特征的专业核心课程体系;与企业专业技术人员共同组成课程开发团队,按照企业全程参与的建设模式、基于工作过程系统化的建设思路,完成了10个重点建设专业(4个为中央财政支持的重点建设专业)核心课程的学材、电子资源、试题库、网络课程和生产问题资源库等内容的建设和完善,在课程建设方面取得了丰厚的成果。

  对示范院校建设工程而言,重点专业建设是龙头;在专业建设项目中,课程建设是关键。职业教育的课程改革是一项长期艰苦的工作,它不是片面的课程内容的解构和重构,必须以人才培养模式创新为核心,实训条件的改善、实训项目的开发、教学方法的变革、双师结构教师团队的建设等一系列条件为支撑。三年来,我们以课程改革为抓手,力图实现全面的建设和提升;在推动课程改革中秉承"片面地借鉴,不如全面地学习",全面地学习和借鉴,认真地研究和实践;始终追求如何在课程建设方面做出中国特色,做出四川特色,做出交通特色。

  历经1 000多个日日夜夜的辛劳,面对包含了我们教师团队心血,即将破茧的课程建设成果的陆续出版,感到几分欣慰;面对国际日益激烈的经济的竞争,面对我国交通现代化建设的巨大需求,感到肩上的压力倍增。路漫漫其修远兮,吾将上下而求索!希望更多的人来加入我们这个团结、奋进、开拓、进取的团队,取得更多更好的成果。

  在这些教材的编写过程中,相关企业的专家给予了很多的支持与帮助,在此谨表示衷心的感谢!

四川交通职业技术学院院长

前 言

随着公路建设的快速发展,公路交通量也大幅增长,汽车载质量的显著提高使得已建公路的病害日益凸显。为保持公路的运营能力,为社会经济的发展提供不间断的服务,正确分析公路病害产生的原因和对公路病害采取有效的防治措施其意义重大。

《公路病害分析与防治》以职业能力培养为核心,基于行动导向的职业教育理念,以职业岗位工作目标为切入点,在编写的过程中注重理论联系实际,强化实用性和可操作性,重点突出行业对从业人员知识结构和职业能力的需求,充分体现高等职业教育的特点。

本教材在编写上具有以下一些特点:

1. 编排简明。本教材在编排上,打破了传统教材按章节划分的方法,而是按照公路的基本组成,分为路基、路面(沥青路面、水泥混凝土路面)、涵洞、桥梁、隧道工程等几个学习任务,每个学习任务中按病害类别进行病害的分析与防治理论知识的编排,使整本书知识结构清晰,思路明确。编排时采用大量工程图片,力争让本教材易懂易学,减少枯燥感。

2. 针对性强。本教材着重于对学生职业技术能力的培养,切入学习重点,定向培育、专向训练。以学生为主导,同时充分发挥教师的引导作用。

3. 理实一体。在本教材的各个学习任务中,除了对每种病害进行了详细成因分析和防治措施阐述外,在每单元后均设置了单元训练等实践项目,学生通过理论知识的学习和实践任务的完成,实现理论和实践相结合的教学目标,能学有所用,学以致用。

4. 强调过程。本教材注重对学生学习过程的评价,强调学生的学习过程成绩,取缔传统的仅以期末笔试定成绩的考核方式。

5. 严标准、新技术。本教材严格按照现行标准、规范要求,结合新技术、新工艺、新材料、新方法进行编写,内容严谨,文字表达力求准确。

本书共分为六个学习任务,分别为:任务一 路基工程病害及其防治技术;任务二 沥青路面病害及其防治技术;任务三 水泥混凝土路面病害及其防治技术;任务四 涵洞病害及其防治技术;任务五 桥梁常见病害及其防治技术;任务六 隧道常见病害及其防治技术。

本书由四川交通职业技术学院宋莉担任主编,唐富军担任副主编,四川交通职业技术学院盛湧担任主审。参与本教材编写工作的人员有(排名不分先后):四川交通职业技术学院宋莉、唐富军、宋林锦、倪春梅、钟彪和中铁一局二公司李飞。具体编写分工为:任务一由钟彪编写,任务二由宋莉编写,任务三由宋林锦编写,任务四由倪春梅编写,任务五由唐富军编写,任务六由李飞编写,全书统稿工作由宋莉、唐富军完成。

在本书编写过程中,参考和引用了大量有关文献资料,恕不一一列出,在此对相关作者表示感谢。

由于编写时间仓促,水平有限,书中内容难免存在缺点和错误,同时,随着各项教学改革的逐步深入及公路病害处治新技术、新材料、新工艺的进一步完善,书中难免有不妥之处,敬请广大读者批评指正。

编者

2012 年 3 月

目 录

任务一　路基工程病害及其防治技术 ································· 1
路基工程的特点及建筑要求 ·· 2
　单元一　路基工程病害类型 ··· 5
　单元二　路基下沉病害成因及防治技术 ······························ 18
　单元三　过渡段路基病害成因及防治技术 ··························· 27
　单元四　路基边坡病害成因及防治技术 ······························ 39
　单元五　软土地区路基病害成因及防治技术 ························ 51
　单元六　黄土地区路基病害成因及防治技术 ························ 61
　单元七　膨胀土路基病害成因及防治技术 ··························· 69

任务二　沥青路面病害及其防治技术 ································· 81
沥青路面使用性能的基本要求 ·· 82
　单元一　沥青路面病害的类型 ·· 84
　单元二　沥青路面裂缝类病害成因及防治措施 ····················· 89
　单元三　沥青路面松散类病害成因及防治措施 ····················· 96
　单元四　沥青路面变形类病害成因及防治措施 ···················· 105
　单元五　沥青路面其他病害成因及防治措施 ······················· 113
　单元六　沥青路面早期病害预防措施 ································ 117
　单元七　沥青路面车辙防治工程实例 ································ 125

任务三　水泥混凝土路面病害及其防治技术 ······················ 133
　单元一　水泥混凝土路面病害的类型 ································ 134
　单元二　水泥混凝土面层断裂类病害成因及处治 ················· 139
　单元三　水泥混凝土路面变形病害成因及处治 ···················· 148
　单元四　水泥混凝土路面接缝病害成因及处治 ···················· 153
　单元五　水泥混凝土路面表层类病害成因及处治 ················· 156

任务四　涵洞病害及其防治技术 ······································ 160
　单元一　涵洞常见的病害及其成因分析 ····························· 161
　单元二　涵洞病害处治措施 ·· 165
　单元三　涵洞的养护与病害的预防 ··································· 168

单元四　涵洞的加固与改造方法…………………………………………………… 172
任务五　桥梁常见病害及其防治技术 174
　　单元一　桥梁常见病害的类型…………………………………………………… 175
　　单元二　桥梁基础类病害成因及防治措施……………………………………… 179
　　单元三　桥梁墩台病害成因及防治措施………………………………………… 187
　　单元四　桥梁支座病害成因及防治措施………………………………………… 193
　　单元五　桥梁梁体病害成因及防治措施………………………………………… 196
　　单元六　桥梁桥面铺装病害成因及防治措施…………………………………… 201
任务六　隧道常见病害及其防治技术 206
　　单元一　隧道常见病害的类型…………………………………………………… 207
　　单元二　隧道水害成因及防治措施……………………………………………… 209
　　单元三　隧道冻害成因及防治措施……………………………………………… 213
　　单元四　隧道衬砌裂损原因及防治措施………………………………………… 215
　　单元五　隧道衬砌侵蚀的成因及防治措施……………………………………… 218

参考文献……………………………………………………………………………… 221

任务一 路基工程病害及其防治技术

导读

路基以土石为建筑材料,裸露在自然界中,需要承受自重、车辆荷载和各种自然因素的作用。由于水、温度和各种荷载的作用,土石的工程性质在不断变化,路基的各部分将产生可恢复或不可恢复的变形。那些不能恢复的变形将引起路基高程和边坡坡度、形状的改变,甚至造成土体位移和路基横断面几何形状的改变,危及路基及其各组成部分的完整和稳定,形成路基病害。常见路基病害包括:软土、湿陷性黄土、膨胀土和冻土路基病害,高填方路堤病害,路基纵、横向不均匀沉降以及路基边坡崩塌、滑坡、泥石流等。

路基病害整治工作包括路基病害的识别、病害整治设计、施工管理和竣工验收等。路基病害整治课程主要介绍如何进行路基工程常见病害的识别、编制整治设计和施工组织设计(包括施工管理与质量检验等)。学完本任务,学生可以进行常见路基病害的识别及常见路基病害的整治设计和施工。

学习目标

知识目标

(1)路基病害的类型及特征;
(2)路基病害产生的原因;
(3)路基病害的预防和处治技术。

能力目标

(1)能够正确并熟练地识别路基病害类型;
(2)能够说出各种类型病害的形成条件、影响因素及特征;
(3)能够熟练地说出各种类型病害的预防和处治方法;
(4)通过查阅资料等方法,能够合理制订出各种类型病害处治方法的具体施工工艺。

任务描述

通过对本任务知识的学习,以实训基地常见的路基病害为任务对象,在教师的指导下,以小组形式分工合作,每个小组 5~6 名学生,各小组制订工作计划;要求每组成员能正确区分路基病害类型、等级,正确分析病害产生的原因,提出可行的处治方法,并总结预防该类病害的措施,制订病害处治方法的具体施工工艺。

学习引导

本学习任务结构流程如下:

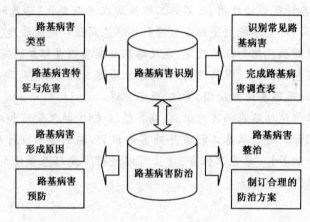

路基工程的特点及建筑要求

◇想一想:路基工程有哪些特点和建筑要求?

路基是由土、石材料按一定技术要求,填筑压实而成的结构物,它承受路面传递的行车荷载,是支承路面的基础部分。路基三要素包括宽度、高度和边坡坡度。路基的基本断面形式有路堤、路堑和半填半挖路基,见图 1-0-1~图 1-0-3。

公路作为一项线性工程,有的延续数百公里,甚至上千公里。公路沿线地形起伏,地质、地貌、气象特征多变,再加上沿线城镇经济发达程度及交通繁忙程度不一,决定了路基工程复杂多变的特点。路基施工改变了沿线原有的自然状态,挖填及借弃土石方涉及当地生态平衡、水土保持和农田水利。路基稳定与否对路面工程质量影响甚大,并关系到公路的正常使用。实践证明,没有坚固稳定的路基就没有稳固的路面。

路基工程施工工艺较简单,工程数量大,耗费劳力多,涉及面较广,耗资也很多。部分资料分析表明,一般公路的路基修建投资占公路总投资的 25%~45%,个别山区公路可达 65%,因此,精心设计、精心施工,使路基能长时期具备良好的使用性能,对于节约投资、提高运输效益,均具有十分重要的意义。

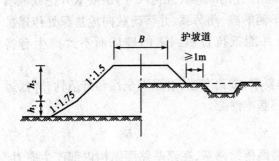

图1-0-1 路堤

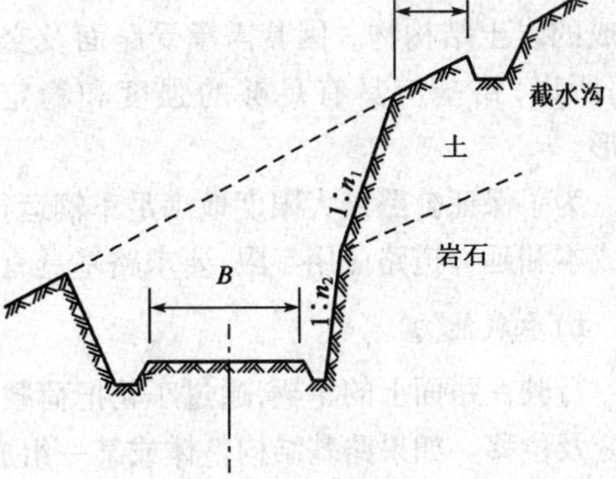

图1-0-2 路堑

现代化公路运输,不仅要求公路能全天候通行车辆,而且要求车辆能以一定的速度,安全、舒适、经济地在公路上运行。这就要求路基具有良好的使用性能、良好的行驶条件和服务水平。

1. 路基工程的特点

在路线纵断面上,路基必须保证线路需要的高程;在平面上,路基与桥梁、隧道联结组成完整贯通的线路。因此,路基工程具有以下特点。

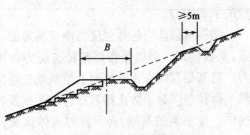

图1-0-3 半填半挖路基

1)结构简单,有大量土石方工程

路基是建筑在土石地基上并以土石为建筑材料的土工结构物。岩石和土都是不连续介质,各种岩石性质差异悬殊,并具有多种结构面;土的成因、成分、结构、构造也各不相同。在自然营力和人类活动的作用下,土石的工程性质在不断变化。因此,在以岩土力学为基础的路基工程设计中,取得正确反映土石工程性质的物理力学指标,并建立表达土石的应力—应变—时间关系的本构模型,是岩土工程的重要研究内容,也是路基设计和施工水平提高的基础。

2)路基完全暴露在大自然中,受自然因素影响很大

在路线工程中,路基除可遇见各种复杂的地形、地质条件外,还常受严寒、酷暑、水位涨落、狂风暴雨等气候、水文乃至地震等自然条件的影响,将会引起各种病害,如膨胀土路基干缩、湿胀引起路基边坡坍塌,南方滛雨、北方冻胀、融沉引起路基隆起、下沉、翻浆冒泥等病害,西北风蚀沙埋路基等。因此,路基的设计、施工、养护均离不开具体的自然条件,应该在充分调查研究的基础上,认识和克服公路病害。

3)路基同时受静荷载和动荷载的作用

路基上的路面结构和附属构筑物产生静荷载,交通车辆运行产生动荷载。动荷载是造成路基病害的主要原因之一。研究土体在动力作用下的变形、稳定问题,必须了解土的动力性质,包括土的动强度和液化、动孔隙水压力增长及消散模式、土的震陷等。一些新的测试手段和计算模型的出现,为进一步深入研究路基土动力响应提供了更为完善的条件。在路基设计

3

中,一般将动荷载视为静荷载进行计算。

2. 路基工程的建筑要求

路基作为路面的基础,是在地表按路线线形(位置)和断面(几何尺寸)的要求开挖或堆填而成的岩土结构物。因其需承受路面及交通车辆的静、动荷载,并将荷载向地基深处传递扩散,所以,路基应具有足够的强度和稳定性,并能抵抗自然因素的破坏而不致产生有害变形。

为了保证公路最大限度地满足车辆运行的要求,提高车速,增强安全性和舒适性,降低运输成本和延长道路使用年限,要求路基具有下述基本性能。

1)承载能力

行驶在路面上的车辆,通过车轮把荷载由路面传给路基,在路基路面结构内部产生应力、应变及位移。如果路基结构整体或某一组成部分的强度或抗变形能力不足以抵抗这些应力、应变及位移,则路面会出现断裂,路基结构会出现沉陷,路面表面会出现波浪或车辙,从而使路况恶化,服务水平下降。因此,要求路基结构整体及其各组成部分,都应具备与行车荷载相适应的承载能力。

结构承载能力包括强度与刚度两方面。强度和刚度是两个不同的力学特性,两者既有联系,又有区别。强度是指路基抵抗应力作用和避免破坏的能力;刚度是指路基抵抗变形的能力。路基是直接在天然地面上填筑或挖除部分地面而建成的。路基修建后改变了原地面的自然平衡状态。为了防止路基在行车荷载及各种自然因素作用下发生破坏与失稳,同时给路面提供一个坚实的基础,必须针对具体情况,采取一定的措施来保证路基具有足够的强度。同时,为保证路基在荷载作用下不致产生超过容许范围的变形,要求路基具有足够的刚度。

2)整体稳定

在天然地表面建造的公路结构物改变了自然的平衡,在达到新的平衡状态之前,公路结构物处于一种暂时的不稳定状态。新建的路基结构袒露在大气之中,经常受到大气温度、降水与湿度变化的影响,使结构物的物理、力学性质随之发生变化,处于另外一种不稳定状态。路基结构能否经受这种不稳定状态,而保持工程设计所要求的几何形态及物理、力学性质,称为路基结构的稳定性。

在地表上开挖或填筑路基,必然会改变原地面地层结构的受力状态。原来处于稳定状态的地层结构,有可能由于填挖筑路而引起不平衡,导致路基失稳。如在软土地层上修筑高路堤或在岩质或土质山坡上开挖深路堑时,有可能由于软土层承载能力不足或者由于坡体失去支撑,而出现路堤沉落或坡体坍塌破坏。路线如果选在不稳定的地层上,则填筑或开挖路基会引发滑坡或坍塌等病害出现。因此,在勘测、设计、施工中应密切注意,并采取必要的工程措施,以确保路基有足够的稳定性。

大气降水使得路基结构内部的湿度状态发生变化,低洼地带路基排水不良及长期积水,会使低路堤软化,失去承载能力。山坡路基有时因排水不良,会引发滑坡或边坡坍塌。因此,防水、排水是确保路基稳定的重要方面。

大气温度周期性的变化对路基结构的稳定性有重要影响。在严重冰冻地区,低温引起路基的不稳定是多方面的,如低温会引起路基收缩裂缝;地下水源丰富的地区,低温会引起冻胀;春天融冻季节,在交通繁重的路段,低温有时会引发翻浆,使路基发生严重的破坏。

3)耐久性

路基工程工程量巨大、投资大,从规划、设计、施工至建成通车需要较长的时间,且应有较长的使用年限,要求承重并经受车辆直接碾压的路面部分使用年限 20 年以上。因此,路基工程应具有耐久性。

在车辆荷载的反复作用与大气水温周期性的重复作用下,路基使用性能将逐年下降,强度与刚度将逐年衰减。路基的稳定性也可能在长期经受自然因素的侵袭后逐年削弱。因此,为提高路基的耐久性,保持其强度、刚度、几何形态,除了精心设计、精心施工、精选材料之外,还应把养护、维修、恢复路基性能的工作放在重要的位置。

单元一 路基工程病害类型

📌 知识要点

(1)一般路基病害类型及其特征;
(2)特殊土质路基病害类型及其特征。

◇想一想:路基病害类型有哪些? 如何识别?

一、一般路基病害类型

1. 路基下沉

1)路基整体下沉

路基下沉是指路基表面在垂直方向产生较大的沉落。路基下沉有两种情况:一是路基本身的沉陷,如图 1-1-1a)所示;二是由于路基下部天然地面承载力不足时,在路基自重的作用下引起沉陷或向两侧挤出。当路基填料选择不当、填筑方法不合理、压实不足时,在路堤堤身内部将形成过湿的夹层,在荷载和水湿综合作用下,引起路基沉缩,如图 1-1-1b)所示。当原天然地面为新近填土、软土、泥沼等软弱土时,因地基承载力不足,路基修筑前未经处理,在路基自重作用下,地基下沉或向两侧挤出,引起路基沉陷,如图 1-1-1c)所示。

路基下沉工程实例如图 1-1-2 所示。

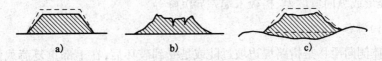

图 1-1-1 路基下沉
a)路基沉陷;b)路基沉缩;c)地基沉陷

2)路基横向不均匀沉降

路基横向不均匀沉降是指路基在各种因素的作用下,沿路基横向发生不同程度的沉降差。

图1-1-2 路基下沉工程实例

受路堤填料不均匀、路基填土压实不均匀、地下水的动态变化作用、气候等因素影响,路基往往出现横向不均匀沉降(图1-1-3、图1-1-4)。

图1-1-3 横向不均匀沉降导致纵向开裂　　　　图1-1-4 路基局部不均匀沉降

2. 过渡段路基的病害

过渡段路基病害最主要的表现为桥头跳车现象。桥头跳车的表现形式有两种:一是桥头不设搭板时桥台与路堤衔接处的错台现象;二是桥头设置搭板时由于搭板路基端沉降引起的路桥过渡段纵坡变化。第一种形式,台阶高度在1.5cm以上,车速在60~140km/h时,车辆行驶速度将受到影响,同时产生颠簸而形成跳车。第二种形式判定其严重与否的决定因素是搭板沉降前后的纵坡变化率。国内外多数根据现场行车调查确定搭板容许坡差,瑞典的标准是0.4%,法国规定为0.38%~0.6%。一些行车调查表明,对90~100km/h的车速,搭板纵坡变化值在0.4%~0.6%以下时,不会影响行车舒适性。京石公路使用状况调查显示,60km/h的车速,桥头纵坡变化率在0.5%以下时没有跳车感觉。

过渡段路基的病害特征主要有:整体侧向滑移、路堤与桥台间形成错台、路面凹陷、搭板断裂、搭板与路堤形成纵向坡度差、搭板末端差异沉降等。

1) 整体侧向滑移

路堤的整体侧向滑移是指路堤边坡过陡或是受到破坏后,在上部重复荷载作用下形成纵向裂缝或沿破裂面整体下滑,如图1-1-5所示。对于桩柱式埋置式桥台,台前的土体基本处于无侧限受压状态。当锥坡受到破坏,且在自重和车辆的冲击荷载作用下,土体有向桥内移动的趋势,形成横向裂缝或整体下滑,使得桥头部位的路基、路面产生较大的竖向位移,从而引起桥头跳车。

2) 路堤与桥台间形成错台

路基与桥台错台的主要表现为：①局部沉降发生在台背与过渡段结合处，即最大沉降深度 D 距离桥台背很近，形成错台；②路基整体下沉，差异沉降 D 达到一定值时，引起桥头跳车现象，如图 1-1-6 所示。

3) 路面凹陷

路面凹陷也是一种常见病害，主要是由于路堤或地基的不均匀沉降引起，外部表现特征是路基沉降不均匀，路面破坏严重、凹凸不平，见图 1-1-7。此模式的主要特征是：①过渡段内的路基沉降不均匀，路面出现凹陷；②沉降的最大值距桥台有一定的距离。

4) 搭板断裂

搭板断裂是用搭板法处理中产生的一种新病害，见图 1-1-8。破坏特征主要表现为：①路基发生不均匀沉降，搭板底部脱空，沿脱空区受力较大的方向发生断裂；②枕梁部分及其以外的路基沉降较小；③搭板较薄，不足以单独承受上部荷载。

5) 搭板与路堤形成纵向坡度差

搭板与路堤形成纵向坡度差，是指当路堤沉降较大或搭板长度不够，纵向坡差超过一定范围时，就会在搭板与路堤衔接处产生转角，形成"二次跳车"，见图 1-1-9。主要特征为：①路基整体沉降过大；②搭板较短，不足以使桥台与路基的差异沉降平稳过渡；③搭板一端简支于桥台。

图 1-1-5　整体侧向滑移引起的裂缝

图 1-1-6　错台

图 1-1-7　凹陷

图 1-1-8　搭板断裂

6) 搭板末端差异沉降

我国桥头跳车问题比较突出，故在设计与施工中都采取一定措施，如在设置桥头搭板的同时对搭板区段路基进行注浆处理，这样，过渡段的下沉固然减小了，但往往忽略了对搭板以外路基的处理与压实,经过一段时间的运营后搭板末端产生差异沉降,形成新的跳车现象,如图1-1-10所示。

图1-1-9 路基下沉引起纵向反坡

图1-1-10 搭板末端差异沉降

3. 边坡的病害

1) 溜方

边坡溜方属于浅层破坏,一般发生在坡面的表层或坡面下不足2m的范围内。溜方是由于少量土体沿土质边坡向下移动所形成的,如图1-1-11所示。它可能是由于流水冲刷边坡或施工不当而引起的。虽然溜方滑下的土石方量很小,但这种破坏常常使路面处于悬空状态,进而影响车辆通行,如图1-1-12所示。

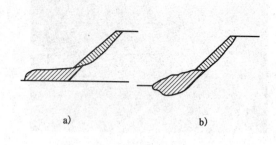

图1-1-11 路基边坡溜方

图1-1-12 路基边坡溜方实例

2) 滑坡

滑坡是指一部分土体在重力作用下沿路堤的某一滑动面滑动的现象,如图1-1-13所示。滑坡现象主要是土体的稳定性不足而引起的,分路堤滑坡和路堑滑坡。

边坡坡度过陡,或边坡坡脚被冲刷挖空,或填土层次安排不当,是路堤边坡发生滑坡的主要原因,如图1-1-14所示。路堑边坡滑坡的主要原因是边坡高度和边坡坡度与天然岩土层的性质不相适应。黏性土层和蓄水的砂石层交替分层蕴藏,特别是有倾向路堑方向的斜坡层理时,就更容易造成滑坡。

3) 风化剥蚀

风化剥蚀指风化的石质路堑边坡在外界环境因素如降水、强风、振动等影响下成片或块体剥落而危及路线和行车安全的现象。一般多指因地形、地质而造成的体积较小而数量较多的风化岩石剥落,现场常用设防护网(图 1-1-15)或喷射水泥浆(图 1-1-16)等方法处理。

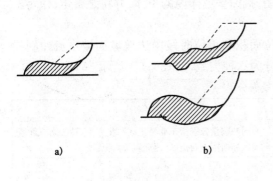

图 1-1-13　路基边坡滑坡

图 1-1-14　高填方路堤边坡滑坡

图 1-1-15　岩石边坡防护网处理

图 1-1-16　岩石边坡喷射水泥浆防护处理

4) 坡面冲刷

冲刷是指降雨形成的坡面水流破坏路基边坡坡面,并冲走坡面表层土体的现象。它可根据冲刷发展阶段和冲蚀痕迹的形态特征,或按坡面土体运移方式和特征进行分类,也可按照路基边坡有无防护工程措施,或按坡面冲刷量的大小进行分类。

按坡面冲刷发展阶段和冲蚀痕迹的形态特征,可将坡面冲刷分为四类:溅蚀、片蚀、沟蚀、冲刷坍塌。溅蚀是指裸露的坡面上,雨滴直接打击坡面引起土颗粒分散和飞溅,或撞击地表薄层水流,增大水流的紊动,从而增大坡面水流侵蚀能力的现象,它是在一次降雨中最先发生的坡面侵蚀,通常出现在整个坡面上。片蚀是指由于分散的地表径流冲走坡面表层土粒的一种侵蚀现象,它是坡面侵蚀中最常见的一种形式。沟蚀是指在雨滴及表层水流冲刷的共同作用下,坡面出现的坑洞及沟槽现象。按侵蚀规模分为细沟侵蚀、浅沟侵蚀、冲沟侵蚀。细沟侵蚀一般深度小于 5cm,宽度小于 10cm;浅沟侵蚀一般深度为 5~50cm,宽度为 10~50cm;冲沟侵蚀一般沟深大于 1m,沟宽 1~2m。冲刷坍塌是指冲沟两侧和上游沟壁物质由于强烈冲刷作用,在自重力作用下失去平衡,产生掉块、泻溜和塌落的现象。

按坡面土体运移方式和特征,坡面冲刷可划分为两类:推移型冲刷和悬移型冲刷。推移型冲刷是指在坡面径流作用下,坡面粒径较大的土颗粒沿坡面滚动、滑动、跃动,或是层状沿坡面向下移动。悬移型冲刷是指坡面土体中比较细小的颗粒在水流中呈悬浮状前进,其顺水流运动的速度与坡面流基本相同,它受水流的紊动尺度和土粒的大小影响显著。

按路基边坡有无防护工程措施,坡面冲刷可分为三类:裸坡冲刷(图 1-1-17)、防护边坡冲刷(图 1-1-18)、潜蚀性冲刷。潜蚀性冲刷是指坡面水流沿圬工护坡与坡面的结合部位或圬工护坡体裂缝破损处下渗和下灌,产生类似管涌作用,掏蚀护坡体内的土体,并将之带走,使圬工护坡坍塌、下陷和失效的现象。

坡面冲刷按坡面冲刷量的大小划分,即以单位面积和单位时段内边坡坡面被水流冲刷侵蚀并发生位移的土体质量来表示冲刷量,可将其分为六种类型,如表 1-1-1 所示。

坡面冲刷按冲刷量分类 表 1-1-1

类　型	冲刷量[t/(km²·a)]	备　注
微度冲刷	<200 或 500 或 1 000	不同冲刷量分别指东北黑土区和北方土石区,南方红壤丘陵区和西南土石山区,西北黄土高原区
轻度冲刷	200 或 500 或 1 000～2 500	
中度冲刷	2 500～5 000	
强度冲刷	5 000～8 000	
极强度冲刷	8 000～15 000	
剧烈冲刷	>15 000	

图 1-1-17　裸坡冲刷

图 1-1-18　防护边坡冲刷

4. 支挡防护构造物的病害

通过调查发现,路基支挡防护构造物具有代表性的病害主要有勾缝脱落、裂缝、表面破损、沉降缝(伸缩缝)破坏,支挡结构滑移倾斜、失稳等病害形式。

1)勾缝脱落

勾缝脱落是工程防护与支挡构造物中比较普遍的一种病害。砂浆勾缝在雨水表面径流作用下,砂浆被冲刷散失,水泥混凝土预制块或片(块)石砌缝外露,使坡面降雨集中冲刷,加剧冲蚀作用,形成坡面沟蚀,使砌缝内路基填土随水流失或雨水渗入路基本体,降低路基强度,严重者甚至形成路基陷穴,使砌体脱空,如图 1-1-19 所示。

2)裂缝

裂缝是浆砌片(块)石护坡、水泥混凝土预制块护坡及挡土墙比较常见的病害之一,如图 1-1-20 所示。坡面防护裂缝通常有两种:一种是在坡顶有错台的裂缝;另一种是坡面有错台的裂缝,其产生通常伴随着坡面表面不平整,发生微量膨胀。前者一般主要是由路基发生不均匀沉陷而引起,而后者主要是因砌体背侧填料滑动引起膨胀变形而产生的。根据严重程度,挡土墙裂缝有两种:贯通裂缝和未贯通裂缝。如果发生了贯通裂缝,则墙体可能发生断裂,失去支挡作用,危害程度较大,应及时加以处理。

图1-1-19　勾缝脱落

图1-1-20　裂缝

3) 表面破损

表面破损主要是指浆砌片(块)石或预制块破碎松动、砂浆脱落的现象,如维修不及时,则雨水冲刷下渗,导致大面积散失、脱空和剥落,降低或失去支挡防护作用。

4) 沉降缝、伸缩缝破损

沉降缝、伸缩缝破损变形主要是指在施工中未按要求完全封闭、设计中设置位置不合理或设置数量不足,在自然因素和人为因素作用下,导致其被颗粒材料填充、变形量不足而被挤裂或拉开。

5) 滑移倾斜

滑移倾斜是由于支挡结构受到背后土体较大土压力的作用,支挡结构的抗滑移和抗倾覆能力不足,导致支挡结构产生较大的位移,如图1-1-21所示。一般来说,滑移和倾斜往往同时存在。支挡结构发生滑移倾斜后,支挡结构对台后土体的支撑作用减弱,轻则导致路基沉降、开裂,重则导致路基出现错台、失稳等现象。

6) 失稳

失稳是支挡防护结构最为严重的病害。它常常是由于受到外界条件(地震、山洪)的强烈作用,导致支护结构完全失去作用,产生失稳现象,如图1-1-22所示。

图1-1-21　路基挡墙滑移外倾

图1-1-22　路基支挡结构失稳

二、特殊土质路基病害

(一)软土地区路基病害类型

软土地基有相对较大的孔隙,含水率较高,且透水性差。在软土地基上填筑路堤时,如果软土层滑动,路基就会失稳,将造成重大损失。在填土荷载的作用下,填方路堤工后沉降迅速或不均匀沉降量超过设计允许值,地基产生的不均匀沉降将导致路面结构和功能损坏,出现纵横坡变化,行车颠簸;路面出现纵向裂缝,严重时裂缝变宽,裂缝向土路肩边缘伸展,裂缝处呈现错台,形成滑裂面。

1. 桥头跳车

因通航净空等条件限制,桥头路堤一般填高较大,桥头跳车极易发生,新建公路桥头跳车现象普遍,如图1-1-23所示。

2. 路基失稳

路基失稳多位于填土较高、软土较厚或水塘、河岸地区,在施工过程中出现较多。往往是因路基填筑太快或用透水性材料对水塘回填处理不够,导致路基坡脚向外滑移、失稳。

3. 路基纵向开裂

路基失稳、不均匀沉降均会导致纵向开裂。特别在半填半挖路段、半幅利用老路基路段,更易出现路基纵向开裂,如图1-1-24所示。

4. 路基盆形沉降

因路基基底中间受力大,两侧受力小,出现中间沉降快,两侧沉降慢的现象称为路基盆形沉降,多出现在高填方路段、桥头部位。

图1-1-23 桥头跳车　　　　　　　　　　图1-1-24 路基纵向开裂

(二)黄土地区路基病害类型

1. 路堤病害

常见的黄土路堤病害主要有:路堤或基底沉陷、土桥病害、路堤局部坍塌与边坡滑动等。

1)沉陷变形

路堤的沉陷变形有人为因素和地基因素。人为因素是指路堤本身填筑时碾压达不到设计的压实度要求,这是路堤沉陷变形的主要原因之一。研究表明,湿陷性黄土压实干密度达到 $1.65 \times 10^3 kg/m^3$ 时,可明显减少路堤本身的沉陷。地基因素是指由于堤重或行车荷载的作用引起的固结沉降,湿陷性黄土浸水后则引起湿陷变形。黄土沉陷和黄土路堤沉陷如图 1-1-25 和图 1-1-26 所示。

图 1-1-25　黄土沉陷

图 1-1-26　黄土路堤沉陷

2)土桥病害

黄土桥是指跨越沟谷的高填路堤,坐落于崾岘或冲沟之上。土桥改变了原来的水文、地质条件和地形地貌条件,加之车辆动荷载的作用,使得土桥与周围环境处于动态平衡之中,一旦某种因素失去平衡,将会产生土桥病害。

3)路堤坍塌与边坡滑动

当路线通过重丘区时,凹曲线半径较小,设计纵坡往往大于路面横坡,导致路面水向凹曲线底部汇集,有些泄水槽未起到应有的作用;加之重丘地区暴雨来得猛,路面积水来不及排出,漫过挡水坎,沿边坡漫流而下,积水浸入路堤中,引起边坡滑坍、坡面开裂,有的地方硬路肩已悬空,已危及路面,如图 1-1-27 所示。另外,路堤边坡急流槽基础压实不足、急流槽浆砌片石防护质量不好,局部勾缝脱落时,容易导致雨水下渗、黄土湿陷、槽底局部淘蚀、急流槽破坏。

图 1-1-27　黄土路堤坍塌

2. 边坡病害类型

黄土地区公路边坡病害破坏形式可归结为两种基本类型,即坡面破坏(包括剥落和冲刷等)和坡体破坏(包括崩坍、坡脚坍塌、滑坡和流泥等)。

1)边坡坡面破坏

(1)剥落

坡面剥落是黄土边坡变形的一种普通现象,可发生在各种黄土层中。虽然这种边坡变形不是坡体整体变形,但对路堑边坡危害极大,会引起其他更严重的边坡变形或破坏,处理起来也十分困难。剥落按其形态一般可分为以下四类:

①鱼鳞状剥落。这种变形易发生在含易溶盐多(一般为1%～20%)的地区,即新第四系风积黄土和冲积洪积黄土中。

②片状剥落。主要发生在新第四系风积和近代坡积的均质黄土层中。这种土层在较陡峻边坡的表面,常形成一层厚约3～4cm的硬壳。这层硬壳在自然营力作用下,呈大块片状剥落。

③层状剥落。主要发生在洪积冲积黄土互层中,这类黄土多由黏土、砂黏土及砂等互层构成。由于各层的岩性、含水率以及含易溶盐情况不同,使得风化的快慢和强烈程度也不尽相同。一般黏粒含量高者,剥落快而严重;相比较而言,粉土粒和砂粒含量高者,剥落较轻、较慢,因而形成层状或带状的剥落现象。

④混合状剥落。边坡坡面剥落有时会同时出现几种剥蚀类型。这是由于黄土表层的剥落与黄土的岩性有直接关系,因而在同一坡面上,可能同时出现包括几种类型剥落现象的混合状剥落。

(2)坡面冲刷

坡面冲刷是常见的公路边坡变形,会引起大量的水土流失。坡面冲刷使坡面呈沟状或洞穴状,一般形成坡肩冲刷坍塌、坡面冲刷串沟、坡面冲刷跌水、坡脚冲刷掏空、坡面冲刷沟穴、岩石接触的冲刷沟穴等。黄土边坡坡面冲刷与土层、岩性、微地貌条件、水文条件等有密切的关系。

2)边坡坡体破坏

(1)崩坍

黄土边坡崩坍是土体沿节理面倒坍和下错的斜坡动力地质现象,是多种自然因素及人为因素综合作用的结果。主要影响因素有:地层岩性、地质构造、降水、气温变化、人为因素或地质运动等。

对黄土而言,土层节理发育,边坡陡峻,在风化和水的冲蚀、浸润作用下,坡脚严重冲刷,往往会使坡体崩坍,如图1-1-28所示。

(2)坡脚坍塌

坡脚坍塌易在湿陷性新黄土中发生。因其结构松散,坡脚松软,受水浸湿或冲刷会发生坡脚局部坍塌,一般规模较小,但较普遍,如图1-1-29所示。坡脚坍塌是产生滑坡的前提,也有可能诱发规模更大的坍塌。

(3)滑坡

滑坡是土体沿着明显的滑动带或滑动面下滑的现象,滑动面呈上陡下缓的圆弧状,如图1-1-30所示。其产生原因主要是由于黄土的强度下降引起的土体稳定性平衡破坏。大型滑坡常发生在松散结构或黄色湿陷性黄土层中,在新黄土中也会出现小型滑坡。滑坡多发生在老黄土和岩土间出现不整合倾斜接触面处,此处的黄土本身稳定性差,遇水作用或在其他条件(如地震、大爆破等)的作用下,极易产生土体滑移和崩坍。

(4)流泥

呈斜坡状的黄土如果土质松散,具有渗水性较小的下卧层时,土体在地下水或在地下水与地表水相互作用下浸润黄土土体,使土饱和形成塑性流动,称为流泥,如图1-1-31所示。流泥可能诱发其他病害,使边坡出现崩坍或滑坡等更为严重的破坏。

图 1-1-28　黄土边坡崩坍

图 1-1-29　黄土路堑边坡坡脚坍塌

图 1-1-30　黄土边坡滑坡

图 1-1-31　黄土边坡流泥

(三)膨胀土路基病害

1. 路堑变形破坏类型

膨胀土路堑变化破坏形式有剥落、冲蚀、泥流、溜塌、坍滑、滑坡六种类型。其病害特点分别如下。

1)剥落

剥落是路堑边坡表层受大气物理风化作用,土块碎解成细粒状、鳞片状,在重力作用下沿坡面剥落的现象。剥落主要发生在旱季,干旱时间越长,蒸发越强烈,剥落越严重。一般强膨胀土较弱膨胀土剥落更甚,阳坡比阴坡剥落要严重。剥落物堆积于边坡坡脚或边沟内常造成边沟堵塞。

2)冲蚀

冲蚀是坡面松散表土在大气降雨或地表径流的集中水流冲刷侵蚀作用下,沿坡面形成的沟状冲蚀现象。冲蚀主要发生在雨季,与水流作用的强度和时间成正比例关系,水流越集中,冲蚀越严重,常使坡面由纹沟发展成细沟,进而形成冲沟,遍布坡面。一方面,造成边坡不断后退;另一方面,冲沟深切将导致坡面土体局部破坏。

3)泥流

泥流是坡面松散土粒与坡脚剥落堆积物在雨季被水流裹带搬运形成。一般,在膨胀土长大坡面、风化剥落严重且地表径流集中时最易形成。泥流常造成边沟或涵洞堵塞,严重者可冲毁路基、掩埋路面。

4) 溜塌

边坡表层强风化层内的土体,吸水膨胀软化,处于过饱和状态,在重力与渗透压力作用下,沿坡面向下产生塑流状塌移的现象称为溜塌。溜塌是膨胀土边坡表层最普遍的一种病害形式,常发生在雨季,与降雨稍有滞后关系。溜塌可在边坡的任何部位发生,与边坡坡度无关,有的以单个溜塌出现,长大边坡可见到多个溜塌体相连形成带状溜塌裙。溜塌上方有弧形小坎,无明显裂缝与滑面,塌体移动距离较短且很快自行稳定于坡面,呈片状分布。溜塌厚度受强风化层控制,大多在 1.0m 以内,不超过 1.5m。

5) 坍滑

边坡浅层膨胀土体在湿胀干缩效应与风化作用的影响下,由于裂隙切割以及水的作用,土体强度衰减,边坡丧失其稳定性,土体沿一定滑面整体滑移并伴有局部坍落的现象称为坍塌,如图 1-1-32 所示。坍滑常发生在雨季,较之降雨稍有滞后,滑面清晰且有擦痕,滑体裂隙密布,多在坡脚或软弱夹层处滑出,破裂面上陡下缓,滑面含水富集明显高于滑体,呈横展式分布。坍滑若继续发展,常沿后缘牵引逐步形成滑坡。坍滑发展除与膨胀土类型、边坡陡度有关外,还受土体结构严格控制。其破坏厚度一般在风化作用层内,多为 1.0~3.0m。

6) 滑坡

边坡开挖土体临空,由于坡脚支撑或软弱夹层被切断,胀缩效应与风化作用使边坡土体结构破坏,强度衰减,在水的促滑作用下,使边坡土体丧失稳定平衡,沿一定滑面整体向下位移滑动的现象,称为滑坡,如图 1-1-33 所示。滑坡常在雨季发生,比降雨稍有滞后,具有弧形外貌,有明显的滑床与滑动面及擦痕。滑床后壁陡直,前缘比较平缓,主要受裂隙控制。滑坡多呈牵引式出现,具叠瓦状、浅层性和成群发生。滑面大多受软弱面制约,滑体裂缝密布,呈纵长式。有的滑坡从坡脚可一直牵引到边坡顶部,具有很大的破坏性。

图 1-1-32 膨胀土坍滑

图 1-1-33 膨胀土滑坡

2. 路堤病害类型

膨胀土路堤变形与破坏类型,按其变形破坏机理与位置,可划分为以下几类。

1) 沉陷

由于膨胀土初期结构强度较高,在施工时不易被粉碎,亦不易被压实。在路堤填筑后,由于大气物理风化作用和温胀干缩效应,土块崩解,在上部路面、路基自重与汽车荷载作用下,路堤易产生不均匀下沉，如果在下沉中伴随有软化挤出时，则可产生很大的沉陷量。一般是路堤越高，沉陷量越大，沉陷变形越普遍，尤其以桥头填土的不均匀下沉更为严重。不均匀下沉将导致路面的平整度下降，严重时可使路面变形破坏，甚至屡修屡坏。

2）纵裂

路肩部位常因机械碾压不到，填土密实度达不到要求，后期沉降相对较大。同时，因路肩临空，对大气物理风化作用特别敏感，干湿交替频繁，肩部土体失水收缩远远大于堤身，故在路肩顺路线方向常产生纵向开裂，形成长数十米或上百米的张开裂缝，此种现象称为纵裂，如图1-1-34所示。缝宽约2~4cm，大多距路肩外缘0.5~1.0m。

3）坍肩

路堤肩部土体压实不够，又处于两面临空部位，易受风化作用影响而导致强度衰减。当有雨水渗入时，特别是当有路肩纵向裂缝出现时，在汽车动荷载作用下，很容易发生路肩坍塌，这种现象称为坍肩，如图1-1-35所示。塌壁高多在1.0m以内，严重者可大于1.0m，常在雨季发生。

图1-1-34 纵裂

图1-1-35 坍肩

4）溜塌

路堤边坡溜塌同路堑边坡表层溜塌相似，但路堤边坡溜塌大多与边坡表层压实不够有关。其特点是，一般溜塌多发生在路堤边坡的坡腰或坡脚附近，有单个溜塌体，亦有数个溜塌相连或叠置形成溜塌裙的。

5）坍滑

膨胀土路堤填筑后，边坡表层与内部填土的初期强度基本一致。但是随着通车时间的延续，路堤经过几个干湿季节的反复收缩与膨胀作用后，表层填土风化加剧，裂隙发展，湿胀干缩效应显著，当有水渗入裂隙时，则膨胀土软化，强度降低，导致边坡坍滑发生。

6）滑坡

路堤滑坡与填筑膨胀土的类别、性质、填筑质量以及基底条件等有关。若用灰白色强膨胀土填筑堤身，则形成人为的软弱面；填筑质量差，土块未按要求打碎；基底有水或淤泥未清除，处理不彻底；边坡表层破坏未及时整治等，都有可能产生滑坡。因此，膨胀土路堤有从堤身滑动的，也有从基底滑动的。

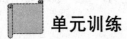 **单元训练**

🔸 **实训目标**　能正确识别各路基病害类型,并说出各病害类型的特点。

🔸 **实训准备**

1. 场地准备:结合室内外实训场地,选择具有典型病害的路段;
2. 器材准备:笔、调查记录表格、刻度尺、皮尺、照相机等;
3. 人员准备:以3~5人为一个小组,将班内同学分成若干小组。

🔸 **实训内容**　各组同学采用实训器材等工具对实训场地内出现的路基病害进行数据、文字和图像的记录。

🔸 **实训成果**　各组将记录下来的各路基病害资料进行整理,并简要描述各病害特征,最终以实习报告的形式进行提交。路基病害识别报告表见表1-1-2。

路基病害识别报告表　　　　　　　　　　　　　　表1-1-2

调查路段:　　　　　　　人员:　　　　　　　日期:

病害类型	分　级	病害特征描述	病害照片	备　注

单元二　路基下沉病害成因及防治技术

🔸 **知识要点**

(1)路基下沉病害的成因;
(2)路基下沉病害的预防措施;
(3)路基下沉病害的处治方法。

◇想一想：结合自己的经历，为什么刚刚修好的路很快就下沉了呢？

路基下沉是路基最常见的病害之一。在路基工程施工完成后，随着运营时间的延长以及汽车荷载的重复作用，路基往往会出现整体下沉或局部下沉的现象。路基下沉往往是由于设计、施工不当等原因而导致的。因此，有效降低路基沉降，消除路基沉降危害已成为公路建设者急需解决的问题。

一、路基下沉的病害原因分析

路基下沉主要有堤身下沉与地基下陷两种类型，沉降主要表现为均匀沉降和不均匀沉降。均匀沉降一般发生在路基所处环境条件基本一致（如路线通过地形、水文地质变化不大，且路基施工采用的填料、机械设备、施工单位的管理水平和质量控制水平等方面无显著变化）的路段。均匀沉降的沉降量小时，一般不会造成路面破坏，也不影响行车安全和观感效果；但过量的沉降将会导致路面、构造物台背等处出现台阶，引起跳车，路面过早损坏。不均匀沉降一般发生在地形、水文地质、路基填料发生显著变化和填挖结合部处。路基不均匀沉降，常导致路面断裂、不平整以及构造物两侧路面错台，严重影响公路的质量和行车效果。路基下沉原因如下。

（一）工程地质变化

公路是带状构造物，其长度少则几十公里，多则上百公里，公路沿线的地质不尽相同；加之地基土和路基填料的工程性质不同，所表现出的强度、压缩沉降量亦不同。当路线通过不良地质，特别是在泥沼地段、流沙、垃圾以及其他劣质土地段填筑路堤，若填筑前未经换土或很好压实，则填筑完成后，原地面土壤易产生压缩下沉或挤压变形。

（二）地形变化

随地形变化，路基填方高度也发生显著变化。当路线穿越冲沟、台地时，路基填方变化在零至几十米范围内，沟谷中心往往填土高度最大，向两端逐渐减低至零。不同的路基填方高度所发生的沉降亦不同，特别是在填挖交界处填筑土和原地面土具有不同密实度和不同的沉降量，在荷载作用下出现不均匀沉降，使路基纵向呈马鞍形。当路线通过地形横坡较大的路段，出现半填半挖断面时，填筑土和原地面土密度不同，受施工作业面的限制导致填筑土和原地面土结合不良而使路基两侧发生不均匀沉降，表现为一侧高一侧低。

（三）水文与气候

地表水、地下水的影响是导致路基沉降的重要原因之一。黄土、粉土、湿陷性土等在干燥情况下，土体结构性强，承载力大，路基稳定不变形；在受到水浸泡后，土体结构性迅速破坏，承载力大大降低，导致路基变形破坏。如新疆地区属干旱荒漠区，年降水量少，一般为几十毫米，但到6、7、8月份的降雨高峰期，易出现洪水冲蚀浸泡路基；农田灌溉、春季融雪也常造成局部路基受水浸泡，导致路基沉降。

（四）设计与施工原因

公路受到自然环境多样性影响，同时也受到路基本身自重荷载和车辆荷载的作用。能否保证路基长期稳定，关键取决于设计和施工。

1. 设计方面原因

(1) 由于路线几何线形指标采用得较高,导致通过不良地质路段的情况增多。不良地质地段土基强度低、承载力低,设计处理不当,土基易于产生压缩沉降或挤压移位,导致路基沉降变形。

(2) 通道、涵洞铺砌未考虑防水设计,易导致地表水渗透浸泡路基,使路基承载力下降而发生沉降变形。

(3) 路基纵、横向排水设计考虑不周,易造成路基两侧长期积水而降低地基承载力,使路基沉降。

(4) 路基坡脚防护与加固不妥。如抗滑桩设计的起止点不合理,往往造成起止点处因抗滑力不足引起路基下滑而使路基沉降开裂。

(5) 路基排水系统设计不完善,在路基范围内排水不良会引起路基填土含水率大、土质松软、强度降低、边坡坍塌、堤身沉陷或滑动以及产生冻害等。

2. 施工方面原因

(1) 路基施工前未认真做好临时排水设施与永久性排水系统的有机结合(图1-2-1),使得路基排水系统不畅通,长期积水浸泡路基致使地基和路基土承载力降低,导致沉降发生(图1-2-2)。

图1-2-1 路基施工前未建立临时排水系统　　　　图1-2-2 路基排水系统不畅通

(2) 原地面处理不彻底,如未清除草根、树根、淤泥等不良土壤,地基压实度不足等,在静、动荷载的作用下,路基沉降变形。

(3) 不良地质路段未予以处理或处理不当而导致路基沉降变形。

(4) 填筑顺序不当。在高填方路堤施工中,填层超厚或未严格按分层填筑、分层碾压工艺施工,路基压实度不足而导致路基沉降变形;未在全断面范围均匀分层填筑,而是先填半幅,后填另半幅而发生不均匀沉降。

(5) 高填方路基在分层填筑时,没有按照相关规范或设计要求的厚度进行铺筑,随意加厚铺筑厚度;压实机具按规定的碾压遍数压实时,压实度达不到规范规定的要求,当填筑到路基设计高程时,必然产生累计的沉降变形,路基在重复荷载与填料自重作用下产生下沉。

(6) 路基填方在填挖交界处未按规范要求挖台阶。或因原地面土和填料密度、承载能力不同,如填挖交界处软土、腐殖土等未清除干净或填筑方式不对及压实不足,就会出现结合部衔接不良而导致路基不均匀沉降。

(7) 施工组织安排不当,先施工低路堤,后施工高填方路基。往往高填方路堤施工完成后就立即铺筑路面,路基没有足够的时间固结,而使路面使用不久就破坏。

(8)路基填料原因

路基施工时采用的填料如果混进了种植土、腐殖土或泥沼土等劣质土,或土中含有未经打碎的大块土或冻土块等,由于劣质土抗水性差、强度低,路堤将出现塑性变形或沉陷破坏;在冰冻或季节性冻土地区,由于劣质土或冻土块的存在,路堤极易出现冻融翻浆现象。在填石路堤中若石料规格不一、性质不匀或就地爆破堆积,乱石中空隙很大,这样,在一定期限内(例如经过一个雨季)可能产生局部的明显下沉(图1-2-3)。

图1-2-3 填方路段填层超厚、填料粒径超标

二、路基下沉病害的预防措施

从路基下沉原因不难看出,路基产生沉降的因素主要来自于设计和施工两方面。在设计时公路勘测人员认真进行勘察设计,详细调查拟建公路沿线地形、地貌,查明其工程地质和水文地质情况,采取有针对性的工程设计方案;施工中严格按照施工规范和设计要求,合理组织施工;公路养护中加强养护,及时排除险情,确保公路正常使用,这些措施对于防止路堤沉降,必将起到积极作用。

1. 设计方面应采取的合理措施

(1)路线选线中,在坚持路线总体走向通过主要控制点的原则下,因地形、地质环境布设路线,尽量避让不良地质地段,不需要追求高指标的线形,努力做到线形指标搭配合理,即可取得良好的视觉效果。

(2)加强工程地质勘察。严格按照工程地质勘察规程开展工作,详细调查和探明拟建公路沿线工程地质和水文地质情况;对工程地质和水文地质情况有怀疑段,增加探坑数量;在设计外业验收中,将工程地质勘察作为重要的检查内容之一。

(3)对原地面明确提出压实度和地基承载力要求。其目的在于防止路基填方在自重和车辆荷载作用下,因地基承载力不足而产生沉降。对地基承载力低的路段应采取有效的工程处理措施。

(4)路线通过较陡的横坡及沟谷地段时,应按要求设置纵、横向台阶,使填筑路基和原地面形成良好的结合,同时宜放缓边坡。

(5)尽量避免高填方路堤和陡坡路堤。无法避免时,应按照路基设计规范要求进行设计,并提出工后沉降量要求。

(6)做好路基排水系统综合设计,使地表水、地下水顺利排出路基以外或将地表水阻隔在路基以外,不能在路基范围内积水。涵洞、通道底铺砌设计中要考虑防水,避免积水浸泡基底而发生沉降变形。

(7)对软土、盐渍土等不良地质路段,要采取特殊设计,提高路基的承载能力和水稳性,同时要通过试验算路基的压缩沉降量;设计中要考虑超填厚度,使路基在竣工后能维持设计高程。

2. 施工方面应采取的有效措施

(1)做好路基施工的准备工作。开工前施工单位、监理单位的工程技术人员要认真审阅设计文件,详细了解公路沿线地形地貌、工程地质、水文地质、路基填料、各段的填方数量和特殊路基分布等情况,并逐一核实设计文件提供的资料,做到心中有数,发现设计文件提供的资料有误时应及时上报业主,妥善处理。同时要与设计单位做好技术交底工作。

(2)施工组织设计是保证工程质量的前提。路基施工也不例外,施工单位必须重视高填方路堤的施工组织设计,合理安排各施工段的先后顺序,明确构造物和路基的衔接关系,尤其对高填方段应优先安排施工,给高填方路堤留有足够的施工和沉降时间,从而有效防止高填方路堤工后产生过大的沉降。在施工中,以施工组织设计为依据,结合施工现场的实际情况,合理调配人员、设备,保证高填方路基施工质量。

(3)重视原地面处理。路基填筑前必须彻底清除地表植被、树根、垃圾和种植土,加大原地面的压实力度。地表植被、树根、垃圾、不良土质暴露于自然环境下,相对比较松软,不易压实,有的土壤如盐渍土、膨胀土等易产生病害,因此,必须予以清除。

(4)填筑路基前做好路基临时排水工作,做到临时排水系统与永久性排水系统有机结合。施工过程中,通过路基两侧纵、横向排水系统及时疏导路基范围的积水,避免路基受水浸泡。因此,做好路基排水是保证路基稳定的前提条件。工程监理人员和施工质量检查人员,应认真监督检查。

(5)严格选取路基填料,并控制好填料质量。对路基施工填料料场,除按规范要求的液限、塑性指数、含水率和 CBR 等指标选择外,还应根据填料的性质(如:水稳性承载能力)综合选择水稳性好、干密度大、承载能力高的填料,以选择砾石类土填筑路基为宜。在路基填筑前必须将料场盖山土清除干净,防止树根、杂草、种植土等混填于路基之中。施工中严格控制填料含水率,严禁过湿的土填于路基之上;且要求不同土质分层填筑,剔除填料中超大颗粒,以保证各点密实度均匀一致。

(6)严格控制路堤填筑工艺。在高路堤填筑全面铺开前,各施工单位必须根据不同填料、各种施工机械组合铺筑试验路段,以获得最佳机械组合方式、填层厚度、碾压遍数和填料的施工含水率范围。路堤填筑应采用水平分层填筑方式,即按照横断面全宽分层逐层向上填筑;对原地面纵坡大于 12% 的地段,宜采用纵向分层填筑施工,填筑至路基上部时,仍应采用水平分层法填筑。每层应保证层面平整,便于各点压实均匀一致。在路堤施工过程中要严格控制填层厚度,根据不同的填料和场地选择不同的压实机具。一般情况下,轻型光轮压路机(6~8t)适用于各种填料的预压整平,重型光轮压路机(12~15t)适用于细粒土、砂类土和砾石土,重型轮胎压路机(30t以上)对各种填料均适用,尤其是细粒土;羊足碾最适用于细粒土,但需要光轮压路机配合对被翻松表层进行补压;振动压路机具有滚压和振动的双重作用,用于砂类土、砾石土和巨砾土,其效果远远优于其他压实机具。在高填方路段,压实质量要求高,选用重型轮胎压路机和振动压路机效果比较好。

(7)做好压实度的检测工作。在压实过程中,施工单位自检人员应按规定的频率检查路基各层的压实度,目前对于"按 200m 抽检 4 处"的规定,施工单位感觉工作量偏大,部分人员凭经验减少压实度的抽检频率,甚至于伪造试验资料应对检查。面对检测工作量大的问题,可以考虑采用传统的环刀法、灌砂法与快速检测核子密度湿度仪法相结合,对薄弱地点,如路基边缘、台背处采用传统方法检测,路基中可考虑采用核子密度湿度仪检测,这样可提高检测速度。

3. 加强养护

为保证路基有完好的使用功能,路基养护工作必不可少。由于设计和施工过程中或多或少存在着一些不足,公路通过长期使用也会表现出不同程度的破损,通过及时养护修补缺损,保证公路正常使用是养护工作的中心。在养护工作中应做好以下工作:

(1)加强对防水、排水构造物的养护工作,确保路基范围内纵、横向排水设施畅通无阻;发现水毁地段应及时加固修补,避免路基遭遇水的浸泡;对地下水位高的地段,应挖排水沟降低地下水位。

(2)对沉降量大、形成跳车的路段,应分析原因,采取注浆加固等有效措施稳定路基,及时修补破损路面以保证车辆安全行驶。

(3)对风蚀、水蚀的路基边坡,要及时修补加固,确保路基安全。

(4)在有条件的情况下,做好坡面植被防护,稳定路基边坡。

三、路基下沉的病害整治措施

在自然环境影响和汽车重复荷载作用下,一些路基出现病害,引起路基的整体下沉、局部沉陷等病害,影响了公路的正常使用。为了更好地发挥公路的正常作用,对路基下沉病害,必须采取行之有效的处理办法,使路基处于良好的工作状态。在此介绍几种常见的处治措施,以供处理路基病害时参考。

1. 换土复填法

因填筑土质不符合要求,路基出现下沉但面积不大且深度较浅时,宜采用换土复填方法。此法简便快捷,是将原路基出现病害部分的土挖去,更换符合规范要求的土。一般采用级配较好的砂砾土,以塑性指数满足规范要求的亚黏土为宜。回填时,挖补面积要扩大,且逐层挖成台阶状,由下往上,逐层填筑,碾压密实,压实度要求高出原路基压实度 1~2 个百分点。这种方法只要掌握好路基的填筑方法即可,没有复杂的技术要求(图1-2-4、图1-2-5)。

图1-2-4 开挖换填

图1-2-5 填方路段压实度检测

2. 粉喷桩法

处理10m以内路基下沉病害时,采用粉喷桩加固技术是较为理想的一种方法。粉喷桩处理软基土是通过专门的机械将粉体固化剂喷出后,在地基深处就地与软土强制搅拌,利用固化剂和软土之间新发生的一系列物理、化学反应,在原地基中形成强度与刚度较大的桩体,同时也使桩周土体性质得到改善,桩体与桩间土体形成复合地基共同承担外荷载(图1-2-6)。使用粉喷桩加固路基应认真调查路基病害的情况,认真做好粉喷桩施工的设计(桩径、桩距、固化剂掺入量、桩身强度等),施工中要严格掌握固化剂掺入量、粉喷桩龄期、土样含水率、混合料搅拌的均匀性。施工中着重抓好以下几个环节:

(1)严格按粉喷桩施工规范施工,严格掌握钻机的就位、钻进、停钻、提升、停喷、重复的工艺流程。

(2)做好粉喷桩的质量控制。粉喷桩处理软基属隐蔽工程,通常是昼夜连续施工,必须做好粉喷桩的质量控制,内容包括桩距、桩位检查、逐桩控制喷粉量、桩长等。

3. 灌浆法

灌浆法是利用液压、气压或电化学原理,通过注浆管将浆液均匀地注入地层中,浆液以充填、渗透和挤密等方式占据土粒间或岩石裂缝中的空间,经人工控制一定时间后,浆液将原来松散的土粒或裂隙胶结成一个整体,形成一个结构新、强度大、防水性能高和化学稳定性良好的"结合体"。灌浆法施工如图1-2-7所示。

图1-2-6　粉喷桩施工

图1-2-7　灌浆法施工

用灌浆法使水泥浆液在适当压力下充分填充于路基孔隙,形成新的结石体,这对于提高路基的强度将起到良好的作用。由于浆液的扩散能力与灌浆压力的大小密切相关,对不同填料及形态的路基采用多大压力灌浆,主要取决于路基的密实度、强度和初始应力、钻孔深度、灌浆位置及灌浆顺序等因素。而这些因素又难以准确预知,故必须通过现场试验来确定。水泥浆液在不同地质条件和不同灌浆压力条件下,在地下流动的形式不同。当灌浆压力较低时,路基填料渗透性较好,水泥浆在中等浓度的情况下以渗流的方式渗入路基土的孔隙,这时认为路基原结构未受扰动和破坏,灌浆量及浆液扩散半径常用线性渗流理论求解。当压力逐渐加大,其他条件不变时,浆液的流动由线性转变为紊流。在紊流条件下的灌浆量与浆液扩散半径常用紊流理论求解。上述两种情况总称为渗流注浆法,适用于碎石土、砂卵土夯填的路基。对于黏性土夯填的路基,由于其渗透性很小,通过渗入灌浆法难以奏效。当灌浆压力提高到一定程度时,会发现单位时间注浆量明显上升,实际上黏性土路基已在注浆孔周围发生径向劈裂,浆液沿裂隙流入土体,并将土体切割成不规则的块体,在块体之间形成互相穿插的脉状水泥结合,黏性土又受到充填浆液时的压缩,形成一种复合型岩土,从而提高了路基的强度和刚度。这种方式称为劈开式或胀裂式灌浆。

用渗入式灌注碎石路基,灌注压力可由小到大,压力控制在 0.5~1.5MPa 即可。黏性土类路基适宜采用劈裂法,常用注浆压力范围为 1.0~4.0MPa。

4. 强夯法

强夯法是近期发展起来的处治路基不均匀沉降的有效措施（图1-2-8）。强夯法处治是利用大能量设备直接作用于被处治路基上，通过整体提高被处治体的密实度来减少不均匀沉降变形。其作用效果明显，施工速度快。20世纪90年代末，重庆交通科研设计院曾采用强夯技术成功地处治了重庆渝长高速公路路基沉降问题，但是这种方法对结构物的动力冲击较大，限制了在桥头、涵洞等部位的应用。而且强夯的设计计算方法、质量检测评价方法等还有待进一步研究。

5. 土工合成材料法

土工合成材料法应用土工合成材料（土工格栅、塑料网格等）进行加筋或制成柔性褥垫层，使之调节和控制不均匀沉降，如图1-2-9所示。国内利用土工合成材料处治不均匀沉降也做过尝试和试验，如重庆交通科研设计院在20世纪90年代，采用土工合成材料处理广西南梧公路沉降及重庆渝长高速公路不均匀沉降均获得较好效果。值得注意的是，国际上普遍认为土工合成材料是处理不均匀沉降的有效措施，而且土工合成材料除了对地基有加筋作用外，还有滤层、排水、隔离、防护、防渗等作用。因此，采用土工合成材料处治是一种值得推广的处理路基不均匀沉降的有效措施。但对其设置方法、作用效果、设计计算方法等问题尚需深入研究与试验。

图1-2-8 强夯法

图1-2-9 土工格栅

四、工程实例

1. 工程概况

南宁市某公路工程于2004年10月剪彩通车，宽32m，其中机动车道宽16m，为双向4车道。在通车一个月后，发现在K1+170～K1+240段路基半幅开裂下沉。局部路段路基发生较大的不均匀沉降及侧向位移，严重影响行车安全。因本路段的线路方案经过多次变更，使原来的勘察钻孔已偏离现有的线路，导致原勘察资料与现状线路实际情况不符。2004年12月，业主组织有关单位到现场查看并分析讨论下沉开裂的原因，提出了从路面往下挖1.5m后，铺设三层钢塑土工格栅的处理方案。施工单位按此方案于2004年12月底处理完毕，并于2005年元月通过竣工验收。但时隔不久，路面再次出现下沉开裂。

2. 工程地质概况

项目场地位于南宁市石埠镇东面约1km，属南宁向斜构造盆地西部边缘地带，地势北高南低,北面为低山丘陵,相对高差25~30m,南面为冲积阶地。公路从丘陵与冲积阶地的过渡地带横穿而过。在勘探深度范围内,地层按时代、成因、岩性及物理力学性质等自上至下分为素填土、冲积相的黏土、粉质黏土、粉砂及下第三系强风化泥岩、砂岩。各岩土层的特征为:

(1)素填土,黄、紫红、灰黄等色,中密,为路基填土,成分为圆砾、黏性土、泥质粉砂岩、粉砂岩等,厚度8.1~16.8m。

(2)粉质黏土,灰、浅灰色,软至流塑状态,具触变性、高压缩性,厚度4.2~10.8m。

(3)粉质黏土,黄、灰黄色,硬塑,中压缩性,厚度1.2~5.3m。

(4)粉砂,黄色,稍密状态,局部相变为粉土,厚度0.5~1.3m。

(5)强风化泥岩,紫红色,局部橙黄色,薄至中厚层状,坚硬状态为主,局部硬塑状态,低压缩性,成分为泥岩、粉砂质泥岩,呈互层状产出,节理较发育,揭露厚度1.9~4.5m。

(6)强风化砂岩,灰、橘黄色,中厚层状,岩体较破碎,属较软岩,揭露厚度0.3~3.2m。各岩土层分布见图1-2-10。

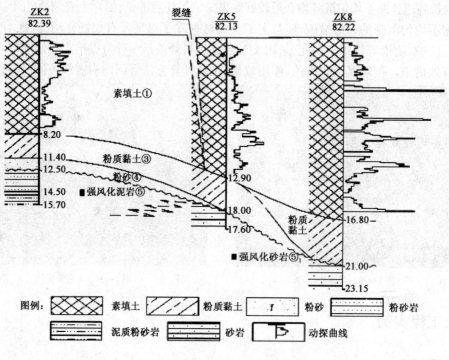

图1-2-10 各岩土层分布图

3. 路基下沉特征及原因

据调查,下沉开裂的范围约900m²,下沉区与非下沉区以裂缝为界。裂缝清晰可见,平面上呈不规则的弧形。裂缝长约44m,宽5~50mm,肉眼可测深度50~500mm。最大下沉量约30cm,下沉区向西南侧倾斜。

据调查,因填土厚度过大,使得路堤荷重大于路基持力层的承载力特征值,是导致路基下沉、开裂的主要原因。

4. 路基下沉病害整治方法

由于路基下沉是因上部填土层厚度过大,路堤荷重超过持力层承载力特征值,使持力层产生沉降和侧向变形所致,故其整治措施,一是降低路面设计高程,减少路堤填土厚度和路堤荷重,以适应路基持力层承载力的要求;二是对路基持力层进行加固补强,以提高其承载力,满足荷载要求。由于前者受路网规划控制,难以实施,故只能选择后者方法来进行整治。对路基持力层进行加固补强的方法主要有砂桩挤密法、水泥搅拌桩法、高压喷射注浆法等。由于砂桩挤密法难以在桩顶铺设连接各桩的滤水层,导致排水不畅,加固效果不明显,不宜采用。水泥搅拌桩对处理硬塑的粉质黏土效果不明显,亦不宜采用。高压喷射注浆法如采用劈裂注浆,对硬塑的粉质黏土可以达到加固效果,其固结体的单轴抗压强度可达 $5\sim10$ MPa,复合地基承载力高,能满足荷载要求。故采用高压喷射注浆法对路基下沿病害进行整治。

单元训练

实训目标 能正确识别路基下沉病害特征及其原因,并制订合理有效的防治措施。

实训准备
(1)场地准备:选择一段路基下沉比较明显的路段;
(2)器材准备:笔、调查记录表格、刻度尺、皮尺、照相机等;
(3)人员准备:以 3~5 人为一个小组,将班内同学分成若干小组。

实训内容 各组同学采用实训器材等工具对实训场地内出现的路基沉陷、路基不均匀下沉等病害进行数据、文字和图像的记录。

实训成果 各组将记录下来的路基下沉病害资料进行整理,并简要制订病害整治方法,最终以实习报告的形式进行提交。

单元三 过渡段路基病害成因及防治技术

知识要点

(1)过渡段路基病害成因;
(2)过渡段路基病害预防措施;
(3)过渡段路基病害处治方法。

◇想一想:为什么汽车在桥头路段行驶时会经常有跳车的感觉?

"桥头跳车"是公路中的常见病害,也是多年来困扰公路行业的一大难题。桥头跳车轻则使车辆通过时产生跳动,对桥梁和路面造成附加冲击,使驾乘人员感到不适。严重的桥头跳车,尤其在高速公路上,不仅使行车的不适感大大增加,车速大幅降低,甚至导致车辆失控而发生交通事故。同时,对路桥过渡段路面的大量维修养护不仅花费大量人力、物力和财力,而且也产生了不良的社会影响。

一、过渡段路基病害产生的原因

1. 桥头跳车产生的原因

桥头跳车产生和形成的原因是多方面的,包括地基地面条件、填料、施工材料以及设计、施工等诸多方面,主要原因如下:

(1)地基强度不同。桥头跳车产生的基本原因是桥台与路基间的材料弹性模量不一致而引起的沉降差超过某个限值时所致。因为桥台基础一般都作了加固处理,如采用桩基础等,其沉降量很小,而路基填土所固有的压缩徐变性能需待通车后一段较长时间才能趋于稳定,二者在结构刚度上产生了很大的差异。

(2)设计方面的原因。设计人员若对碾压方式方法考虑不周、填料要求不严格、台背排水考虑欠佳、路堤填土处理不当等,必然产生较大沉降。

(3)施工方面的原因。台后填料不当、压实不足等致使填料压实度满足不了设计和规范要求,产生较大的工后沉降。

(4)地基浸水软化。软土、黄土地基浸水造成路基沉降。

(5)桥台伸缩缝的破损,形成台阶。

2. 纵向填挖交界处不均匀沉降原因分析

纵向填挖交界处不均匀沉降的原因如下:

(1)在山区公路施工中,路基填方与挖方结合处的填方一般处于一个"倒三角"的地形。在这种地形填方时,机械难以在底部展开工作,一般倾填至机械能及的位置后才进行碾压。倾填的部分由于大石料集中、填料的空隙率大,极不稳定。尤其是基底未经处理,地基的承载能力不均匀也导致了变形过大的结果;而挖方地段基础处于天然密实状态,即使有沉降也是均匀的。

(2)高填方地段的工后沉降量大于挖方地段。

(3)填方时,填挖衔接处没有按要求采取挖台阶处理或者处理的宽度及高度不满足要求。

二、过渡段路基病害的防治

消除或缓解桥头跳车的关键是减少不均匀沉降量、延长沉降特征长度、减缓不均匀沉降梯度。从而起到匀顺纵坡的目的。根据桥头跳车现有防治技术,从地基处治技术、台背路堤处治技术以及过渡段路面处治技术等方面研究综合防治措施,可以较好解决桥头跳车现象。

(一)地基处治技术

地基处治的目的是改善地基性能,提高地基承载力和抵抗自然灾害的能力,增强地基稳定性,减少或消除路桥过渡段的不均匀沉降,缩小桥台与路堤的沉降差。

从机理方面看,对软基进行处治就是要迅速消散软弱土层中的超静水压力,提高土颗粒间的有效应力,完成土体的二次固结过程。

针对不良地基的预防措施,目前国内已有换土法、超载预压法、排水固结法、高压喷射注浆法、振动碎石桩法、深层搅拌桩、挤密砂桩等处治方法,但针对已有病害的地基处治缺乏比较系统的研究。很多预防措施在施工中没有严格按要求实施。例如抛填块石挤淤法,如果碾压不密实、软土换填的厚度不够,经过多年使用之后由于块石的重新排列、软土的固结沉降,路基仍会出现各种病害。

在对台背地基进行处治时,要考虑路堤的纵向与横向两方面的变形协调问题。在详细了解桥头地基地质情况的前提下,选用处治措施时要注意以下两点:

(1)纵向上保证桥台沉降与路堤地基沉降的平衡过渡。

(2)横向上维持路堤中央变形和坡脚路肩处变形的协调稳定。

在工程应用中,应综合考虑土质、经济、安全等实际情况,选择合适的处治方法,以有效地减少地基的沉降。

(二)路堤处治技术

路堤是承受并传递上部结构及汽车荷载的载体。路堤的沉降和变形直接关系到公路的正常运营,一旦发生破坏后维修比较困难。而且在施工中受构造物的影响,大型的压实机械由于工作面较小,难以展开压实工作;即使有足够的工作面,由于压实过程中大吨位机械振动力太大,出于对桥台的安全考虑,一般也不允许在桥台背部位使用大型的压实机械进行压实。因此,台背部位回填土的压实质量难以保证;再加上该部位路堤施工又晚于其他正常路段路堤施工时间,相比之下没有足够的时间完成固结沉降,因而在自重的作用下,路堤的压缩沉降一般也就比较大。这是引起路桥过渡段不均匀沉降的主要原因之一。据调查,多数台背路堤在回填过程中都经过处理,但路基病害仍然普遍存在,只是破坏程度不同而已。

路桥过渡段处病害处治的目的就是使路基与桥台间实现平稳过渡。由于考虑到公路的运营和地段的特殊性,在处治方法的选择上就会有一定的限制。总的原则是减少对周围稳定结构的破坏,工期要短,尤其是对于高填路堤,一般不会采用大开大挖,而小规模填补又不能从根本上解决问题。

由此可知,减少路桥过渡段不均匀沉降,台背路堤处治可从以下几方面入手:

(1)合理安排施工工序和时间,设法尽早对路桥过渡段路堤进行施工,保证有足够的时间完成沉降。

(2)设法提高台背回填区路堤的压实度,减少因填料自重和车辆荷载作用下压实度增加而产生的沉降。

(3)在考虑经济性的前提下,合理选择填料,设法减小路桥过渡段路堤的自重作用,避免因自重过大而产生过大的压缩沉降。

(4)设法提高台背路堤自身承载能力,如利用土工格栅予以加筋等,增加路堤填土的整体性,减少不均匀沉降的梯度,如图 1-3-1 所示。

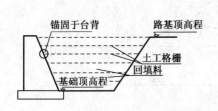 

图 1-3-1 土工格栅处治台背示意图

(三)路面处治技术

1. 设置桥头搭板

为了避免不均匀沉降对行车造成的不良影响,目前在我国高等级公路建设中常用的方法是在桥台上设置桥头搭板。桥头搭板一端支撑于桥台,另一端通过枕梁或直接与路基相连。设置桥头搭板,可把集中的不均匀沉降量分散在搭板长度范围内,使柔性路堤产生的较大沉降逐渐过渡至刚性桥台上,从而起到匀顺纵坡的作用,使车辆通过时跳跃现象大为减少。合理设置的桥头搭板可有效地解决前述的局部沉陷和横坡变化的状况,但不能解决纵坡变化情况。因为当桥台和过渡段土体之间发生不均匀沉降后,搭板两端分别随两者下沉,即桥头搭板绕简支端转动,纵坡变化仍然存在。

如图1-3-2所示,桥台与路堤衔接段内出现三次较大的路面纵坡变化。桥头设置搭板本质上只是辅助性弥补不均匀沉降的措施,试图改善三次纵坡突变不利状况,消除行车跳车感。显然,要达到消除桥头跳车的目的,搭板设计的关键是如何合理确定搭板长度。

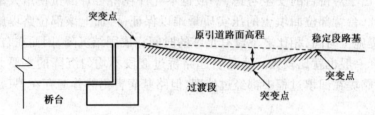

图1-3-2 桥头处路面纵坡变化

2. 采用过渡性路面

根据桥涵的长度和路基的容许工后沉降值,在桥头一定长度范围内铺设过渡性路面,待路堤沉降基本完成(一般为3~5年)后,再改铺原设计永久性路面。过渡性路面可采用预制水泥混凝土六棱块、条石铺砌、半刚性过渡层或沥青表处过渡层等类型。其中,水泥混凝土六棱块、条石铺砌仅适应于水泥混凝土路面,其最大优点是翻修处理速度快,但不易铺砌平整,行车仍有抖动感觉,且其砌缝应采用防水材料,以防渗入雨水损害路基。值得推广的简便有效方法是铺设沥青表面处治过渡层,其优点是当出现较大沉降时,可及时补充铺设一层沥青混凝土或沥青砂,便能确保行车畅顺,有效避免跳车现象。

3. 设置纵向反坡

所谓的纵向反坡,就是在可能产生沉降的范围内,根据沉降的经验值设置一定的纵向路面超高,以抵消在运营过程中的路基沉降,从而达到消除桥头跳车的目的。通常有设置搭板和不设搭板两种,如图1-3-3所示。

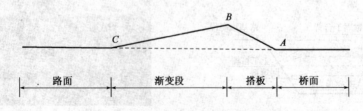

图1-3-3 桥头搭板设置纵向反坡

4. HD 掺胶混凝土修补处治

水泥混凝土路面结构与沥青混合料路面结构相比,有显著不同的特点。水泥混凝土强度高,强度形成的龄期长(一般需 28d),弹性模量大等,导致处治水泥混凝土路面桥头跳车变得复杂。如果用同种水泥混凝土材料修复,不仅存在最小厚度要求,而且由于强度形成的龄期长,在已通车的高等级公路上,必须要封闭较长一段时间的区间交通,这显然不适应现代高速公路建设、运营的需要。

试验表明,采用 HD 掺胶混凝土快速修补水泥混凝土路面具有黏结强度高、早期强度好、抗折强度及模量大、抗冷热交变性好、路面视觉效果好、通车时间短等优点,在高等级公路水泥混凝土路面处治桥头跳车施工中具有很好的应用前景。

5. 采用可起吊的活动搭板

对部分桥头路基填土高、路桥过渡段施工进度快等特殊情况,考虑通车后剩余沉降量较大,很有可能出现跳车现象的路段,将桥头搭板设计为可起吊的活动搭板,通车一段时间后若出现跳车现象,可将搭板吊起,调整基层及枕梁高程,再将搭板放回原位即可通车。其施工工艺简单、方便,是一种处治桥头跳车的快捷、有效的方法。

(四)综合处治对策

路面、路基、地基是道路的重要组成部分,它们之间相互影响、相互作用,是一个密不可分的整体。地基是道路的基础,是承受上部荷载和保持其稳定性的主体,一旦出现问题,上部结构必然破坏。路堤不但传递上部荷载,对其上、下的结构也有很大的影响,如路堤的不均匀沉降既会引起上部结构的凹陷,还会引起地基局部受力过大。同样,路面破坏后,雨水渗入也可能造成路基的破坏。因此,在对桥头跳车处治时,往往是对破坏段路基、路面同时进行综合处治,而且在处治过程中往往是多种方法相结合使用。

1. 路基整体滑移或纵向开裂的综合处治对策

路基整体滑移造成的路桥过渡段病害虽然并不多见,但是由于其后果比较严重,因此,很有必要对可能形成的病害的处治对策进行研究。前面已提到的路基整体滑移包括路基整体侧向和向桥台方向的滑移或开裂,其实质是路基的滑移破坏或边坡的坍塌。

针对路基整体滑移或纵向开裂产生的原因,治理的目的就是要削弱乃至完全消除存在的内、外因素。从外因方面考虑,要加强边坡防护,阻止雨水渗入,把边坡和已形成的裂缝全部封闭起来;从内因方面考虑,不仅要改变填土的性质,同时还需增加其强度,提高抗滑移的能力。

因此,对其治理可以采用类似治理滑坡的方法,由于路基的特殊性,通常采用桩体与其他方式相结合的综合处治措施。抗滑桩是治理滑坡和路基纵向开裂的一种最常用方法,其作用原理是借助桩与周围岩土共同作用,把滑坡推力传递到稳定地层的一种抗滑结构。下面就一般比较常用的方法作一些探讨。

1)抗滑桩 + 注浆法

在路桥过渡段病害处治时,同样可以采用抗滑桩法。利用抗滑桩可以阻止路基侧向变形发展,并提高抗滑移的能力。而注浆既可以改善滑移面的力学性能,还可以防止地表水的下渗,从而达到治理的目的,如图 1-3-4 所示。

2)密集弧形高压旋喷注浆 + 抗滑桩 + 注浆

当路基的下卧软弱层较厚、埋深较大时,可以采用密集弧形高压旋喷注浆 + 抗滑桩 + 注浆的处理措施。采用此方法可以达到以下目的:高压旋喷注浆水泥浆置换地基中软弱层部分土体,可以使其固结稳定,提高其承载力和抗剪能力;抗滑桩可以阻止路基侧向变形的发展,提高抗滑移的能力;注浆可以增加滑动面土体的整体性和防止地表水渗入,如图1-3-5所示。

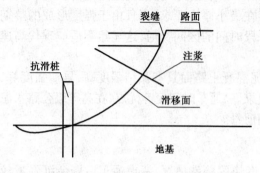

图1-3-4 抗滑桩+高压注浆法

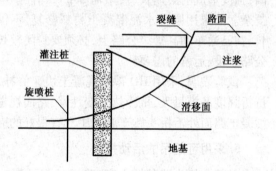

图1-3-5 密集弧形高压旋喷注浆+抗滑桩+注浆

3) 高压旋喷桩+注浆

高压旋喷注浆是在填土中形成高强度的水泥与填土混合的固结体,以阻止路基侧向变形的发展,提高抗滑移的能力;注浆则是将路面下已破裂的土体通过注浆连接起来,改变填土的性质,增加土体的强度和整体性,同时阻止雨水通过路面下渗,如图1-3-6所示。

该方法主要适用于地基较好的高填土质路基开裂或滑移。高压旋喷桩可以是一排或多排,注浆按其充填范围进行合理布置,待路基处理完毕后再根据具体情况做路面。

4) 挡土墙+注浆

低路堤段路面纵向开裂产生的原因,主要是由于存在切过地基的滑动面,缓慢蠕滑所致。其最初可造成路面架空,进而使路面形成纵向裂缝。雨水沿滑动面下渗,起到润滑剂的作用,促使滑动速度加快,裂缝渐渐变宽。如果路面纵向裂缝治理不及时,便会形成浅层滑坡。治理目的主要是阻止滑体蠕滑,阻止雨水沿滑面下渗。对于地基较好的低路堤,设置挡土墙可对滑动土体产生抗滑力;同时,对滑移面进行注浆,不但可以有效增加滑动面土体的整体性和强度,还可以防止地表水沿裂缝渗入,如图1-3-7所示。

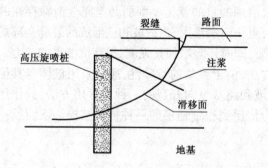

图1-3-6 高压旋喷注浆+注浆局部平面图

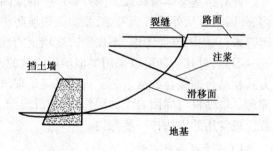

图1-3-7 挡土墙+注浆

5) 反压护道+注浆

当在较薄软土地基上填筑低路堤时,由于地基承载力不足,常会出现堤脚外面隆起,路基剪切破坏或引起路堤滑塌现象,因此,需要对路堤边坡进行加固处理。其中,反压护道和注浆综合处理是一种经济有效的方法之一。所谓反压护道,是在堤坝两侧一定距离内堆土石以防地基土被挤出,从而起到稳定堤坝的作用,也称镇压法。该法的优点是施工简单方便,不需要特殊的施工机具;填料可就地取材,经济实用。反压护道法虽然是一种较成熟的方法,但若与注浆相结合效果会更好,施工也更为方便,如图1-3-8所示。

6)采用土工格室(栅)

对于基础较好的矮路基,也可将滑移体开挖后,采用土工格室(栅)加土分层按台阶状回填,这里主要利用土工织物的加筋作用。埋置于稳定路堤上的土工织物可以限制滑体的侧向位移,增加土体的抗剪能力,从而改善土体的力学性能,减少或消除差异沉降,如图1-3-9所示。

2. 与路基沉降有关的桥头跳车综合处治对策

与路基沉降有关的路桥过渡段病害主要包括:台背差异沉降、路面凹陷、搭板断裂、搭板末端产生差异沉降或裂缝。上节分别从地基、路堤、路面方面针对以上病害提出了处治对策,但在实际中往往是路基、路堤、路面或搭板均发生破坏而产生桥头跳车。因此,治理时也应从地基、路堤、路面方面综合治理。

对于路基发生了不均匀沉降的未设搭板或者搭板已发生断裂的路桥过渡段,可采用路基处治与设置搭板相结合的方法,常用的有钻孔桩+搭板、树根桩托换+搭板、旋喷桩+搭板、压力注浆+搭板等。

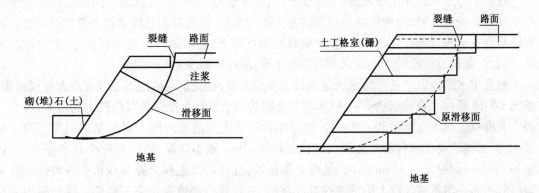

图1-3-8　反压护道+注浆治理示意图　　图1-3-9　土工格室(栅)治理示意图

路基处治后生成的复合路基不但可以增加路基的强度和整体性,还可以有效阻止地基的后续沉降与变形。而设置搭板可以扩大路基(桩顶)的受力面积,最大限度地减少路面的不均匀沉降。

1)钻孔桩、旋喷桩+搭板

钻孔桩、旋喷桩+搭板主要适用于未设搭板或搭板已破坏且沉降范围较大的路基。钻孔桩、旋喷桩既可以在一定程度上改善土的性质,又可以起到支撑上部荷载的作用。而搭板可以起到防止桩体刺入路面和扩散车轮荷载的作用。其布置形式如图1-3-10所示。

2)树根桩托换+搭板

树根桩主要适用于路基的局部不均匀沉降或局部加固。通过在路基局部沉降处设置树根桩,可以使该处的荷载扩散到强度较高的路基,从而起到改善此处的受力状况,达到减小不均匀沉降的目的,如图1-3-11所示。

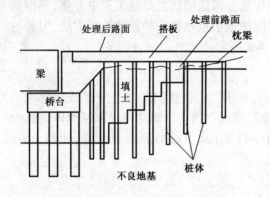
图1-3-10 钻孔桩、旋喷桩+搭板

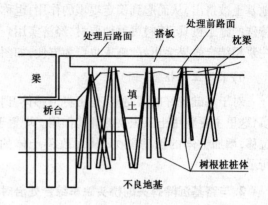
图1-3-11 树根桩托换+搭板

3）劈裂（压密）注浆+搭板

劈裂和压密注浆均属于压力注浆。其中，压密注浆主要利用的是其形成浆泡对土体的压密和抬升功能；劈裂不但有压密功能，还可以通过掺入不同化学物质来改善土体的物理、化学性质，如图1-3-12、图1-3-13所示。

（五）排水措施的改进技术

在桥涵与路堤的连接部位，由于存在缝隙，雨水会沿缝隙渗入，从而对路面结构层和土基产生冲刷和侵蚀，增加路面各结构层和路基土的含水率，降低路面强度和路基整体稳定性。随着路基和各结构层的破坏，在外部车辆荷载冲击作用下，必然造成桥头路堤沉陷，产生跳车现象。因此，路桥过渡段应该设置完善的排水系统，尽可能减少不均匀沉降。

台背排水措施以往通常的做法是在台后填筑之前，在处治后的地基上设置泄水管或盲沟，如图1-3-14所示。在横坡为3%~4%均匀夯实的黏土土拱上挖一条双向排水的地沟，尺寸一般为宽度40~60cm，深度30~50cm。然后在台背后全宽范围内铺一层油毡或尼龙薄膜下垫层、上盖油毡的隔水材料。在地沟内铺设直径为10cm硬塑料泄水管，管壁上开有小孔，孔径5mm，小孔间距控制在10cm以内，呈梅花形布置，且其出口应伸出路基或桥头锥坡外。在硬塑料管四周再填筑粒径较大的透水性好的材料，由台背分层填筑至路基顶面。横向盲沟的设置与泄水管相同，应采用合适的材料（如大粒径碎石）填筑地沟。用土工布包裹盲沟出水口处，并对其作必要的处理。

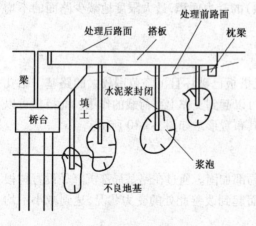
图1-3-12 压密桩复合地基+搭板

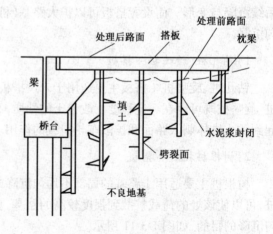
图1-3-13 劈裂注浆+搭板

分析如图 1-3-14 所示的排水措施。首先,要求台背采用透水性填料,这在缺石地区难以实现,且相应的成本也较高;其次,即使台背采用透水性填料,渗入路堤内的水会造成填料中细粒土的流失,从而在荷载和自重作用下导致沉降;最后,渗入路基内的水难以保证全部汇集于泄水管或盲沟内,可能会有部分水沿着水平方向浸湿正常路堤的填料,从而影响两种不同填料界面附近的正常路堤的强度和稳定性,同样在车辆荷载和自重作用下导致该部位的路基沉降。鉴于此,对台后排水措施加以改进,如图 1-3-15 所示。

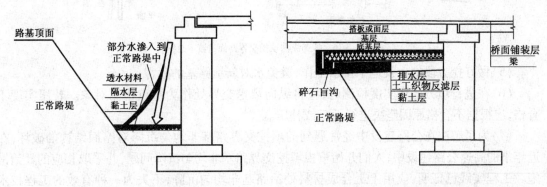

图 1-3-14 台后排水措施　　　　图 1-3-15 改进后的台后排水措施

由图 1-3-15 可见,改进后的排水措施从路基顶部向下依次设置透水层、隔离层和黏土层。黏土层和隔离层起隔水作用,可防止渗入路面内的水进一步下渗到路基内,从而影响路基的强度和稳定性。隔离层可以用油毡或其他防水材料直接铺筑在黏土层上,然后在隔离层上铺设 2~5cm 中砂,以免透水层材料直接与隔离层材料挤压而损伤隔离层材料。铺设隔离层之前,最好在台背处涂设一层沥青,防止水沿台背渗入下部。最后在隔离层上铺设透水层,透水层可采用级配碎石填筑,厚度宜取 20cm 左右。盲沟可以采用大粒径碎石,除了与透水层接触的进水口处设置土工织物反滤层外,盲沟周围均采用双层隔水层,一则隔离水渗入正常路堤,二则防止水继续下渗。此外,为了排水流畅,各结构层层底宜有 3% 左右的纵坡,这样就克服了传统台后排水措施的缺点,且台背填料不一定采用透水性材料(如粉煤灰轻质填料),可经济、有效地解决过渡段排水问题,从而达到减少不均匀沉降的目的。

(六)纵向填挖交界处不均匀沉降防治措施

1. 纵向填挖交界处不均匀沉降预防措施

(1)填方前应对基底进行处理,清除淤泥、腐殖土、杂草、树根。

(2)做好临时排水设施。当坡面或坡脚处裂隙水比较丰富或有地下泉水时,应在沿坡脚位置每间隔 2~3 个填层高度设置一个盲沟,将丰富的裂隙水或泉水导流至填方区以外排水沟内。此外,路堤在填筑过程中要按设计纵、横坡保持路拱,以便雨季排水畅通。另外,对于半填半挖、填挖交界处的施工,最好不要用推土机直接进行填土作业,这样容易形成推堆区,且不能满足压实度要求。

(3)高填方路基前边坡应用较大石块,码砌高度不小于 2m,厚度不小于 1m;控制倾填料颗粒的粒径,避免大石料过于集中;采用大吨位机械振动压实,避免出现过大的工后沉降。

(4)填方前,对于填挖交界处或自然横坡陡于 1:5 时,应将原地面挖台阶,宽度不小于 2m,其顶面做成 2%~4% 的内倾斜坡,压实度不得小于 85%,挖好横向连接台阶,分层压实,如图 1-3-16 所示。

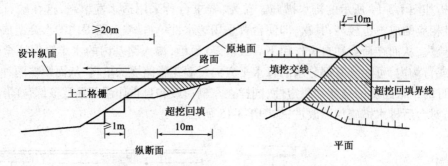

图 1-3-16 线路纵向填挖交界路面过渡示意图

(5)做好挖方段地表及地下排水工作,避免水对新填路基的危害。

(6)在进行填方区压实度检测时,应将纵向填挖交界处作为重点检测对象。若压实度不合格,应根据不合格原因坚决进行返工或补压。

(7)为了解决在公路建设中经常遇到的填挖交界路基非均匀沉降对路面结构的破坏,在近年来的高速公路建设中,人们开始重视填挖交界路基非均匀沉降问题,并采取相应的处治措施。工程实践已证明,应用土工合成材料处治路基非均匀沉降,不失为一种有效的工程技术措施。

为保证纵向填挖交界处路基的稳定性,减少不均匀沉降,对部分填挖交界路基进行土工格网加固处理。山体自然坡度比不小于1:2,且填高大于4m时,在路基顶部至0.4H(H为填土高度)高度处,每间隔100cm高度铺设一层土工格网。纵向填挖交界处土工格网沿横向铺设。当土工格网铺设长度超出路基边坡的范围时,则铺至离坡面30cm处即可。

2. 纵向填挖交界处不均匀沉降处理措施

如果纵向填挖交界处的沉降已经发生,就必须采取一定的措施进行处理,使损失降到最低。目前,可采取的措施大致如下:

(1)分析产生的原因,观察沉降发展的情况,设计处理措施方案。

(2)错台差异不大的地方,对开裂的路面使用沥青砂或者水泥浆进行灌缝处理,避免路面水浸入而影响路面基层强度或路基的整体强度。

(3)如果沉降已经稳定,视差异高度加铺一层路面结构层或重新填筑。

三、工程实例

1. 工程概况

杭甬高速公路是浙江省内的第一条高速公路,全长144.988km,全线于1996年12月26日建成通车。沿线经杭州萧山区、绍兴市、上虞市、余姚市及鄞县等县市区,穿越钱塘江、曹娥江、余姚江和奉化江四大水系。由于路线所经之处均为软基,施工时虽经处理,但经过五年多的营运,加上工后沉降的影响,杭甬高速公路桥头跳车还是较为严重。这不仅影响行车的舒适性,还会影响行车安全,成为杭甬高速公路营运中急需解决的问题。为提高行车舒适性,桥头路基沉降越大,调坡加铺层就越厚,加铺层越厚,静荷载也就越大,静荷载增大,更加剧了路基沉降的发展。如何正确处理桥头跳车将直接影响杭甬高速公路的使用质量与养护费用。

2. 病害特征及原因分析

桥头跳车是路线纵坡在桥头附近发生的急剧变化,是桥头与路基路面的差异沉降所造成的,桥头跳车的产生和形成原因是多方面的,它包括地基地质条件、填料、施工材料以及设计等诸多原因(伸缩缝设置不当或损坏也会引起桥头跳车,但不在本文讨论范围内)。

1)桥台及台后填方地基沉降差异

由于杭甬高速公路所经区域均为软基,施工时虽经地基处理,但因其软土层过厚(最厚处大于60m),给软基处理带来难度,同时由于当时(1992~1996年)技术上的不足和限制,使得软基处理不彻底,因而造成的工后沉降变形也较大。而桥梁等构造物一般均采用深基础,竖向沉降很小,甚至没有,这样就导致了桥台与相邻接的路面的差异沉降变形,形成桥头跳车。

2)台背填料压实度达不到设计要求

由于桥背回填段的路基用普通压路机压不到位,而便于压实作业的小型压实机具的压实功率较小,压实度达不到设计要求。杭甬高速公路路基填筑分为填土路基和填石路基两类。根据设计要求,填土路基在路床下 0~80cm 内压实度不小于 95%,80~150cm 内压实度不小于 93%,150cm 以下部分的压实度不小于 90%;如为填石路基,以上各项指标分别降低 10%。据初步统计,桥头路堤高度一般为 400cm 左右,填土路段最大干密度(重型)为 1.950kN/m³,填石路段最大干密度为 2.365kN/m³,若施工时压实度每降低 1%,400cm 高的路堤通车后压实达到设计标准,填土路堤要压缩 4.4cm,填石路堤要压缩 5.3cm,这说明压实度对工后沉降的影响十分明显。

3)台背回填材料控制不严格

在施工过程中已发现台背回填压实度较难达到设计要求,设计单位将台背回填的材料变更为砂砾回填,但由于施工中控制不严,回填的材料和质量仍然没有达到设计要求。

4)台背回填时间过迟

台背回填基本上是在路堤填筑结束或桥梁施工基本完成后才开始的,预压期比一般路堤要短 6~9 个月;而四铰框架结构(桥式通道)的桥台回填要等到梁板安装好后才能开始施工,预压期一般要短 8~12 个月。因此,在路面结构层施工前,该段地基的固结时间很短,工后沉降自然要比一般路堤大。

5)台后填料受渗水侵蚀及变形

用浆砌片(块)石砌筑的埋置式桥台的台前护坡、锥坡,大气降水易从路面、锥坡体、中央分隔带下渗,下渗水对桥台一般不产生破坏作用,但对土类填料易产生侵蚀和软化作用,特别是对压实度不足的填方体,更是如此,且降低结构强度,从而导致填方体变形;对砂石类填料,一般填方体中部为砂砾,两侧为土类,在未采取横向排水措施的杭甬高速公路,这种结构只有利于水的下渗,不利于水的横向排泄。对地基来讲,填方体中部压力大,向两侧边坡压力逐渐减小,从而使地基产生盆形沉降变形,还会软化地基,并加速地基的变形。另一方面,水在下渗过程中,会带走部分细颗粒材料,这也是产生桥头路基路面沉降的原因之一。

3. 病害处理方法

桥头因差异沉降超过容许的差异沉降量会使驾乘人员感到不舒适,冲击力增大将影响结构物和车辆的使用寿命,所以必须作适当处理。处理的原则主要从两方面来考虑,一是对已有差异沉降作处理,二是如何预防或减少沉降的发生。

1)对超过容许沉降的处理

对已出现并超过容许的桥头差异沉降,只能作局部调坡加铺接顺处理,其处理的原则是既要满足过渡期调坡加铺的最低标准,并尽可能地向现行规范靠拢,又要尽量减少加铺量以节约养护的费用。在具体桥头加铺设计时,一般以一个凹形竖曲线与一个凸形曲线组合而成,在设计时应注意纵、横坡的衔接及路面排水设施设置情况。杭甬高速公路的桥梁横坡均为2%,路面因沉降变形横坡不足2%的,需要逐步过渡。另外在设置切缝式的简易伸缩缝的小桥涵处,桥头加铺时,竖曲线可以进入小桥涵的顶部。如两端都需加铺,可由一个竖曲线或复曲线通过,这样既避免产生新老两道接缝的弊病,又可保证纵坡的顺畅,而增加的沥青混凝土数量很少,甚至不会增加。在具体实施中应特别注意两个问题,一是要根据选用的沥青混凝土型号控制加铺层的最小厚度,确保加铺层的压实质量,笔者认为以最粗粒料粒径的2.5倍控制厚度能达到较好的效果;二是对桥头横缝处理时,应在搭板与台背之间的缝内填塞沥青麻絮、玻璃纤维类防水材料,防止因沥青混合料挤入而发生路面下凹,并起到止水的作用。

2)预防(或减小)桥头沉降的发生

高速公路在通车运营后应尽可能地预防或减少桥头沉降的发生,这对日常维护提出了更高的要求。在桥头沉降原因分析中,已经证实:通过在中央分隔带、路桥结合处、锥坡及路基边坡等处采取合理的引排水措施,防止水进入桥头路堤,对预防或减少桥头路堤的沉降应该是有一定的功效的。另外,应尽量保持地下水位的稳定,避免在桥头附近打深井抽水,避免因地下水位在较大范围内变化而引起地基应力和固结排水条件的变化,造成桥头沉降。

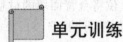

单元训练

实训目标 能正确理解过渡段路基病害特征及其原因,并制订合理有效的防治措施。

实训准备

1. 场地准备:选择一段过渡段路基病害比较明显的路段;
2. 器材准备:笔、调查记录表格、刻度尺、皮尺、照相机等;
3. 人员准备:以3~5人为一个小组,将班内同学分成若干小组。

实训内容 各组同学采用实训器材等工具对实训场地内出现的过渡段路基病害进行数据、文字和图像的记录。

实训成果 各组将记录下来的过渡段路基病害资料进行整理,并简要提出病害整治方法,最终以实习报告的形式进行提交。

单元四　路基边坡病害成因及防治技术

知识要点

(1)路基边坡病害成因；
(2)路基边坡病害预防措施；
(3)路基边坡病害处治方法。

◇想一想：为什么下场暴雨后，经常会导致某些路段边坡垮塌呢？

路基边坡是路基工程的重要组成部分，受路基边坡设计、施工及外界地形、气候等因素影响，路基边坡可能发生开裂、滑动、倾倒等形式的破坏而失去稳定性。边坡的失稳不但毁坏坡面植被，还会因严重的工程事故造成巨大的经济损失，甚至危及人身安全。

一、路基边坡病害原因的分析

1. 影响岩质边坡稳定的因素

影响岩质边坡稳定的因素有：岩石性质、岩体结构、水的作用、风化作用、地震力、地形地貌、人为因素等。

1）岩石性质

岩石的成因类型、矿物成分、结构和强度等是决定边坡稳定性的重要因素。由坚硬(密实)、矿物稳定、抗风化能力好、强度较高的岩石构成的边坡，其稳定性一般较好；反之，则稳定性较差。

2）岩体结构

岩体的结构类型、结构面性状及其与坡面的关系是岩质边坡稳定的控制因素。

3）水的作用

水的渗入使岩体质量增大，岩土体因被水软化而抗剪强度降低，并使孔(裂)隙水压力升高；地下水的渗流将对岩体产生动水压力，水位的升高将产生浮托力；地表水对岸坡的侵蚀使其失去侧向或底部支撑等，这些都对边坡的稳定不利。

4）风化作用

风化作用使岩体的裂隙增多、扩大，透水性增强，抗剪强度降低。

5）地形地貌

临空面的存在及边坡的高度、坡度等都是直接与边坡稳定有关的因素。平面上呈凹形的边坡较呈凸形的稳定。

6）地震

地震使边坡岩体的剪应力增大，抗剪强度降低。

7）地应力

开挖边坡使边坡岩体的初始应力状态改变，坡角出现剪应力集中带，坡顶与坡面的一些部位可能出现张拉应力区。在新构造运动强烈地区，开挖边坡能使岩体中的残余构造应力释放，可直接引起边坡的变形破坏。

8）人为因素

边坡不合理的设计、开挖和加载、大量施工用水的渗入及爆破等都能造成边坡失稳。

2. 土质边坡被破坏的影响因素

影响土质边坡稳定的因素很多，有地形、地质、水文、气候等各方面的因素。由于重力作用的影响，土坡的稳定性随其高度及边坡的陡度而变化，高度越大，边坡越陡，其稳定性越低。土体内若有水流下渗，水对土起润滑作用，降低了土的抗剪强度，从而降低土坡的稳定性，极易产生滑动，如边坡坍塌经常发生在雨季或暴雨之后，滑坡往往是由于地表水下渗或地下水渗流在土体内形成了软弱面所致。此外，边坡土层倾斜或夹有软弱土层、地面有张开裂缝、受动荷载或地震作用、砂土振动液化以及河流对土坡脚的冲刷掏蚀或人为开挖山坡下部等也可能造成土坡失去平衡而发生坍滑。在各种外界因素中，水是影响土坡稳定的主要因素。土坡稳定的内因在于土的物理力学性质。其中，土的力学强度是土坡抵抗破坏的基本因素，对土坡稳定性起决定作用。

二、路基边坡病害的防治措施

公路各边坡的地质、岩（土）性质、水文等条件不尽相同，边坡的防护措施也是多种多样，尤其是在生态防护技术广泛使用于边坡防护工程中后，边坡防护逐渐向注重生态环境恢复及开放式防护方向发展，一般均采用工程防护与生态防护相结合的方式进行边坡的治理。

1. 公路边坡工程防护技术

工程防护技术可分为工程加固措施与工程防护措施。工程加固措施可以对边坡起加固作用，如锚杆、抗滑桩和挡土墙等加固措施；工程防护措施用于对边坡坡面进行防护，只适用于稳定边坡，主要应用于岩石边坡，如干砌片石防护、喷射混凝土护坡等，其作用是防止岩石边坡坡面被风化、土质边坡坡面被雨水冲刷。

1）坡面防护

坡面防护措施主要有抹面、捶面、喷砂浆和喷混凝土、勾缝和灌浆、护面墙、干砌片石、浆砌片石等方式。

（1）抹面防护

抹面防护适用于易风化的软质岩层路堑边坡，在坡面上加设一层耐风化表层，以隔离大气的影响，防止风化。常用的抹面材料有各种石灰混合料灰浆、水泥砂浆等，如图1-4-1所示。抹面厚度一般为3~7cm，可使用6~8年。为防止表面产生微细裂缝影响抹面使用寿命，可在表面涂一层沥青保护层。

（2）捶面防护

捶面防护适用于易受冲刷的土质边坡或易风化剥落的岩质边坡，且坡度不陡于1:0.5。其防护性质与抹面防护相近，使用材料也大体相同。一般厚度为10~15cm，捶面厚度较抹面厚度要大，相应强度较高，能抵抗较强的雨水冲刷，使用期限为8~10年。

(3)喷砂浆和喷混凝土防护

喷砂浆和喷混凝土防护适用于坡面易风化、节理裂缝发育、坡面为碎裂结构的岩石坡面,其主要作用是封闭边坡岩石裂缝、节理,阻止地表水侵入坡体内部,防止岩石继续风化,增加边坡的稳定性和保护边坡不发生落石崩坍(图1-4-2)。喷射混凝土护坡具有质量轻、防止风化、施工简单等优点,同时,也具有费用高、厚度难控制、易偷工减料、对公路自然景观破坏大、封面阻水易引起边坡饱水坍塌滑坡的缺点。

图1-4-1 抹面防护

图1-4-2 喷混凝土防护

(4)勾缝和灌浆

勾缝和灌浆适用于较坚硬且不易风化的岩石路堑边坡,节理裂缝多而细者用勾缝,大而深者用灌浆。

(5)护面墙

护面墙用于风化严重或易风化的软质岩,也用于较破碎岩石的挖方边坡和坡面易受侵蚀或易小型坍塌的土质边坡。护面墙除承受自重外,不担负其他荷载,也不考虑承受墙后的土压力,因此,护面墙必须建在符合稳定边坡要求的地段,且护面墙的基础应设置在稳定的地基上。其优点是既提高了挖方边坡的稳定性,又降低了边坡高度,同时还减少了边坡挖方数量,节省了工程造价。

(6)干砌片石防护

干砌片石防护适用于土质、软岩及易风化、破坏较严重的填挖方路基边坡,以防止雨水冲刷,如图1-4-3所示。在砌面防护中,宜首选干砌片石结构,这不仅可以节省投资,而且可以适应边坡有较大变形的情况。但干砌片石受水流冲击时,细小颗粒易被流水冲刷带走而引起大的沉陷。其结构分单层铺砌和双层铺砌两种。为防止坡面土层被水流冲出和减小漂浮物的撞击力,应在干砌片石防护下设置碎石或砂砾构成的垫层(反滤层),垫层也可用土工织物代替。

(7)浆砌片石护坡

浆砌片石护坡也是公路建设中常用的工程防护方法,一般适用于易受水侵蚀的土质边坡、严重剥落的软质岩石边坡、强风化或较破碎岩石边坡、残坡积较厚而松散的边坡(图1-4-4)。抹面和捶面是我国公路建设中常用的防护方法,材料均可就地采集,造价低廉,但强度不高,耐久性差,手工作业,费时费工,在一般等级公路上使用该问题尚不明显,若在高速公路特别是边坡较高时使用就有一定的局限性。

干砌片石或浆砌片石防护在不适于植物防护或者有大量开山石料可以利用的地段最为适合。砌石防护的优越性是显而易见的,它坚固耐用、材料易得、施工工艺简单、防护效果好,因而在高速公路的边坡防护中得到广泛的应用。

图1-4-3 干砌片石防护

图1-4-4 浆砌片石护坡

2）锚杆加固防护

岩土锚固是一种把受力拉杆埋入地层的技术，能充分发挥岩土能量，调用和提高岩土自身强度和自稳能力，大大减轻结构自重，节约工程材料，并确保施工安全和工程稳定，具有明显的经济和社会效益，因而广泛用于岩土工程加固。适用于坡面为碎裂结构的硬岩、层状结构的不连续地层、坡面岩石与基岩分离有可能下滑的挖方边坡。这种防护还特别适用于岩层倾角接近边坡坡角和有裂隙的厚层岩石（图1-4-5）。

3）土钉支护

目前，一般认为土钉支护机理是以新奥法理论为基础，其支护用于土体开挖和边坡稳定，是一种新的挡土技术。由于其经济可靠且施工简捷，已在岩土工程中得到迅速推广和应用。土钉的特点是以群体起作用，与周围土体形成一个组合体，在土体发生变形的条件下，通过与土体接触面上的黏结力和摩擦力使土钉被动受拉，并主要通过受拉工作以约束加固或使其稳定，如图1-4-6所示。

图1-4-5 预应力锚索技术

图1-4-6 土钉支护

4）支挡工程

（1）挡土墙

挡土墙是一种能够抵抗侧向土压力、防止墙后土体坍塌和增加其稳定性的建筑物。在公路工程中，可用以支撑路堤或路堑边坡、隧道洞口、防止水流冲刷路基，同时也常被用于处理路基边坡滑坡崩坍等路基病害，如图1-4-7所示。

抗滑挡土墙是整治滑坡常用的有效措施之一。抗滑挡土墙一般设置在滑坡前缘，挡土墙基础必须深埋于滑动面（带）以下的稳定地层中，以免随滑体被推走。抗滑挡土墙采用重力式、利用墙身重力来抗衡滑体,其优点是取材容易、机械化要求不高、施工方便、见效快。

(2)抗滑桩

抗滑桩又称锚固桩,是近年来应用广泛的一种新型抗滑支挡结构物,可穿过滑体在滑床的一定深度处锚固,具有抵抗滑坡推力的作用,如图1-4-8所示。工程实践表明,抗滑桩能迅速、安全、经济地解决一些比较困难的工程,因此发展较快。

图1-4-7 挡土墙

图1-4-8 抗滑桩

2. 公路边坡植物防护技术

植物防护是指在稳定的边坡上种草、铺草皮、植树等对公路进行绿化防护的形式。植物防护是综合防护措施的核心,主要作用是维持与恢复因修建公路而破坏的公路沿线生态系统平衡及美化环境、保护生态。

1)公路边坡防护植物选择的原则

土壤是防护植物生长的基础,土壤的水分、肥力及温度等因素,影响着植物的生长和发育。行车给中央分隔带、路基边坡、公路两侧土壤造成了严重的污染,给植物的种植带来了困难,且路堑都是生土多、贫瘠、硬度大的土壤,降水和风都会对表层土壤产生侵蚀。因此,应慎重选择用于公路防护的植物物种,这是关系到防护成败的极为重要的基本工作,也是一项极其复杂且需反复探索的任务。而植物的培植生长受到光照、气温、湿度、降水、风等气候的影响。最高、最低气温决定植物能否正常发育、能否顺利越冬越夏。降雨时期,雨量是决定采用何种植物的重要依据。综合考虑,植物选择的原则主要有以下几点。

(1)从护坡功能考虑

植物防护首先要求能加固稳定边坡,而且有绿化和改善公路环境的作用,所以防护植物要求有以下特点:

①植物根系发达,有良好的固土和护坡效果。

②覆盖度大,密度大。

③绿期长,多年生,耐践踏,适宜于粗放管理,容易移植、繁殖,最好能自然繁殖衍生,易于管理。

④最好有较强的抗污染和净化空气的能力。

(2)从气候土质环境考虑

理想的防护植物应具有以下条件:

①适当的气候(主要是湿度和降水)条件。

②抗逆性强,易繁殖,有抗寒、耐热、抗旱等性能。

③具有抗病毒、抗倒伏性能，生长快，扩张性强，在短时间内就能郁闭边坡。
④耐贫瘠，适合粗放型管理。
⑤能适应如盐碱等特殊环境条件。

2）植物防护技术的种类及特点

根据不同的边坡地质条件，采用不同的施工方法和施工工艺可将边坡生态防护技术分为：种草防护、铺草皮防护、植树防护、液压喷播植草防护、土工网植草防护、行栽香根草防护、蜂巢式网格植草防护、客土植生植物防护、喷混植生植物防护、三维网植草防护、土工格室结合三维网植草防护、植生基质喷射防护等。

(1) 种草防护

种草防护（图1-4-9）适用于边坡稳定、坡面冲刷轻微且边坡不高、坡度不陡于1:1.25、适宜种草的土质边坡或经改良的边坡。一般要求边坡不高（<6m），不浸水或短期浸水，边坡上已扎根的种草坡面防护可容许缓慢流水的短期冲刷。种草坡面防护一般不适于岩石边坡防护，若要适用于岩石边坡中，需使用针对岩石边坡研发的生物防护技术。

(2) 铺草皮防护

铺草皮防护（图1-4-10）是通过人工在边坡面铺设天然草皮的一种传统边坡植物防护措施，适用于边坡坡度较陡、冲刷稍严重、需要迅速得到防护或绿化的土质边坡。铺草皮坡面防护方法，其作用与种草坡面防护一样，可以迅速对施工完后的边坡实施坡面防护。

图1-4-9　种草防护

图1-4-10　铺草皮防护

铺草皮的方法可根据坡面冲刷的情况、边坡坡度、坡面水流速度的具体条件，分别采用平铺（平行于坡面铺装）、水平叠铺（平行于水平地面）、垂直叠铺（垂直于坡面）、斜交叠铺（与水平坡面垂直成小于90°的角）等形式。

(3) 植树防护

植树应在1:1.5或更缓的边坡上，或在边坡以外河岸及漫滩处。其主要作用是加固边坡，防止和减缓水流的冲刷。林带可以防汛、防沙和防雪，调节气候、美化路容、增加木材收益。植树品种以根系发达、枝叶茂盛、生长迅速的低矮灌木为主。

(4) 土工网植草防护

土工网植草防护是国外近十多年新开发的一项集坡面加固和植物防护于一体的复合型边坡防护措施。该技术所用土工网是一种边坡防护新材料，是通过特殊工艺生产的三维立体网，不仅具有加固边坡的功能，在播种初期还起到防止冲刷、保持土壤以利草籽发芽、生长的作用。随着植物生长、成熟，坡面逐渐被植物覆盖，这样植物与土工网就共同对边坡起到了长期防护、绿化的作用。土工网植草护坡能承受4m/s以上流速的水流冲刷，在一定条件下可替代浆

(干)砌片石护坡。目前,国内土工网植草护坡在公路、堤坝边坡防护工程中使用较多,铁路部门使用相对较少。

(5)行栽香根草防护

香根草是近十多年才被人们"重新发现"的一种禾本科植物,长势挺立,在3~4个月内可长成茂密的活篱笆;根系发达、粗壮,一年内一般可深入地下2~3m;根系抗拉强度大,达75MPa;耐旱、耐涝、耐火、耐贫瘠、抗病虫、适应能力极强。行栽香根草护坡充分利用了香根草的优良特征,具有显著增强边坡稳定性和理想的固土护坡功能,如图1-4-11所示,大有取代传统片石护坡之势。目前在国内应用较少,尚有待于在公路、铁路、堤坝、城市建设等边坡防护工程中进一步试验推广。

(6)蜂巢式网格植草防护

蜂巢式网格植草防护(图1-4-12)是一项类似于干砌片石护坡的边坡防护技术,是在修整好的边坡坡面上拼铺正六边形混凝土框砖形成蜂巢式网格后,在网格内铺填种植土,再在砖框内栽草或种草的一项边坡防护措施。该技术所用框砖可在预制场批量生产,其受力结构合理,拼铺在边坡上能有效地分散坡面雨水径流,减缓水流速度,防止坡面冲刷,保护草皮生长。这种护坡施工简单,外观齐整,造型美观大方,具有边坡防护、绿化双重效果,工程造价适中,略高于浆砌片石骨架护坡,多用于填方边坡的防护。

图1-4-11 香根草防护

图1-4-12 蜂巢式网格植草防护

(7)客土植生(客土喷播)植物防护

客土植生植物护坡,是在边坡坡面上挂网机械喷填(或人工铺设)一定厚度、适宜植物生长的土壤或基质(客土),并喷播种子的边坡植物防护措施。客土喷播是一种融合土壤学、植物学、生态学理论的生态防护技术。在这些理论的指导下精心配制适合于特殊地质条件下的植物生长基质(客土)和种子,然后用挂网喷附的方式覆盖在坡面,从而实现对岩石边坡的防护和绿化。该技术首先根据地质和气候情况确定边坡的植物生长基质配方,同时确定喷播厚度(一般为0.03~0.1m),然后根据坡面稳定性确定锚杆的长度和金属网的尺寸,多用于普通条件下无法绿化或绿化效果差的边坡。施工工序为:清理坡面、钻孔打锚杆、挂网、喷射客土。

(8)喷混植生植物防护

喷混植生植物防护(图1-4-13)是类似于客土喷播的一项生态防护技术,是在稳定岩质边坡上施工短锚杆、铺挂镀锌铁丝网后,采用专用喷射机,将拌和均匀的种植基材喷射到坡面上,植物依靠"基材"生长发育,形成植物护坡的施工技术,具有防护边坡、恢复植被双重作用,可以取代传统的喷锚防护、片石护坡等圬工措施。该技术已广泛应用于铁路、公路、水利等各类岩石边坡绿化防护工程中。与客土喷播相比,此项技术的缺点是保水、保肥效果较差,植物演替及隔热性能较低。

(9)植生基质喷射防护

岩石边坡生态防护工程技术——植生基质喷射技术(简称 PMS 技术),可应用于坡度小于 1∶0.5 的软岩、硬岩边坡及酸性、强酸性土质边坡,如图 1-4-14 所示。PMS 技术是利用活性植物材料即植生基质(PGM),结合土工合成网等工程材料,在岩石坡面构建一个具有自我生长能力的功能系统,利用植生基质按设计厚度喷射到岩石坡面上,通过植物的生长活动和其他辅助工程措施进行边坡加固的一门高新技术。

图 1-4-13　喷混植生植物防护

图 1-4-14　植生基质喷射防护

3. 路基边坡防排水

在对路基边坡进行防护时,一个很重要的环节就是路基边坡的防排水处理。其处理方法可概括为"疏、堵、绿、补"。

1)"疏"

"疏"就是有效地疏导路面积水,使其及时排出路基。要做好水流疏导工作,必须保持跌水槽、急流槽、截水沟、排水沟、边沟等排水设施的有效性和完好性,保证路面不积水,排水系统水位不受自然因素影响,以确保路堤的稳定。

如何疏导路面积水是边坡排水中的重点,是保证边坡稳定的根本。合理的排水设施是至关重要的。边坡排水设施及适用条件见表 1-4-1。

边坡排水设施及适用条件　　　　　　　　　　表 1-4-1

名　称	定　义	适　用　条　件
边沟	为汇集和排除路面、路肩及边坡的流水,在路基两侧设置的纵向排水沟	设于挖方路段及低路堤坡脚外侧
截水沟(天沟)	为拦截山坡上流向路基的水,在路堑边坡顶以外设置的排水沟	(1)设于挖方路基边坡顶; (2)设于山坡路堤上方适当处
排水沟	将边沟、截水沟和路基附近低洼地处汇集的水引向路基以外的水沟	(1)将边沟、截水沟的水引到路基外; (2)地面沟渠曲折,或低洼处积水影响路基稳定处; (3)适于相邻涵洞,减少涵洞数量
急流槽	在陡坡或深沟地段设置的坡度较陡、水流不离开槽底的沟槽	(1)设置于高差较陡或坡度较陡、需设置排水沟的地段; (2)高路堤路段设有拦水缘石的出水口处

续上表

名 称	定 义	适 用 条 件
跌水	在陡坡或深沟地段设置的沟底为梯形、水流呈瀑布跌落式通过的沟槽	(1)涵洞进出水口处； (2)急流槽之间的连接处； (3)截水沟与边沟连接的内槽
蒸发池	在气候干燥且排水困难地段,于公路两侧每隔一定距离,为汇集边沟流水任其蒸发所设置的积水池	雨量不大,气候干燥,日照较强,排水困难地段
拦水缘石	为避免高路堤边坡路面排水冲刷,在路肩设置的排水带	设于高路堤路肩上

2)"堵"

"堵"就是要堵住已损毁的圬工、砌体的孔隙和裂缝等处的渗漏水,同时还需要降低路基边沟水位,防止地下水位升高渗入路基,对路基造成侵蚀而降低路基强度。堵是对疏的补充,所谓大水要疏,小水要堵。要堵塞住漏水和渗水,就要使硬路肩与土路肩压顶之间、土路肩压顶与边坡防护砌体之间紧密连接,密不透水。没有土路肩压顶的路基,要做好土路肩横坡整理。根据路面宽度,等距离增设排水沟,保持路面排水顺畅。对因材料、结构、沉降、气候、雨水等原因引起的各种收缩缝、沉降缝、裂缝以及沉陷损坏等,要根据不同情况,分别采用沥青麻絮、砂浆、细粒式混凝土等进行填补修复,保证不漏水,不渗水。

3)"绿"

"绿"就是在路基边坡种植低矮灌木类植物,通过绿化植物的根系来固土护坡,并且利用植物的枝叶减弱雨水对路基边坡的直接冲刷,保证边坡的稳定性。按公路养护技术规范和CBM工程的要求,做好边坡绿化种植,可以避免雨水冲刷造成的边坡坍塌。

4)"补"

"补"就是要及时填补边坡缺土。当天气恶劣、土质含水率大或边坡较陡时,可外掺适量水泥或生石灰粉,用来降低土的含水率,提高边坡填土初期稳定性。补土时,应先将松散、潮湿的土方挖掘出来,整出台阶,然后分层填筑、夯实。每层填土厚度控制在10cm左右,夯击应采用均匀、密集的"鱼鳞夯"法,保证填土密实,回填完毕后整理好坡面,恢复好原坡形并适时补种植物。补土是对绿化工作的一种补充和辅助,两者相辅相成。造成缺土病害的原因大都是由于原路基填土不密实或人为破坏、绿化不到位等,因此,及时补土、适时绿化就显得非常重要。

"疏、堵、绿、补"这四种防治边坡水害的方法,是通过实践总结出来的行之有效的方法。"绿"和"补"可以通过植物防护技术实现,前两种结合工程防护技术中的其他技术共同实现路基边坡的防护。在实际中要结合具体情况,因地制宜,灵活应用,尽可能发挥其花钱少、见效快、防治效果好的优点。

4. 公路边坡综合防护技术

综合防护技术是指将植物防护与工程防护技术有机结合起来,实现共同防护的一种方法。基于加固边坡、提高边坡水土保持及生态恢复能力三方面原理,通常采用三维网、混凝土、浆砌片(块)石、浆砌卵(砾)石等做骨架形成框格,框格内采用种草或铺草皮的方法,并同时进行边坡防排水处理。其特点是可充分发挥植物防护与工程防护的优点,取长补短,施工简单,施工速度快,效果好。

1)三维植被网结合植被护坡技术

三维植被网结合植被护坡技术(图1-4-15)是最近几年发展起来的一种边坡防护技术,在我国山区已被广泛应用,正在向内陆地区推进。该技术具有施工方便、工期较短、造价低廉、护坡效果好等优点,可在短期内绿化、美化边坡,使公路与周围环境景观融为一体,并有利于生态平衡的恢复与维持。

2)框格结构结合植草护坡

框格护坡可采用混凝土、浆砌片块石、卵(砾)石等材料做骨架,框格内宜采用植物防护或其他辅助防护措施,如图1-4-16所示。这种形式适用于土质或风化岩石边坡防护,能有效地防止路基边坡在坡面水冲刷下形成冲沟;同时,提高了边坡表面地表糙度系数,减缓水流速度,并且与植草等生物防护相结合,能取得很好的景观效果。

框格的骨架宽度宜采用20~30cm,嵌入坡面深度应视边坡土质和当地气候条件来确定,一般为15~20cm。框格的大小应视边坡坡度、边坡土质来确定,并应考虑与景观的协调。骨架一般采用方格形,与边坡水平线成45°夹角,方形框格尺寸宜为1.0m×1.0m~3.0m×3.0m。如做成拱形骨架的形式,拱圈的直径宜为2~3m。采用框格的边坡坡顶(0.5m)及坡脚(1.0m)应采用与骨架部分相同的材料镶边加固,加固条带的宽度宜为40~50cm。

图1-4-15 三维植被网

图1-4-16 浆砌片石(拱式)骨架植物防护

三、工程实例

1.工程概况

呼和浩特—集宁高速公路是内蒙古中部地区,特别是首府呼和浩特进京的主要通道,也是自治区建成的第一条山区高速公路,1998年开始规划设计,2002年正式开工建设,2005年建成通车。项目所在地区地形起伏较大,受到当时设计理念的影响,山区仍然以平原区安全、快速、经济的原则为指导思想,片面强调较高的技术指标,使得路基填挖高度增大,出现了大量的高填深挖路段,路基边坡全部采用外观效果差、形式单一的浆砌片石防护,特别是挖方路堑边坡,无论边坡土体地质、边坡高度、面积等情况如何,全部采用形式单一的浆砌片石护面墙。

2.病害特征及原因分析

以呼和浩特—集宁高速公路K415+950处挖方段为例,自高速公路通车运营后,该段边坡一直处于稳定状态，但从2007年开始，路线左侧（南侧阴坡）护面墙墙体局部出现了横向裂缝，并逐渐发育，2008年6月中旬该地区连续大量降雨后，边坡高度最大处约30m长范围内护面墙一级和二级墙体出现了垮塌、开裂、鼓包等病害（图1-4-17~图1-4-19），对于公路的安全运营造成了较大影响。

图1-4-17　护面墙垮塌

图1-4-18　护面墙开裂　　　　　　　　　图1-4-19　护面墙鼓包

护面墙垮塌的主体部分宽度约为30m，位于路堑边坡高度最大段，护面墙垮塌的失稳点位于一级边坡中部，同时连带附近护面墙二级墙体出现了大量横向裂缝。第三级护面墙较为稳定，只在局部出现了少量横向裂缝，路堑边坡顶部土体稳定，由此判断，护面墙垮塌的主要原因是表面土体的失稳坍塌。该段路堑边坡出露地层基本表层主要为第三系上新统冲积相的红色黏性土，局部有砾石土和细砂岩夹层。红黏土层呈硬塑状态、密实，该土层力学强度较好，不存在滑坡的条件。不过，该段路堑边坡高度太大（最高达28m），土体边坡坡率太陡，地层中的红黏土具有较大的膨胀性，深挖段落会造成高陡临空面，受风化和雨水侵蚀，土体内部孔隙变大，导致外露土体体积增大，表面土体松动产生向外的土压力。在大气降水过程中，水分通过护面墙表面裂隙和护面墙顶部与路堑边坡土体间的裂隙进入，导致边坡表面土体含水率增大，土体相对密度加大，内摩擦角减小，表面松动的土体向外的土侧压力进一步增加，从而造成了护面墙墙体的失稳垮塌。

3. 病害处理方法

1）边坡清理

首先将病害严重段落的护面墙墙体予以拆除，然后将边坡土体向后清理，在挡墙顶部设置一处大型的碎落台，挡墙后土体边坡按照现有边坡坡率放坡至路堑顶部，边坡设置1.0m宽的边坡平台，平台上设置矩形排水沟用于排除坡面水。由于该处边坡土体直立性较好，不存在滑坡及大型坍塌的可能，因此边坡不用采取任何防护措施。另外，虽然边坡表面会存在一些小的碎落，但只要在今后的施工养护中及时清理即可。清理后形成的坡面与原有坡面自然圆滑过渡，过渡段长 5.0m。

2) 在坡脚设置重力式挡土墙

在坡脚碎落台部分设置 4.0m 高的挡土墙，用于加固坡脚土体。挡土墙采用 M7.5 浆砌片石砌筑，墙顶采用 M10 水泥砂浆抹面。挡土墙墙身设置泄水孔，泄水孔内埋设 7.5PVC 排水管，并使排水管外露墙身 10cm，向内伸入墙背后砂砾滤水层中。为了保证滤水层中的水分进入排水管，施工时在排水管下方铺设一层防水土工布。土工布与墙体采用热沥青粘贴，施工时泄水孔的设置及其他禁忌事项严格按照施工技术规范进行。挡土墙及墙后排水沟、碎落平台每隔 16m 设一道伸缩缝，缝宽为 2cm，缝内用沥青麻絮填塞 20cm 深。挡土墙施工时应采用跳槽开挖的方式，以防止开挖基础时开挖面积太大造成边坡失稳。

3) 在挡土墙顶部设置碎落台

为了防止边坡碎落物威胁公路运营，在挡土墙顶部设置 8.0m 宽的碎落台。碎落台采用 M7.5 浆砌片石铺砌，并采用 M10 砂浆抹面，砌体应伸入边坡土体 30cm，以利于边坡水的排除。挡土墙及碎落台断面如图 1-4-20 所示。

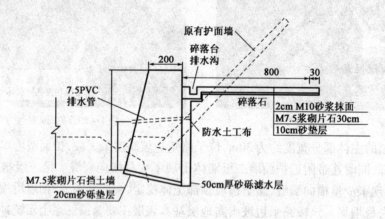

图 1-4-20 挡土墙及碎落台断面图(尺寸单位：cm)

4) 防、排水设计

为了防止边坡顶部地面水流冲刷边坡，在边坡顶部与隔离栅间设置拦水土埂。土埂采用人工培筑，顶宽 0.5m，高 0.5m。边坡平台排水沟采用 C25 混凝土现浇而成。平台排水沟应与土方清理同时进行，以利于混凝土的运送和排水沟的施工。碎落台周围设置排水沟，用于排除碎落台积水及边坡平台排水沟中的水流。为了防止边坡碎落物进入排水沟将其堵塞，在排水沟外侧设置 1.0m 高的矮墙，矮墙宽 0.5m，顶部采用 M10 水泥砂浆抹面。人行踏步设置于挡土墙两端，采用 M7.5 浆砌片石砌筑，用于边坡养护及将碎落台和边坡平台积水排入边沟中。

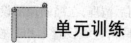 单元训练

▲ 实训目标　能正确识别路基边坡病害特征及其原因，并制订合理有效的防治措施。

实训准备

1. 场地准备：选择一段路基边坡病害比较明显的路段；
2. 器材准备：笔、调查记录表格、刻度尺、皮尺、照相机等；
3. 人员准备：以3~5人为一个小组，将班内同学分成若干小组。

实训内容　各组同学采用实训器材等工具对实训场地内出现的路基边坡溜方、滑坡、风化剥蚀、坡面冲刷等病害进行数据、文字和图像的记录。

实训成果　各组将记录下来的路基边坡病害资料进行整理，并简要提出病害整治方法，最终以实习报告的形式进行提交。

单元五　软土地区路基病害成因及防治技术

知识要点

(1) 软土工程性质；
(2) 软土地区路基病害成因；
(3) 软土地区路基病害预防措施及处治方法。

◇想一想：为什么在软土地基上填筑路堤容易引起较大沉降呢？

在公路工程建设中，不可避免地会遇到软土地基问题。软土地基具有含水率高、天然孔隙比大、压缩性高、渗透性小、抗剪强度低、固结系数小等不利的工程性质，导致地基承载力往往不能满足工程设计的要求。因此，需要对地基进行人工加固处理。处理软土地基有多种方法，如果处理不当，就会直接造成路基失稳或过量沉降，出现路基纵、横向断裂等病害。这些病害直接影响行车的平顺性和乘客的舒适性，严重时，甚至导致交通事故，因此，应引起足够重视。

一、软土地区路基病害原因分析

1. 软土的工程性质是病害内因

"软土是指滨海、湖沼、谷地、河滩沉积的天然含水率高、孔隙比大、压缩性高、抗剪强度低的细粒土"。

软土无论按成因还是按土质划分，种类较多，但它们都具有下列特性：

(1) 颜色以深色为主，粒度成分以细粒为主，有机质含量高。
(2) 天然含水率高，密度小，天然含水率大于液限，一般为50%~70%，液限一般为40%~60%。
(3) 天然孔隙比大，一般大于1.0。

(4)渗透系数小,一般为 $1\times10^{-4}\sim1\times10^{-8}$ cm/s。沉降速度慢,固结完成所需时间长。而大部分淤泥和淤泥质土地区,由于该土层中夹有数量不等的薄层或极薄层粉砂、细砂、粉土等,故在垂直方向的渗透性比水平方向要小。

(5)压缩性高,淤泥和淤泥质的压缩系数一般为 $0.7\sim1.5$ MPa^{-1},最大达 4.5 MPa^{-1},且随着土的液限和天然含水率的增大而增高。

(6)抗剪强度低,软土的快剪黏聚力小于10kPa,快剪内摩擦角小于5°,固结快剪的强度略高,凝聚力小于15kPa,内摩擦角小于10°。

(7)软土的灵敏度高,灵敏度一般为 $2\sim10$,有时大于10,并具有显著的流变特性。

2. 地下水和地表水

水是公路的天敌,对路基更是危害无穷。当水进入路基后,导致路基填料含水率增大,强度稳定性降低,造成路基沉陷等一系列公路病害。

3. 设计方面

由于前期地质勘测资料不全、不细,未能真实反映软土地基的情况,或者由于设计部门设计不完善甚至未制订任何地基处理措施,导致在路基填筑施工过程中或者工程完工后出现不同程度的沉陷。

4. 施工方面

在填筑路基过程中,由于加载过快,未能及时进行沉降位移速率观测,当接近或超过临界填土高度时,仍快速填筑,荷载超过地基承载能力,导致路堤失稳。另外,软土地区路堤施工计划中未考虑地基固结工期,以及在施工过程中,对质量把关不严,未能达到软基处理的设计要求,都会直接导致路基下沉。

二、软土地区路基病害的防治

由于软土地基的承载力较低,如果不作任何处理,一般不能承受较大的荷载。软土上的路堤可能会因为过大的沉降引起开裂甚至剪切破坏。因此,在软土地基上修建路基,要求对软土地基进行处理。软土地基处理的目的,主要是改善地基的工程性质,包括改善地基土的变形特性和渗透性,提高其抗剪强度。

软土地基处理有许多方法,如换土法、挤压法、排水固结法、胶结硬化法、调整路基结构法。各种方法都有各自的特点和作用机理。没有哪一种方法是万能的,对于每一个工程都必须进行综合考虑,通过几种可能采用的地基处理方案的比较,选择一种技术可靠、经济合理、施工可行的方案,既可以是单一的地基处理方法,也可以是多种地基处理方法的综合。

(一)换土法

1. 开挖换土法

当软土地基的承载力和变形不能满足设计要求,而软土层的厚度又不是很大时,将路基底面下处理范围内的软弱土层部分或全部挖去,然后分层换填强度较大的砂(碎石、素土、灰土、二灰土等)或其他强度较高、性能稳定、无侵蚀性的材料,并用人工或机械方法压(夯、振)实至要求的密实度为止,这种地基处理的方法称为换土法。

换土法按回填材料的不同,命名为不同的垫层,如砂垫层、碎石垫层、素土垫层、灰土垫层、二灰土垫层等。虽然垫层材料不同,其应力分布稍有差异,但从试验结果分析其极限承载力,还是比较接近的。通过沉降观测资料,发现不同材料垫层的特点基本相似,故可以近似按砂垫层的计算方法进行计算。换土法的处理深度通常宜控制在 3m 以内,也不宜小于 0.5m,如果垫层太薄,则换土垫层的作用也不显著。

2. 抛石挤淤法

抛石挤淤法是借助换填材料的自重或利用其他外力,如压载、振动、爆炸、强夯等,使软弱层遭受破坏后被强制挤出而进行的换填处理。采用这种施工方法,不用抽水、挖淤,施工简单,一般用于厚度小于 3.0m,其软弱层位于水下,表层无硬壳,软土液性指数大,呈流动状态的泥沼及软土中。一般来说,抛石挤淤比较经济,但技术上没有把握,当淤泥较厚时需慎重使用。

抛石挤淤应采用不易风化的石料,片石大小随软土稠度而定,对于容易流动的泥炭或淤泥,片石宜稍小些,但不宜小于 30cm,且小于 30cm 的粒料含量不得超过 20%。抛石时应自路堤中部开始,逐次向两旁展开,使淤泥向两旁挤出。在片石露出水面后,应用较小石块填塞垫平,用重型机械碾压紧密,然后在其上铺设反滤层再进行填土,见图 1-5-1。

3. 爆破挤淤法

爆破挤淤法适用于换填深度超过 3m,需要快速施工且允许爆破的场合。对于稠度较大的软土,采用先爆后填,对于稠度小的软土,可以先填后爆破,见图 1-5-2。

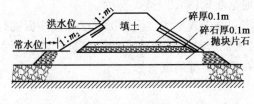

图 1-5-1 抛石挤淤法

图 1-5-2 爆破挤淤法示意图

(二)挤压法

1. 碾压法

土是三相体,通过碾压机械,夯击或碾压填土、疏松土层,使其孔隙体积减小、密实度提高,这种作用称为压实,这种处理软土地基的方法称为碾压法(图 1-5-3)。压实能降低土的压缩性、提高其抗剪强度、减弱土的透水性,使经过处理的表层弱土成为能承担较大荷载的地基持力层。

大量工程实践和试验研究表明,影响土的压实效果的主要因素是:土的含水率,土层厚度、压实机械及其压实功能等。土的压实效果常用压实度来衡量。

2. 强夯法

强夯法是 20 世纪 60 年代末、70 年代初首先在法国发展起来的,国外称之为动力固结法,以区别于静力固结法。它一般是通过 10~40t 的重锤采用 10~20m 的落距(最高可达 40m)夯击地基,对地基土施加强大的冲击能,在地基土中形成冲击波和动应力,使地基土压密和振密,以加固地基土,达到提高强度、降低压缩性、改善砂土的抗液化条件、消除湿陷性黄土的湿陷性的目的。强夯法主要适用于加固砂土和碎石土、低饱和度粉土与黏性土、湿陷性黄土、杂填土和素填土等地基。强夯法以其适应性广、效果好、造价低、工期短等特点,成为我国地基处理的一项重要技术,如图 1-5-4 所示。

图 1-5-3　碾压法

图 1-5-4　强夯法

3. 砂桩、碎石桩(振冲桩)

砂桩和碎石桩又称粗颗粒土桩,是指用振动、冲击或水冲等方式在软弱地基中成孔后,再将碎石或砂挤压入桩孔中,形成大直径的碎(砂)石所构成的密实桩体。

(1)砂桩

砂桩适用于松散砂土、人工填土、粉土或杂填土等地基,可以提高地基的强度,减少地基的压缩性,或提高地基的抗震能力,防止饱和软弱土地基液化,如图 1-5-5 所示。

目前国内外砂桩常用的成桩方法有振动沉管法和锤击成桩法。振动沉管法是使用振动打桩机将桩管沉入土层中,并振动挤密砂填料。锤击成桩法是使用蒸汽或柴油打桩机将桩管引入土层中,并用内管夯击密实砂填料,实际上这也就是碎石桩的沉管法。

(2)碎石桩

碎石桩适用于挤密松散的砂土、粉土、素填土和杂填土地基(图 1-5-6)。在复合地基的各类桩体中,碎石桩与砂桩同属散体材料桩,加固机理相似。对不同加固土质,其机理有所差别:对砂土、粉土和碎石土,具有置换和挤密作用;对黏性土和填土,以置换作用为主,兼有不同程度的挤密和促进排水固结的作用。碎石桩在工程中主要应用于软弱地基加固、堤坝边坡加固、消除可液化砂土的液化性、消除湿陷性黄土的湿陷性等方面。

碎石桩按其制桩工艺分为振冲(湿法)碎石桩和干法碎石桩两大类。利用振动水冲法施工的碎石桩称为湿法碎石桩;干振碎石桩和锤击碎石桩统称为干法碎石桩。

图 1-5-5　砂桩施工

图 1-5-6　碎石桩施工

4. CFG 桩

CFG 桩是水泥粉煤灰碎石桩（Cement Flyash Gravel Pile）的简称，由碎石、石屑、粉煤灰掺加适量水泥加水拌和，用振动沉管打桩机或其他成桩机具制成的一种具有一定黏结强度的桩，如图 1-5-7 所示。桩体主体材料碎石、石屑为中等粒径集料，可改善级配；粉煤灰作为细集料，可以和低强度水泥作用。通过调整水泥掺量和配合比，桩体强度可在 C5～C20 之间变化，一般为 C5～C10。

CFG 桩由于桩身具有一定的黏结性，故可在全长范围内受力，能充分发挥桩周摩阻力和端承力，桩土应力比一般为 10～40，复合地基承载力的提高幅度较大，有沉降小、稳定快的特点。CFG 桩可用于加固填土、饱和及非饱和黏性土、松散的砂土、粉土等，对塑性指数高的饱和软黏土使用应慎重。

5. 石灰桩

在打桩机成孔过程中，沉管对土体的挤密作用和新鲜的生石灰成桩时对桩周土体的脱水挤密作用使周围土体固结（图 1-5-8）；同时，由于一系列的物理、化学反应，桩身与桩同土硬壳层组成变形模量较大的桩体，以置换部分软土，同原地基土形成复合地基，从而提高了地基的承载力。石灰桩适用于含砂量低，没有滞水砂层的软土。

图 1-5-7　CFG 桩成桩

图 1-5-8　石灰桩施工

（三）排水固结法处理技术

排水固结法处理软基是在路基施工前，对天然路基或已设置竖向排水体的路基加载预压，使土体固结沉降基本完成或大部分完成，从而提高地基土强度，减少地基工后沉降的一种地基加固方法。排水固结法由排水系统和加压系统两部分组成。

排水固结系统由竖向排水体和水平排水体构成，主要作用是改变地基的排水边界条件，缩短排水距离和增加孔隙水排出的途径。当软土层靠近地表且较薄或土的渗透性好且施工周期较长时，可在地面铺设一定厚度的砂垫层，不设竖向排水通道。土中的孔隙水在外荷载作用下排至砂垫层，从而产生固结。若软土层较厚时，为加快排水固结，应在地基中设置砂井等竖向排水体，与水平砂垫层一起构成排水系统。常见的排水系统有普通砂井、袋装砂井（图 1-5-9）、塑料排水板（图 1-5-10）、砂垫层、滤管等。加压系统是指对地基施加的荷载布置。

排水系统与加压系统总是联合使用的。如果只设置排水系统，不施加固结压力，土中的孔隙水没有压差，不会发生渗透固结，强度不会提高。如果只施加固结压力，不设置排水体，孔隙水就很难排出来，地基土的固结沉降就需要较长的时间。因此，要保证排水固结法的加固效果,从施工角度考虑,主要做好以下三个环节:铺设水平垫层、设置竖向排水体和施加固结压力。排水固结法一般适用于饱和软黏土、吹填土、松散粉土、新近沉积土、有机质土及泥炭土地基。

图 1-5-9　袋装砂井施工

图 1-5-10　塑料排水板施工

(四)化学加固法(胶结硬化法)

化学加固法是指利用水泥浆液、黏土浆液或其他化学浆液,通过灌注压入、高压喷射和机械搅拌,使浆液与土颗粒胶结起来,以改善地基土的物理力学性质的地基处理方法。

化学加固法能否获得预期的效果,主要取决于两个方面的因素,一是根据地基土体的特征,选择适当类型的化学浆液;二是选用合适的施工工艺。目前根据化学加固法中常用的浆液类型,可将其划分为:①水泥浆液,即由高强度等级的硅酸盐水泥和速凝剂等组成的常用胶结浆液;②以水玻璃($Na_2O \cdot nSiO_2$)为主的浆液,这类浆液有较多的配方形式,较常用的是将水玻璃浆液与氯化钙浆液配合使用,该类浆液价格较贵,较少用;③以丙烯酰胺为主的浆液,是一种以类似有机化合物为主的浆液,其价格昂贵,难于广泛应用;④以纸浆液为主的浆液,如重铬酸盐类,其加固效果较好,但有毒性,易污染地下水源,故使用上受到限制。因此,目前使用最广泛的是水泥浆液。

1. 灌浆法

灌浆法是指利用液压、气压或电化学原理,通过注浆管把浆液均匀地注入地层中,浆液以填充、渗透和挤密等方式,赶走土颗粒间或岩石裂隙中的水分和空气后占据其位置,经一定时间后,浆液将原来松散的土粒或裂隙胶结成一个整体,形成一个结构新、强度高、防水性能好和化学稳定性良好的"结石体"。灌浆法按加固原理可分为渗透灌浆、挤密灌浆、劈裂灌浆和电动化学灌浆四种方法。

2. 高压喷射注浆法

高压喷射注浆法是用工程钻机钻至预定深度后,用高压泥浆泵等发生装置,通过安装在钻杆机端的特殊喷嘴,向周围土体喷射化学浆液(常用水泥浆液),同时钻杆以一定的速度徐徐提升,高压射流破坏了附近的土体结构,并强制与化学浆液混合,在地基中硬化成直径均匀的圆柱体的方法。可根据工程需要调整钻杆的提升速度,变化喷射压力,或变换喷嘴的直径,从而改变流量,使固结体成为所需要的设计形状。固结体的形态和喷射流移动方向有关,一般分为旋转喷射(旋喷)、定向喷射(定喷)和摆动喷射(摆喷)三种,如图 1-5-11 所示。

采用旋喷法施工时,喷嘴一面喷射一面旋转并提升,固结体呈圆柱状。主要用于加固地

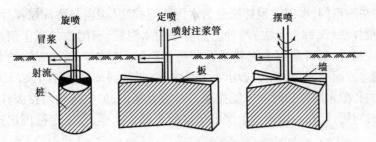

图 1-5-11　高压喷射注浆的三种方式

基、提高地基的抗剪强度、改善土的变形性质;也可组成闭合的帷幕,用于截阻地下水流和治理流沙。旋喷法施工后,在地基中形成的圆柱体,称为旋喷桩。20 世纪 60 年代后期,日本首创单管旋喷法,开始应用于黏土,当时桩径约 30cm,引起世界各国的关注。单管喷射法虽加固质量好,施工速度快和成本低,但存在固结体小的问题,因而进一步创造了高压浆液喷射流与外部环绕的气流同轴喷射的二重管旋喷法,即 JGP 工法和 GSP 工法;之后又创造了压注水、气和浆三种介质的三重管旋喷注浆法,即 CJP 工法。现已研制成九重管喷射技术和超高压(400MPa)喷射大直径加固体技术。

定喷法施工时,喷嘴一面喷射一面提升,喷射的方向固定不变,固结体形如板状或壁状,通常用于基坑防渗,改善地基土的水流性质和稳定边坡等工程。

采用摆喷法施工时,喷嘴一面喷射一面提升,喷射的方向呈较小角度来回摆动,固结体形如较厚的墙体。

定喷及摆喷两种方法通常用于基坑防溜、改善地基土的水流性质和稳定边坡等工程。

高压喷射注浆法(图 1-5-12)适用于砂土、粉土、黏性土、淤泥、淤泥质土、黄土、湿陷性黄土和人工填土地基。它既可用于工程修建前的地基加固,又可用于工程使用期中的基础托换。对于砾石直径过大、含量过大及纤维质的腐殖土,高压喷射法的施工质量则难以保证,有时甚至达不到静压灌浆法的效果。当地下水流速过大时,喷射浆液无法在注浆管周围凝固。无充填物的岩溶地段,永冻土地基及对水泥有严重腐蚀的地基,均不适宜选用高压喷射注浆法。

3. 水泥土搅拌法

水泥土搅拌法(图 1-5-13)是用于加固饱和黏性土地基的一种方法。它是利用水泥(或石灰)等材料作为固化剂,通过特制的搅拌机械,在地基深处就地将软土和固化剂(浆液或粉体)强制搅拌,由固化剂和软土间所产生的一系列物理和化学反应,使软土硬结成具有整体性、水稳定性和一定强度的水泥加固土,从而提高地基强度和增大变形模量。

图 1-5-12　高压喷射注浆法

图 1-5-13　水泥土搅拌法

根据施工方法的不同,水泥土搅拌法分为水泥浆搅拌法(国内俗称深层搅拌法,又称为湿法)和粉体喷射搅拌法(又称为干法)两种。前者是用水泥浆(有时添加减水剂如木质素等和速凝剂)和地基土搅拌,后者是用水泥粉或石灰粉和地基土搅拌。两种方法各有相应的适应性和利弊。从概念方面看,前者搅拌较均匀,易于复搅,但加固体硬化时间长,天然含水率过高时,桩间土多余的孔隙水需较长时间才能排除。对后者来说,虽搅拌均匀性欠佳,难于全程复搅,但水泥硬化时间短,且在一定程度上降低了桩间土的含水率,在一定范围内提高了桩间土的强度。

由于粉体喷射搅拌法采用粉体作为固化剂,不再向地基中注入附加水分,反而能充分吸收周围软土中的水分,因此加固后地基的初期强度高,对含水率高的软土加固效果尤为显著。它为软土地基加固技术开拓了一种新的方法,可在铁路、公路、市政工程、港口码头、工业与民用建筑等软土地基加固方面广泛使用。

(五)调整路基结构法

1. 反压护道法

反压护道法是指在路堤两侧填筑一定宽度和高度的护道,使路堤下的淤泥或泥炭向两侧隆起的趋势得到平衡,从而保证路堤的稳定性。采用反压护道加固地基,不需特殊的机具设备和材料,施工简单,但占地多,用土量大,后期沉降大,养护工作量大,如图1-5-14所示。

反压护道法适用于非耕作区和取土不困难的地区和路堤高度不大于1.7~2倍极限高度的情况。

(1)反压护道一般采用单级形式,因为多级式护道增加稳定力矩较小,作用不大。

(2)反压护道高度一般为路基高度的1/3~1/2。为保证护道本身的稳定,其高度不得超过天然地基所容许的极限高度。

(3)反压护道宽度一般采用圆弧稳定分析法通过稳定性验算决定。在验算中,软土或泥沼地基的强度指标采用快剪法测定,或采用无侧限抗压强度的1/2,或采用十字板现场剪力试验所测得的强度。

(4)两侧反压护道应与路堤同时填筑。

(5)当软土层或泥沼土层较薄,且其下卧硬层具有明显的横向坡度时,应采用两侧不同宽的反压护道,横坡下方的护道应较横坡上方的护道宽一些。

2. 路堤加筋法

通过带状拉筋与填土的摩擦力来平衡、减小作用于挡土墙的土压力,其适用范围是人工填土、砂土路堤、挡墙、桥台、水坝等,如图1-5-15所示。

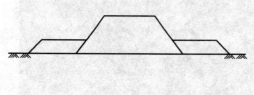

图1-5-14　反压护道法

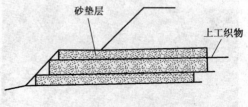

图1-5-15　路堤加筋法

3. 侧向约束法

侧向约束法是在路堤两侧坡脚附近打入钢筋混凝土桩或者设置毛石齿墙等的方法,可限制基底软土的挤动,从而保持基底的稳定。地基在施行侧向约束后,路堤的填筑速度可不加控制,较反压护道节省土方,少占耕地,但需耗费一定数量的钢筋、水泥、木材等,成本较高,如图1-5-16所示。

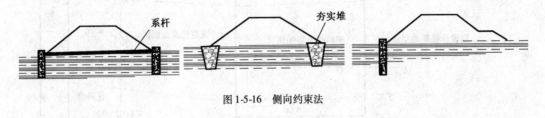

图1-5-16 侧向约束法

三、工程实例

1. 工程概况

广东省境内某公路为东西走向的城市主干道,路幅宽46m,双向六车道。因K2+000～K2+117左侧路基边坡在施工中发生几次坍方,严重延误了工期。坍方段路基于2005年11月30日填土至设计高度(填土高3.5m),两天后,K2+010～K2+076段左侧机动车道以外人行道及绿化带突然塌陷下沉约2～3m,软土向路基左侧河涌横向推移1～4m不等。其后采用木桩加固,再填筑滑塌部分路基,当压路机在机动车道碾压时,在原坍塌的地方又出现了开裂现象及较上次更严重的坍塌破坏。至2006年6月23日,已修筑好18个月的K2+100～K2+165段路基左侧人行道及绿化带再次发生大规模塌陷,主滑面落差约为2～3m;主车道距线路中心6～8m处,出现贯通的平行于线路方向的宽2～5cm的大裂缝。

坍方段路堤右侧前、后为丘坡,左侧为一河涌,右侧紧临大鱼塘。地形左低右高,塌方段位于冲积丘间洼地,地势相对较低洼。地貌单元为珠江三角洲冲积丘间洼地。事故发生后,经补充工程地质勘察,探明本区地质情况为:地面表层不均匀分布4～7m厚的填筑土呈褐黄、灰等杂色,由块石、砂土及黏性土堆填而成。

2. 病害原因分析

原工程勘察时忽略了丘间谷地相软土地层的分布特点,勘探孔数量稀少,且位置不当,仅在靠近山坡坡脚软土层厚度相对较薄处布置一个地质钻孔,显示基底淤泥层厚仅8m,未能揭示软土分布的实际状况。加上路堤最大填方只有3.5m高,没有引起设计的足够重视。原设计在机动车道下地基采取注浆或搅拌桩加固,减少工后沉降,人行道及绿化带下坡脚范围内地基采用塑料排水板加固,提高路基的稳定性。坍方段路基虽然最大填方加载只有3.5m,由于其两侧紧靠水塘河涌,构成的不利临空面却达6～7m。填方前,机动车道下地基采取注浆或搅拌桩加固,人行道及绿化带下地基采用塑料排水板或采用木桩加固。受勘察资料所限,又没有进行施工工程地质验证,加固深度远小于软土厚度,加固后的复合地基悬浮于高灵敏度的淤泥层上,不能限制路基的侧向变形。由于基底分布有4～5m大块石层,维持着路基的短期相对稳定,使路基处于极限平衡状态中。填方、重型机械压路、降雨等引起路基附加应力略有增加,或河涌水位下降引起抗滑力减小,即会破坏这种平衡状态,引起路基失稳坍陷(图1-5-17、

图 1-5-18)。

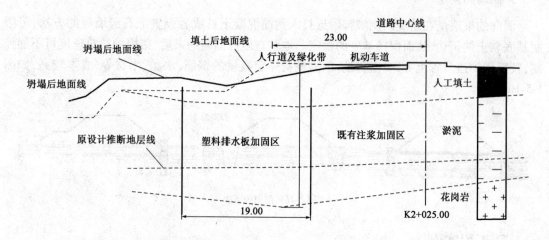

图 1-5-17 填方段路基横断面图(尺寸单位:m)

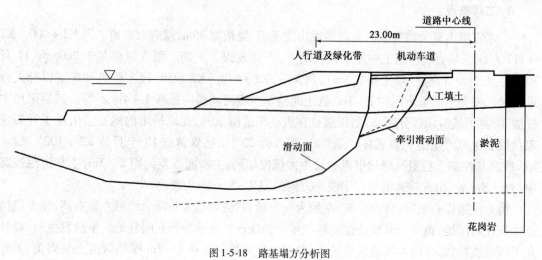

图 1-5-18 路基塌方分析图

3. 病害处理方法

本项目软土路堤的加固方法主要有反压护道、侧向约束、复合地基等。在路堤两侧填筑一定宽度和高度的护道,使路堤下地基土不被挤出和隆起,以保证路堤的稳定。本段软土厚,强度低,填筑极限高仅1.4～1.8m,如果要保证路基本体稳定,需采用多级反压护道。新征地过多,路基左侧的河涌还需要改道,受控因素复杂,实施困难。在路堤坡脚采用侧向约束等措施增强既有路堤的稳定。侧向约束可采用木桩、钢筋混凝土桩等形式。此方法既没有改善软土层荷载的结构形式,又没有改善软土层性质,仅适用于软土层较薄、下伏硬土层的路堤的补强加固。本工点深厚层软土荷载大,约束体悬臂长度大,仅在坡脚侧向约束,仍不能提供足够抗弯强度和约束变形的刚度,不能保证路堤的稳定。

结合现场地形,改良既有路基坡脚范围内软土层性质。在软土层施作高强度水泥土桩,与软土共同形成复合地基,在路堤坡脚一定宽度内形成具有强大侧向约束的桩群,限制路基的侧向变形。根据材料及施工工艺,可分为水泥搅拌桩、预制管桩、高压旋喷桩复合地基。受成桩工艺限制,预制管桩及水泥搅拌桩均不能穿过4～7m厚夹有大块石的填土层,采用高压旋喷桩替代水泥土搅拌桩,利用工程钻机引孔,穿过块石层到达软土层,借助高压喷射流的切削和混合,使硬化剂和土体混合,达到改良软土层性质的目的,病害整治横断面图如图 1-5-19 所示。

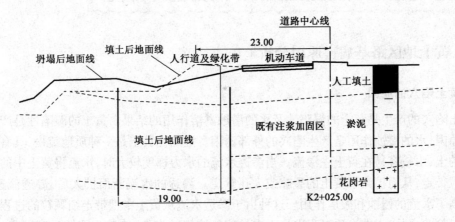

图 1-5-19　病害整治横断面图(尺寸单位:m)

单元训练

实训目标　能正确理解软土地区路基病害特征及其原因,并制订合理有效的防治措施。

实训准备

1. 场地准备:选择一段软土地基路基病害比较明显的路段;
2. 器材准备:笔、调查记录表格、刻度尺、皮尺、照相机等;
3. 人员准备:以 3~5 人为一个小组,将班内同学分成若干小组。

实训内容　各组同学采用实训器材等工具对实训场地内出现的软土地基路基病害进行数据、文字和图像的记录。

实训成果　各组将记录下来的软土地基路基病害资料进行整理,并简要提出病害整治方法,最终以实习报告的形式进行提交。

单元六　黄土地区路基病害成因及防治技术

知识要点

(1)黄土的工程性质;
(2)黄土地区路基病害成因;

(3)黄土地区路基病害预防措施及处治方法。

◇想一想：为什么黄土路基在运营一段时间后，会发生塌陷呢？

一、黄土地区路基病害原因分析

1. 黄土陷穴的成因

黄土陷穴的产生是黄土的湿陷性及水的潜蚀淋溶作用的结果。黄土的湿陷性是产生陷穴的内在原因，水的潜蚀作用是产生陷穴的外部诱因。湿陷性黄土是一种质地疏松、具有大孔隙和裂隙的土，水较容易在黄土中渗流。当渗透水流的水力梯度较大时，水流将黄土中的黏土粒和粉土粒带走，从而扩大了黄土的裂隙或大孔管道。渗透的水流断面扩大后，渗透流速加快，更加提高了水流的侵蚀和搬运作用。这种由于渗透水流从黄土中携带走细颗粒的过程称为机械潜蚀。除此之外，水在渗透过程中将土中易溶盐溶解并带走，使黄土囤结强度下降，这种作用称为化学溶蚀作用。

黄土的自身特点，为陷穴产生提供了本质条件：

(1)湿陷性黄土是一种土质疏松、主要成分为粉土颗粒组成的特殊土，其细微颗粒极易遭受潜蚀。

(2)黄土中易溶盐含量丰富，对强度起作用的是结构状碳酸钙。在含 CO_2 的水或酸性环境中，易受水溶蚀，破坏黄土的内部结构，使之变得松软，有利于地下水渗透，加速了渗流作用和机械潜蚀作用。

(3)大孔隙和裂隙发育，为水的渗透提供了便利通道，加速了机械潜蚀。

2. 影响黄土路基稳定的因素

路基破坏的影响因素主要有内因和外因两方面。

1) 内在因素

(1)黄土的成因

松散结构的新黄土和密实结构的黄土，具有不同的密实性和物质组成，稳定性也不一样。一般坡积的松散结构黄土最不稳定。

(2)黄土的结构和构造

黄土中存在不同节理且特性不同，组成结构的均匀程度、结构孔隙特征、夹层及构造的变动等都影响着路基的稳定。

(3)下卧层

下卧层的岩性、产状、风化程度及其与黄土的接触关系等，也影响着路基的稳定。

(4)物质成分

由于易溶盐含量的变迁，矿物组成不同，土体的变形状况也不一样，这些都会引起土体强度的变化，从而影响路基的稳定。

(5)物理力学性质

与黄土路基稳定性有关的物理力学指标有：黏粒和砂粒含量、干密度、液限、塑性指数、天然含水率、孔隙率和抗剪强度等物理力学指标。

2)外界因素

环境条件的改变是促使边坡变形发生、发展的外界原因。

(1)地貌单元和微地貌特征

路基在阶地上所处位置、坡顶的汇水条件及陷穴、暗洞、坑沟、低洼积水、冲沟的位置和分布状况等,对路基的稳定性有直接影响。

(2)水文条件

水文条件包括地下水的出露,地表水对坡面、坡脚、截水沟和边沟的浸湿和冲刷等。渗入土体中的水将引起土体质量增加及强度的降低,渗入裂隙和节理中的水产生的静水压力,将促进冲沟、陷穴的发展,对路基的稳定极为不利。

(3)风化与振动等自然外力

由于黄土节理发育,受大气雨水和地震及车辆行车引起的振动等,都有可能促使边坡变形,导致路基失稳。

3)人为因素

设计、施工和养护不当,人为对边坡的破坏,都是引起路基破坏的直接原因。

二、黄土地区路基病害的防治

1. 黄土陷穴的防治

黄土陷穴的防治采取预防和处治相结合的原则,首先要查明陷穴的位置和导致其产生的水源,并作出定性和定量分析,根据具体情况分别对待。

陷穴的预防主要是加强地表和路基排水,改善地表性质,整平坡面,消除坑洼,减少水的积聚和渗透;加强植被保护和水土保持,加强路基外雨水的截排和路基的防渗防漏(如采用土工合成材料等);开展巡查,对容易发生陷穴的地带定期检查。

黄土陷穴的处治主要是根据陷穴的大小分别采用灌浆、开挖回填等措施。陷穴较小的采用明挖,原土夯填;陷穴较大的灌泥浆,分两次进行,待第一次灌满泥浆并干燥收缩后再进行第二次灌浆塞空。

2. 黄土路基病害的防治

黄土地区极易发生路基破坏变形,对公路建设危害极大。对于这些病害,应坚持预防为主的原则。对于剥蚀破坏,一般可以采取工程措施来防护,而对滑塌破坏,必须在路基设计过程中对边坡滑塌稳定性作出正确预测,并采取相应的工程措施来控制。

目前,处治湿陷性黄土路基的方法很多,通常采用的有密实法、置换法、复合地基法等,再配合排水措施,形成一个体系。这些方法的特点是技术可靠、经济适用、施工简单、有较好的处理效果,便于掌握及推广应用。

1)密实法

密实法是对非饱和湿陷性黄土在动载冲击荷载作用下,使土体的孔隙减少、密实度提高、地基土的承载力增加、压缩性降低的方法。目前,主要有强夯法和冲击压实法等。

(1)强夯法

强夯法处理湿陷性黄土是一种很好的方法,简单实用,易于施工,效果良好,适用于厚度为

3~6m 的湿陷性土层,如图 1-6-1 所示。施工前,应按设计要求在现场选点进行试夯。当地质条件相同时,可在一处试夯。若有差异时,应按地段分别进行选点试夯。用试夯的办法确定单击夯击能、单位面积夯击能、夯击遍数及夯点间距,以此数据确定是否达到了设计要求的承载力、模量、有效加固影响深度。若达不到时,可调整夯锤质量、落距或夯点间距等,也可修改设计方案。

对于要夯实的湿陷性黄土,其含水率宜低于塑限含水率 1%~3%。当其含水率低于 10% 时,宜加水至塑限含水率;当含水率大于塑限含水率 3% 时,应采取措施将含水率降低至塑限含水率。

(2)冲击压实法

冲击压实法采用冲击压实机处理湿陷性黄土地基。冲击压实机由牵引车拖动,靠凸轮瓣对土进行冲击压实(图 1-6-2),压实次数以 20~40 次为宜,其击实能可达 2 000~3 000KJ,有效压实深度为 2m。冲击压实机对土击实后,土的密度超出了常规压路机的压实效果,且使天然土在压实过程中完成了沉降要求,具有压实和击实两种功效,适用于处理浅层湿陷性黄土。

图 1-6-1 强夯法

图 1-6-2 冲击碾压施工

2)置换法

置换法是将基础地面下一定范围内的湿陷性黄土挖除,然后分层换填强度和模量相对较高的砂石、碎石、灰土、素土等,并夯实至要求的密度,形成一个较好的持力层,以达到提高承载力和减少变形的目的,如图 1-6-3 所示。置换法主要适用于浅层湿陷性黄土,一般厚度不大于 3m,具体方法有灰土垫层、土垫层等。

灰土垫层是将基础地面下一定范围内的湿陷性黄土挖去,按一定体积配比将灰土拌和均匀,并控制灰土含水率在最佳含水率附近。分层回填夯实或压实,可以消除被置换部分土的湿陷性,同时也可防止地表水渗透到地下湿陷性黄土层中,造成地基过大的沉降。

土垫层是指采用黏性素土制作的垫层。在湿陷性黄土地区,为消除浅层地基的湿陷性,施工时应使土的含水率接近于最佳含水率。土垫层要分层填筑,每层厚度应根据夯实机具有的能量决定,一般每层厚度为 20~25cm;土料要求过筛,有机质含量不得超过 5%。

3)复合地基法

复合地基法是在天然地基中设置一定比例的增强体(桩体),使桩土共同承担荷载,并具有密实法和置换法的效应,如图 1-6-4 所示。具体方法有高压旋喷法、粉喷桩法、灰土挤密桩等。

高压旋喷法注浆是利用钻机将带有喷嘴的灌浆管钻进至土层预定深度后,以 20~40MPa 的压力把浆液或水从喷嘴中喷射出来,形成喷射流冲击破坏土层。当能量大、速度快、脉动状的射流动压力大于土层结构强度时,土颗粒便从土层中剥落下来,一部分细颗粒随浆液或水冒出地面,其余土颗粒在射流的冲击力、离心力和重力等作用下,与浆液搅拌混合,并按一定的浆土比例和质量大小有规律地重新排列。浆液凝固后,便在土层中形成一个固体,固体与土体共同承担荷载,形成复合地基,可提高地基的抗剪强度,改善土的变形性质,使土体在上部附加应力的作用下,不产生破坏或过大的变形。高压旋喷所采用的硬化剂一般为水泥浆,也是最便宜的注浆材料,其固结性能良好,质量较好,来源容易。用高压旋喷法处理湿陷性黄土,在选定注浆管类型及喷射参数和筑浆材料时,要根据工程目的而定,布孔间距及布孔方式也是如此。高压旋喷处理湿陷性黄土不仅能提高地基土的承载力,也能减少沉降量,施工方法简单快捷,也可处理深层湿陷性黄土。

图 1-6-3　换填法　　　　　　　　　　　图 1-6-4　复合地基法

4)预浸水法

利用自重湿陷性黄土地基的自重湿陷性,在结构物修筑之前,将地基充分浸水,使其在自重作用下发生湿陷,然后修建筑物。这样可以消除地表以下数米黄土的自重湿陷性,更深的土层需另外处理。但这种方法需水量大,处理时间长(约3~6个月),可能使附近地表发生开裂、下沉。

5)植被防护

目前,在黄土地区常用的边坡植被防护方法有直接植草防护、拱式砌石或3m×3m浆砌片石结合植草防护、六角形预制块边坡防护及土工网植被防护等,这些方法各有其优缺点。

(1)直接植草防护

直接植草防护具有方法简单、施工方便、成本低廉的优点,但在黄土地区有着不宜植物生长的致命缺点。在宁夏黄土地区,草籽撒播后,容易受风吹雨淋等因素的影响而大量流失,导致坡面植草覆盖率很低。同时,坡面又没有任何加筋处理,雨季时,在暴雨和径流的冲蚀下最终导致坡面破坏。因此,直接植草防护可靠度极低,不适宜于黄土边坡防护。

(2)拱式砌石或3m×3m浆砌片石结合植草防护

该方法由于施工烦琐、速度慢、劳动强度大、造价高等缺点,不宜推广应用。

(3)六角形预制块防护

六角形预制块防护是上述3m×3m骨架防护的改进。

由于六角形预制块中间空格面积较小,最大限度地减小了坡面防护对植草绿化的依赖性。换言之,即使坡面绿化效果不好,也不容易产生太严重的冲蚀现象,目前应用较多。

(4)土工网植被防护

为了满足护坡和绿化的要求,近年来多采用土工网(CE131)与植被结合的方法。土工网的厚度为5mm,开孔尺寸为27mm×27mm,其开孔率为70%,即30%的坡面被土工网覆盖,以免受雨水的直接冲击。该方法的优点是造价较低,施工方便,能满足一定的护坡绿化要求;缺点是由于其厚度只有5mm,所以在草皮未长成之前草籽易被风雨冲蚀,致使表面绿化效果参差不齐。同时,由于其网眼较大,导致草根的连接和啮合作用较小,这样就削弱了护坡的整体效果。因此,可靠度较低,在暴雨的冲刷下容易产生冲沟。

上述四种方法的比较见表1-6-1。

各种护坡方法的比较 表1-6-1

边坡防护方法	优点	缺点	造价	可靠度	适用条件
直接植草防护	方法简单,施工方便	初期草籽易流失,植被覆盖率低,防护效果差	5元/m²	最低	坡底很小,坡面较短
拱式砌石或3m×3m浆砌片石结合植草防护	耐久性和外观较好	由于冲刷而使结构架空	30元/m²	较高	一般坡面
六角形预制	耐久性和防护性较好	施工复杂,劳动强度大	50元/m²	高	各种限制性坡面
土工网植草防护	施工方便,能满足一定防护要求	网高小、网眼大,初期易被风雨冲蚀	15元/m²	一般	普通坡面防护

由表1-6-1可以看出,虽然有多种边坡防护方式,但由于黄土具有不宜植物生长以及极易冲刷的特殊性,用于黄土地区的公路边坡防护,都不能取得有效的护坡效果。

6) 土工格室换土稳定边坡结合三维网垫植草护坡

将土工织物置于土体表面或相邻土层之间,可以有效地阻止土颗粒通过,从而防止由于土颗粒的过量流失造成土体的破坏。同时,允许土中的水或气体穿过织物自由排出,以免由于孔隙水压力的升高而造成土体的失稳等不利后果。

土工网垫是由单层或多层塑料凹凸网和平面网经热熔后黏结成的一种稳定立体结构。面层外观凸凹不平,材质疏松柔韧,留有约90%的空间填充土壤及砂粒;底部平面网延伸率较低,强度较高,能防止土体滑坡,植物根系可穿过土壤深入地下0.5~2m深,使植被、网垫和土形成牢固的嵌锁。因此,土工网垫一方面具有防止水土流失的作用,同时又具有保持水流通畅的效果,能够起到护坡的作用。

土工格室是目前国内外较为流行的一种新型高强度土工合成材料。它是由强化的HDM片经高强力焊接而形成的一种三维网状格室结构,具有伸缩自如、运输可缩叠、施工时可张开成网状的特点。展开后的格室壁形成一层层挡墙,可以缓解水流流速,避免坡面径流的形成;格室内可填充土壤,上面可以植草或灌木,具有理想的绿化效果。另外,土工格室因具有整体性和一定的柔性,大大弥补了片石骨架防护具有的松动、塌陷、架空等缺陷,并且具有施工快捷、造价低等优点。

黄土地区公路边坡形成的雨水径流,可能使边坡土体产生严重渗透和冲刷而导致破坏。利用土工格室,可以通过换土改变边坡土的性质,保证坡面的整体稳定性;利用土工网垫的过滤、排水及防冲刷机理,结合生物防护,通过对地表水形成的径流的疏排、截阻、封闭等,可防止地表水的冲刷和渗入,起到护坡和美化环境的作用。如果将二者结合使用,不仅可以保护路基边坡表面免受雨水冲刷,减缓温差及温度变化的影响,还能防止坡面失稳,保证路基边坡的整体性,并达到路基美化和协调自然环境的效果。

三、工程实例

1. 工程概况

西安咸阳机场高速公路是西部大开发陕西省重点工程之一,是国家规划的银川至武汉大通道陕西境内的重要路段,全长 18.24km。2001 年 11 月开工,2003 年 9 月 29 日建成通车。本工程所在区域跨越西安和咸阳两个地区,地势总体呈北高南低之势。北部为黄土台塬地形,平均海拔为 420～510m。土体结构为单一的黄土,承载力基本为 170～220kPa。黄土塬路段的黄土地基存在黄土湿陷性问题,湿陷等级为 Ⅲ 级自重湿陷。机场公路在建设及运营过程中出现了一些由黄土湿陷性引起的病害。

2. 病害特征及原因分析

路基出现裂缝后,选取有代表性的裂缝断面进行观测,如图 1-6-5 所示。从观测结果可以看出,裂缝长度在最初 5d 之内发展最快,随后继续延伸,至观测结束还有发展的可能。而裂缝的宽度在最初的 5d 之内发展较缓,随后的 10d 发展迅速,到观测结束时(20d)已基本平稳。从裂缝的发展情况可以反映出路基湿陷变形的发展过程。

另外,对路基进行开挖后发现,裂缝从路基顶面贯通至原地面,如图 1-6-6 所示。

图 1-6-5 路基开裂现场照片

从本项目来看,造成路基纵向裂缝的主要原因是:

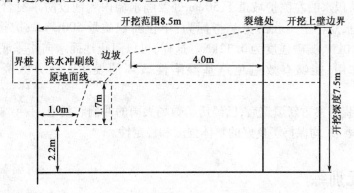

图 1-6-6 路基开裂断面解剖图

(1)黄土本身的湿陷性是其内在原因。经过对湿陷路段地基 0～10m(最深 19.3m)土层采取的 90 组原状土样黄土湿陷性试验,分析其湿陷系数,确定该段黄土总体属于非自重湿陷性黄土。从试验结果进一步分析认为,0～5m 湿陷系数为 0.10,属强烈湿陷;5～10m 湿陷系数为 0.03,属轻微或中等湿陷;10m 以下为不湿陷。5～10m 累计自重湿陷量为 21～44cm,属 Ⅱ 级非自重湿陷类型。0～5m 累计总湿陷量为 44～74cm,应按 Ⅲ 级湿陷考虑。可见,地基以下 0～5m 的黄土具有强烈湿陷性。

(2)在施工方面,没有很好消除黄土路基的湿陷性。根据对路基的开挖资料分析,已发生的湿陷性黄土层厚约为 8m,与路基高度接近。由于路基没有夯实,黄土的湿陷性没有很好地消除,导致黄土路基在外界水湿条件作用下发生严重湿陷。

(3)防排水系统设计不善。水是黄土发生湿陷性的最主要诱发因素,因此,路基两侧应采取严格的防排水措施,防止雨水或其他环境水对路基基底的渗漏冲刷。

3. 病害处理方法

由于本项目全线路基及结构物工程已经完成,路面工程正在施工,如果对道路线位进行重新调整,将会造成巨大的经济损失,不太可能。所以,只能针对已经损坏的路基进行改造。根据对损坏路段的深入研究,以工程试验为基础,对由于路基沉陷而导致的填方路堤的纵向开裂破坏提出防治和改造方案,如图1-6-7所示。

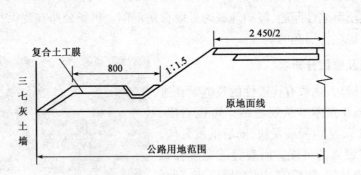

图1-6-7 黄土路基纵向开裂改造方案图(尺寸单位:m)

首先,台阶状挖除已开裂路基部分,重新以碎石土高标准填筑路堤,并同时在路基两侧(迎水面)分别设置宽8m和4m的护坡道。

其次,由于填方路段一般也是最易积水的路段,为防止地表积水渗入路基,在路基两侧修筑灰土隔水墙,隔水墙宽度为100cm,深度可根据地基湿陷性黄土层的厚度和渗透系数而定。

另外,在容易积水的左侧护坡道下50cm处及隔水墙内侧铺设防水复合土工膜,并伸入基底150cm。防水复合土工膜的力学指标为:单位面积质量500g/m²;抗拉强度10kN/m;CBR顶破强度2.0kN,撕破强度为0.32kN。这样,可以阻止地面水向路基底部的下渗,即起到隔水防渗的作用,能够有效避免路基湿陷性破坏的发生。该方案经专家论证已被采纳。

2003年按所提方案重新填筑后,已经历了数场大雨的冲刷和浸泡,三年来,无论在雨季还是在春融最不利季节,均保持了良好的整体强度和稳定性。

单元训练

 实训目标 能正确理解黄土地区路基病害特征及其原因,并制订合理有效的防治措施。

实训准备

1. 场地准备:选择一段黄土地基路基病害比较明显的路段;
2. 器材准备:笔、调查记录表格、刻度尺、皮尺、照相机等;
3. 人员准备:以3~5人为一个小组,将班内同学分成若干小组。

🞅 **实训内容** 各组同学采用实训器材等工具对实训场地内出现的黄土地基路基病害进行数据、文字和图像的记录。

🞅 **实训成果** 各组将记录下来的黄土地基路基病害资料进行整理,并简要提出病害整治方法,最终以实习报告的形式进行提交。

单元七 膨胀土路基病害成因及防治技术

🞅 **知识要点**

(1)膨胀土的工程性质;
(2)膨胀土路基病害成因;
(3)膨胀土路基病害预防措施及处治方法。

◇想一想:为什么黄土路基在运营一段时间后,会发生塌陷呢?

一、膨胀土路基病害原因分析

1.胀缩性与收缩性

影响膨胀土胀缩性的因素有矿物成分、颗粒组成、初始含水率、压实度及附加荷重等。其中,除了矿物成分和颗粒组成的内因因素影响外,初始含水率、压实度及附加荷重的外因因素影响也很大。

1)初始含水率的影响

膨胀土的膨胀量与含水率成反比,含水率越小,遇水后土体吸水越多,膨胀量越大。收缩量与含水率成正比,含水率越小,干燥失水后收缩量越小。公路沿线土体的天然含水率是变化的,各处膨胀土的膨胀量和收缩量不是定值,同一种土的膨胀量随当地土的含水率变化而变化。

2)压实度的影响

采用重型压实标准,由不同压实度下膨胀量试验可知,压实度越大,膨胀量有所增加,而压实度对收缩量影响很小。

3)附加荷重的影响

土体膨胀量受附加荷重(压力)控制,压力越大,膨胀量越小,当压力为 $0\sim0.05$ MPa 时,影响最显著。工程施工中可采用增加上覆压力来减少膨胀量。膨胀土填方路堤因土的自重压力作用,下部、内部的膨胀是很小的,膨胀量大的部位是路堤顶部和边坡表层,路堤破坏往往先从这些地方发生。

2. 抗剪强度特性

1）膨胀土胀缩等级的影响

膨胀土随胀缩等级的提高，土体内摩擦角反而降低，黏聚力却与等级无关。因此，为保证膨胀土路基的稳定性，对膨胀等级不同的膨胀土应加以区别对待，分别采取相应措施，强膨胀土不能作为路基填料。

2）含水率的影响

无论哪种等级的膨胀土，含水率减小，摩擦角、黏聚力则随之增大。当最佳含水率收缩到塑限时，抗剪强度成倍地增长。膨胀土变湿时抗剪强度比修筑时小得多。所以，当采用膨胀土修筑的路基边坡无覆盖时，其抗剪强度可能全部丧失，是造成边坡溜坍、坍塌和浅层滑动的主要原因。

3）上覆压力的影响

膨胀土随土层深度加大，其摩擦角、黏聚力值也增大。利用膨胀土的这种特性，填筑路堤时应充分考虑增大压力来提高抗剪性。许多路基产生变形，从坍肩开始就是由于没有上覆压力而造成的。

4）填筑条件的影响

土体填筑干密度越大，抗剪强度越大；含水率越高，抗剪强度越低。但击实土在膨胀后摩擦角和黏聚力的最大值却是出现在最佳含水率击实到最大干密度的条件下。因此，为保证用膨胀土填筑的路基在施工中及建成后都具有较高的强度和稳定性，仍应采用在最佳含水率条件下压实到最大干密度来控制施工。

3. 渗透特性

膨胀土的体积变化主要是土中水分变化引起的，了解土的渗透性对分析已成路基和边坡水分变化的原因有重要意义。膨胀土渗透性差，其渗透性与上部压力、土体密实度有关。压实度增大，膨胀性越强的土，渗透性越小。但膨胀土一经暴露于大气，在风化应力作用下，失水收缩开裂后，透水性将会显著增大，这点在工程设计中应充分考虑。

二、膨胀土路基病害的防治

（一）膨胀土滑坡预防

1. 膨胀土滑坡的防治原则

（1）防水

水不仅是滑坡的直接诱发因素，而且是胀缩循环的直接因素，在膨胀土滑坡中具有双重危害作用。因此，防治膨胀土滑坡必须本着"治坡先治水，防滑先防水"的原则，一是防止地表水和大气降水渗入边坡土体，二是及时疏导地下水。

（2）防风化

膨胀土的抗风化能力很低，尤其是地表浅层土体在大气风化营力作用下，容易形成风化软弱层，常是产生滑坡的危险结构面。

（3）防反复胀缩循环

膨胀土反复吸水、失水,产生胀缩循环效应,常在地表浅层形成胀缩变动带,使土体结构破坏,强度降低,导致滑坡的产生。

(4) 防强度衰减

土体抗剪强度衰减,是造成边坡渐进破坏、产生滑坡的直接原因。

2. 膨胀土滑坡预防

预防膨胀土滑坡的产生,必须立足于"先发治坡"的原则基础上,从勘察选线与选址开始,通过设计、施工和养护维护等各个阶段,层层设防,最终实现。

(1) 勘察阶段

详细查明线路位置和建筑场地的工程地质条件,对勘察区内膨胀土边坡的整体稳定性作出正确的分析判断,如果预测有发生大型滑坡的严重危害,或有可能出现滑坡群时,应详细做好工程地质选线和选址(场)工作,采取坚决绕避方案。

(2) 设计阶段

充分应用工程地质资料,结合已有工程或滑坡的稳定性情况进行设计,尽量减少滑坡发生的可能性。一是正确选择设计方案,作出深挖长路堑与隧道的比较、高填长路堤与桥的比较;二是选择适合于膨胀土特性的合理边坡形式、陡度、高度;三是选择必要的有效工程措施等。

(3) 施工阶段

在膨胀土地区,由于施工方法不当引起的滑坡屡见不鲜。因此,施工中必须充分掌握膨胀土所具有的卸荷膨胀、风化膨胀和遇水膨胀等重要工程地质特性与规律,选择适合于膨胀土特性的正确施工方法与季节。

膨胀土地区的一般工点应尽量做到在旱季施工,并集中力量一气呵成。其施工顺序应严格遵循先排水、后主体,快速开挖,及时支挡,自上而下,分层逐级施工的原则。

对于支挡建筑物,施工时应从两端开始,跳槽开挖基坑,采取边挖边砌基础边修建的方法,及时恢复力的平衡状态,增强坡脚支撑。

(4) 养护维修

由于膨胀土滑坡的发生,大多有一个从量变到质变的发育过程。边坡一旦出现变形,排水沟产生破坏等,如不及时治理与维修,则有进一步使变形扩大的可能。因此,应经常注意边坡与防护工程设施的工作状态。发现问题及时采取措施进行养护维修,是防止滑坡不可忽视的经常性工作。

(5) 观测预报

对于危害性大的滑坡,应建立观测系统,监视滑坡的活动,进行紧急预报,以防止突然灾害的发生。

(二)膨胀土边坡治理技术

1. 膨胀土边坡工程防护与加固

膨胀土路堑边坡防护与加固措施,可以分为表水防护、坡面防护和支挡防护三类,工程中大多是三种方法结合使用。

1) 表水防护

设置各种排水沟,建立地表排水网系,截排坡面水流,使表水不致渗入土体和冲蚀坡面。排水包括地表排水与地下排水两个方面,地表排水以防渗和拦截滑体以外地表水、及时旁引为原则;地下排水以尽快汇集、及时疏导引出为原则。

由膨胀土的水文地质特征,决定了膨胀土中的地下水多为浅层裂隙水性质,而且具有极不均一性。在膨胀土滑坡整治中,一般采用综合排水的措施,可以收到好的效果。归纳膨胀土滑坡整治中采用的各种设施,有防渗和侧沟(图 1-7-1)、天沟(图 1-7-2)、吊沟、排水沟、跌水(图 1-7-3)、急流槽(图 1-7-4);有疏导相结合的支撑渗沟、渗水井、渗水暗沟,挡墙后盲沟和排水隧洞等。

图 1-7-1　侧沟

图 1-7-2　天沟

图 1-7-3　跌水

图 1-7-4　急流槽

(1)地表排水网

加强地表排水措施,建立地表网系,对于整治膨胀土滑坡具有特殊重要意义。以往成功的经验是:天沟、侧沟、排水沟紧密相连,三沟汇水齐归涵,同时,要求所有排水系统应一律浆砌,随时检查维修,防止积水或淤塞,保证排水畅通。

水是膨胀土产生胀缩变形与风化的直接重要因素,同时,是坡面冲蚀的直接外营力。因此,表水防护的目的是要截排坡面水流,使表水不致渗入土体和冲蚀坡面。因此,可以分级设置各种排水沟,建立地表排水网系。常用的地表排水设施有天沟、边坡平台排水沟、侧沟、急流槽。

(2)支撑渗沟

支撑渗沟整治膨胀土滑坡,用于疏导滑坡体内地下水,效果显著,是一种使用较普遍的排水措施。支撑渗沟一方面疏导地下水,同时又对边坡土体起支撑作用,以增加其稳定性,一般常同抗滑挡墙联合使用。

支撑渗沟的平面布置和深度,应视滑体内地下水系的分布、埋藏条件等,结合地形合理布置。一般将渗沟按主沟和支沟布置成地下水排水网系,将滑体内的地下水由支沟引入主沟后,排出滑坡体外。

(3) 渗水井、渗水暗沟和泄水隧洞

采用渗水井、渗水暗沟和泄水隧洞进行表水防护，一般施工和养护维修都较困难，在整治膨胀土滑坡中，只用于少数几处地下水量大、埋藏较深的滑坡。

2) 坡面防护加固

膨胀土边坡因开挖而产生的施工效应特别明显，挖方使原来处于稳定的膨胀土裸露在边坡表面或大大降低了上覆压力。由于膨胀土边坡比其他土质边坡更易风化、易胀缩变形，由此引起的边坡变形危害就更加普遍而严重。因此，对膨胀土坡面的防护加固显得特别重要。坡面防护的类型很多，主要应根据边坡膨胀土类别及风化程度等特性合理选择。

(1) 骨架护坡

骨架护坡主要是用以防止坡面表土风化，同时加强风化层土体的支撑稳固作用，实际上这是一种将长大坡面分割为由若干骨架支撑的小块土坡，进行分而治之的有效措施。在膨胀土边坡防护加固中，常用的骨架护坡形式主要有方格架护坡和拱形骨架护坡，此外还有人字形骨架护坡等。

用浆砌片石或预制块做成格式或拱式形状的护坡，正在得到大量的应用，它具有得体的几何形状，当中间的草长起来的时候，绿白相间，很美观，和它相比，满铺式则显得单调。骨架的作用在于支撑和分割坡面，消除坡面较大范围内的相互渐变牵引的影响。骨架的宽度及其间距，可视坡体土性好坏调整，常用的骨架宽度为0.5m，间距2m或3m。骨架嵌镶入坡体表面的深度是确保其防护能力的关键，一般不应小于0.5m，即应该嵌固在表层松土或强风化层以下较坚实的土层上，埋置较浅的骨架，其隆起变形，往往从坡中开始，逐渐牵引而上，导致整个骨架的破坏。

(2) 片石护坡

片石护坡主要用于整治边坡膨胀土体已产生的局部溜塌、塌滑等变形。整治措施包括干砌片石护坡和浆砌片石护坡两类。

①干砌片石护坡。主要用于边坡产生局部溜塌变形后，可以及时清除溜塌体，用片石嵌补，以迅速恢复原有坡面的完整。同时，对受溜塌牵动影响的局部土体，可以起到一定支护作用；对于调整坡面表土胀缩作用、承受变形，均有一定效果。

②浆砌片石护坡。大多用于边坡土体产生局部塌滑后的整治。由于浆砌片石护坡整体强度较高，自重较大，对于边坡土体可以起到反压和部分支挡作用。同时，可以及时封闭坡面，防止土体继续风化。因此，采用浆砌片石护坡可以增加边坡稳定性，在路堑与路堤边坡加固中均有使用。

满铺式浆砌片石护坡是一种刚性结构，主要靠其自重或片石与砂浆的黏结力阻止坡面的膨胀变形。它的防冲刷性强，能抵御较大能量的集中水流的侵蚀冲刷，施工简单。缺点是，由于雨水的浸入（总有薄弱部位可进入），往往聚集在边坡的表层，来不及蒸发造成坡面土层软化膨胀，易造成较大的膨胀力，致使护坡变形开裂直到损坏。所以，建议不宜采用封闭式的满铺浆砌片石护坡。

(3) 植被护坡

常见的植被护坡有种草、撒草籽、铺草皮和种树等。植被防护的意义为：

①可以通过植被储蓄和蒸发水分调节坡中土的湿度，减少和降低干湿循环作用效应，增加坡面防冲刷、防变形能力。

②造价低。
③植物是天然的过滤器,可以净化空气。
④恢复因修建道路而破坏了的原地表植被,既绿化美化了路表,又使生态平衡免遭破坏。
⑤有利于水土保持。

植被防护作用主要是通过以下几个方面的作用实现的。
①缓和雨滴的冲击;
②截留雨水,减少坡面径流量;
③降低水流的速度;
④根系、葡匐茎等束缚土壤颗粒;
⑤植被的生长能改变膨胀土的不良性质。

膨胀土表面生长植被后,能够保证土壤温度、湿度的相对稳定,避免水分的大幅度变化,从而大大减少膨胀土干缩湿胀的发生,增强路堤、路堑的稳定性。

(4)土质边坡轻型防护——水泥土护坡

水泥土是用无机土按比例掺入硅酸盐水泥和水,均匀搅拌,捶实成形,经过适当养护,硬化而成的一种新型建筑材料。

它的机理是:无机颗粒与土粒间发生化学反应,产生新的化合物,其凝结与硬化有三种成因:
①水泥的水解和水化反应。
②离子交换和团粒作用。
③硬凝反应。

水泥土的凝结,是大量硅酸盐水泥与水化合生成的硅酸钙、硅铝酸钙水化物,以纤维状微粒构成的凝胶而结合,与混凝土的凝结机理相似。

工程实践证明,水泥土的变形和强度、耐久性、抗干湿循环、抗渗性、抗冲耐磨性等都达到工程要求。

3)支挡结构

支挡结构是为了防止边坡的坍塌失稳,确保边坡稳定的构筑物。其主要应用于两方面:对于开挖的强膨胀土或中等膨胀土的边坡采取的预防支挡措施,以便防止滑坡的发生;对于已发生滑动的边坡进行治理的支挡措施,使工程运行正常。关于支挡结构物类型的选择,要根据边坡计算滑动推力和滑动面或软弱结构的位置而定。或者说,按照地形地貌、土层结构与性质、边坡高度、滑体的大小与厚度,以及受力条件和危害程度而采取相应的形式进行治理。

(1)挡土墙

挡土墙的设计是否符合膨胀土边坡客观的情况,关系到边坡治理费用和安全的问题。因此,对挡土墙形式、土压力核算及作用,滑动破坏形状等方面的试验研究具有十分重要的意义。

挡土墙分为坡脚墙、坡腰墙和坡顶墙。

①坡脚墙。用在路堑和路堤坡脚,起稳定坡脚土体的作用。其中,路堑坡脚墙宜与边沟同时构筑,浑然一体,可以起到增加基底摩阻和侧向支挡的作用。

②坡腰墙。对于坡面过长(堤高、堑深大于 8m)或坡体在开挖、填筑过程中,坡面土层产生过滑移或有滑移可能的坡体,常在坡面的中部增设一级或多级挡土墙,也称坡腰墙。其作用在于压缩坡长、减缓坡率,分而治之。宜黄路的实践证明,多级挡土墙对加强坡体稳定、减少变形其效果较好,特别是对于那些已经产生过滑动、坡体表面松散的坡面稳定的作用特别显著。

③坡顶墙。挖方路基称为坡顶墙,填方路基则称路肩墙。填方路堤因边部压实度不够,往往引起纵裂缝的产生,水分的进入导致肩部土体湿软,抗剪强度降低,引起坍肩现象。路肩墙常作为补救措施之一。

(2)加筋挡土墙

加筋挡土墙由填料、加筋、面板、土钉墙部分组成。

(3)土钉墙

"土钉"是一种加固原位土体的方法,用以形成挡土墙结构物和边坡加固。

"土钉"是用有规则排列的金属杆体使土在原位得到加固,它由面板(或挂网砂浆)、金属杆件、砂浆和土体所组成,共同形成一个"挡土墙"。工程施工是自上而下地、分层地、边开挖边加固,等到开挖一旦完成,加固也立即结束。故土体中膨胀还来不及发挥或不能充分发挥,"土钉"就对土体进行锁固,使整个堑坡的稳定性得到保障。但该法只适用于干坡,且要注意坡内排水,对经常浸水或地下水位较高、经常有水流渗出的膨胀土坡不宜使用。

(4)抗滑桩

若路堑边坡已经产生滑动,采用多级抗滑挡墙无法阻止,或因施工困难,如挖基很深,边挖边塌,并能造成更大的滑动趋势者,应酌情考虑改用抗滑桩。

用抗滑桩来阻抗边坡土体下滑和治理滑坡,具有破坏滑体少、施工方便、工期短、省工省料等优点,是治理深层滑坡的有效方法。抗滑桩一般采用钢筋混凝土钻孔桩或人工挖孔桩,断面直径500~1 000mm,桩间距一般为桩直径的3~5倍,桩深入滑动面以下深度为桩长的1/2。抗滑桩一般布置2~3排,为梅花形布置,以免滑体从桩间滑出。在重要边坡,抗滑桩间可以横向连接构成一个护坡的空间结构,这种抗滑桩系统稳固性较好,例如南水北调中线陶岔渠首发生13处滑坡,主要是采用混凝土抗滑桩的方法治理。其采用抗滑桩直径1 000mm,呈梅花形布置2排,桩的纵横间距为5m,桩深入滑坡面以下4~6m,一般深度为9~11m。

(5)锚杆、钢筋网、喷射混凝护坡

对于强膨胀土边坡,可采用锚杆、钢筋网、喷射混凝土护坡。

2.膨胀土边坡植被建植技术

植被防护包括播草籽、植草皮、植生带和种树等几项内容。实践证明,植被防护不仅仅是绿化美观的问题,重要的是可以通过植被、储蓄和蒸发水分,调节坡中土的湿度,减少和降低干湿循环作用效应,增加坡面的防冲刷、防变形能力。通过对膨胀土边坡上植被的观察,也可以判定其边坡是否达到了稳定或初步稳定。植被防护是整个综合治理中的一个环节。

1)植被种类的选择

宜黄路曾对结缕草、小黑麦、狗牙根、野年草、高羊茅、鸭茅、草地早熟禾、假俭草、多年生黑麦草和多花黑麦草、地被植物类小冠花和白三叶等12种植物的生长特性及在当地的适应性进行试验,结果表明,狗牙根、假俭草、结缕草、高羊茅、多年生黑麦草、多花黑麦草、鸭茅、白三叶能够适应当地的气候条件和膨胀土的土壤条件。襄荆高速公路沿线气候条件与江宜段类似,其试验结果可作为参考。以上植物可作为襄荆公路边坡植被防护的候选植物材料。

2)植被生长基盘的改良

(1)翻耕和施肥

对膨胀土进行翻耕,能够有效地改善膨胀土的物理结构,增加孔隙度。

(2)在边坡表面覆盖种植土

膨胀土土质差,不管是挖方还是填方,植物生长都很困难,短时间内难以形成自然植被。边坡施工时表面覆盖一层种植土,杂草就很容易生长起来。这是因为种植土不仅肥力条件好,而且土壤中混有大量的杂草种子,只要天气条件合适,就能生长繁殖。相反,膨胀土挖方或填方不仅肥力差,而且都是生土,基本不含植物种子。因此,要形成自然植被,往往需要较长的时间。

3) 植被防护的时机

(1) 工期安排

从防护的角度来说,植被种植宜早不宜迟,植被越早覆盖坡面,就能越早起到防护效果。因此,植被防护的施工期最好安排在坡面形成后,即一期工程(土方工程)完成后,马上采取工程防护措施并种植植被。对于膨胀土路堑来说,及时开挖、及时防护尤其重要,这样才能避免膨胀土的水分变化大起大落,从而减少危害。

另一方面,植被容易受其他施工影响,路面施工的废渣可能破坏已建立的植被。

尽管存在着交叉施工影响的问题,本着工程质量第一的原则,植被防护的施工最好还是在土方工程完成后立即进行,这样,虽然部分植物可能被破坏,需要返工,但对于路基的稳定是有利的。同时,要加强协调,尽量减少其他工程对植被的破坏。

(2) 种植季节

就植被而言,最适宜的种植时间是在温度和水分条件最好的、最适于生长的季节之前,此时播种可使幼苗在不利的环境条件到来之前能很好生长。应根据植物特点,选择种植季节。

3. 植被与膨胀土边坡综合防护

1) 膨胀土边坡不宜采取单一的防护措施

由于膨胀土干缩湿胀的特殊性,单一地采用刚性防护措施如浆砌片石护坡,在雨水的作用下,坡面上的保护层会发生鼓肚、开裂、变形、外挤等现象。

植被防护是膨胀土边坡防护的重要措施之一,植被生长能够保持土壤温度和水分的相对稳定,减少膨胀土干缩湿胀现象的发生。植被还能缓和雨滴的冲击,减少径流量和流速,根系等能够束缚土壤颗粒,使土壤不易流失。植被的生长能够促进微生物的活动,改变膨胀土的不良性质。植物的生长使得边坡表面土壤成为一个整体,是一种柔性结构,能承受膨胀土干缩湿胀引起的较小位移。

但是,植被防护的作用也有其局限性,由于植物根系一般较浅,只能防止坡面冲蚀和表面溜塌,在边坡本身不稳定或存在集中水流的情况下,仍可能发生塌滑和水毁现象。

所以,植被防护必须在边坡稳定的基础上使用,需要与工程防护相结合。对于膨胀土边坡防护,需要采取综合治理措施。

对于路堤来说,强膨胀土最好不作为填土材料,膨胀土路基的填土施工应按规范逐层压实,严格控制含水率。对于膨胀土路堤边坡,除了植草防护,还应辅以护肩与支撑,在路堤较高或土质较差的地段还应设置支撑骨架,土路肩予以封闭,这样既可防止雨水浸入基层,又可防止路肩被冲蚀或边坡的滑塌。

2) 植被防护与工程防护相结合其防护效果好

(1) 坡比是膨胀土边坡稳定的重要因素

坡比对于膨胀土边坡的稳定是很重要的,若坡比太大,如1:1,仅仅采取骨架护坡等措施,仍然是不稳定的,同时采取植草的措施则防护效果会大大增加。而当坡比较小,如1:2时,即使不进行植被防护,边坡也基本稳定。

(2)在拱形骨架内植草护坡效果好

在拱形骨架内植草,拱形骨架起到支撑和加固作用,可避免大面积的表面滑塌。植被则有效地固结表土,能够防止冲刷、局部塌陷和土块崩落等。因此,两者的结合应用能很好地保护边坡。

(3)膨胀土用少量石灰土改性后可进行植被防护

膨胀土用少量石灰处理后,虽然碱性增加,仍可种植植被。这样,不仅膨胀土的不良性质被改变,增加了稳定性,而且植被能防止冲刷,进一步提高防护效果。

(4)膨胀土边坡防护应在稳定的基础上进行

综上所述,如果坡比合理,采取工程防护(矮挡墙、封闭式平台、骨架护坡、表层土壤添加石灰等)措施,加上植被防护(在拱内建立草皮),刚柔相济(工程措施为刚性结构,植被为柔性结构),能够有效地防护膨胀土路堑边坡。坪植生带的载体无纺布具有一定的抗拉强度,在边坡上能起到土工布的作用。无纺布吸水舌就紧贴在坡面上,植物出苗前它能有效地避免坡面冲刷。植物出苗后,根系的生长将其腐烂部分紧紧地固定在土体表面,根系与无纺布的互相交接缠绕,使表层土体连成一个整体,形成网络状结构,从而有效地保护边坡。

三、工程实例

1. 工程概况

成雅高速公路 K4+000~K25+700 位于成都平原南部边缘牧马山前缘台地高液限黏土地段,按地区统称为"成都黏土",为中上更新统冰水沉积黏土,呈棕黄、棕红色,夹褐黄色,网状裂隙发育,缝隙中充填软塑及软塑状灰白色高岭土。该黏土具有很强的亲水性,遇水易塑易滑,失水收缩干裂。依据试验成果资料分析,95.6%的土样自身膨胀率大于40%,最大为86%,属于中至弱膨胀土。

该段挖方达 255.71 万 t,如全部废弃不用,势必占用大量良田耕地作弃土场。另外,尚需远运 20km 借方材料作填方,其建设成本将会大幅度增加。若采用掺石灰处治,其工艺要求高,施工难度大。特别是在天然含水率高的黏性土中掺灰处治,土块捣碎及拌和都难以达到质量要求,影响掺灰处治的效果,其工程成本也不低于远运换填。因此,在该段设计和施工中,路基90区利用挖方料作填方料。对路基93区和95区,由远运非膨胀性砾石土和砂卵石作填料,并要求其CBR值符合规范要求。

2. 病害特征及原因分析

1)病害分布情况

该段路基施工完毕后,工程监理部均分段作了交工验收,对路基压实度和弯沉值均作了验收检测,完全达到规范要求。1999年路面基层施工后,个别高填方路段路面基层和已铺筑的沥青混凝土下面层出现纵向裂缝,其裂缝的发展,随着时间的推延不断扩展和增多。最早在1999年4月出现裂缝,位于K6+300左侧及K5+900右侧,仅两处,到1999年7月发展到15处,单边裂缝长1447m,裂缝一般距硬路肩3~8m,最远11m,裂缝长15~40m,宽2~8mm。其余填方高度大于4m的路段其路堤边坡均出现不同程度的破坏,主要表现为坡面冲蚀槽发育且局部隆起，浆砌网格护坡变形，坡脚掉块。但是 K20~K23 段采用泥岩用填料的路基未出现裂缝和边坡破坏。

2) 裂缝产生原因分析

经四川省原交通厅公路设计院现场调查，组织专家组考察和研讨，认为路面出现纵向裂缝和边坡局部破坏的主要因素有以下三点：

(1) 路基 90 区填方材料利用了中、弱膨胀性的第四系中上更新统冰水堆积物（黄褐色黏土、网纹红土），而网纹红土的胀缩性最强，且占路基填料的 60% 以上。在路基施工期间和路基完工后，受大气及降水影响，产生膨胀、收缩而导致路基、路面出现纵向裂缝。

(2) 路基施工完成后，中央分隔带施工正逢雨季且均未封闭，雨季大量降水渗入路基土中，造成含水率变化而助长膨胀土路基开裂。

(3) 填方路基边坡未封闭，大量降水从边坡渗入路基，造成自路基边缘向坡内水平距离约 1.5m 的路基填料含水率高达 31.8%，由于含水率增高，填料膨胀、强度降低，促使膨胀土填方路基坍肩、路面开裂。

(4) 对较高填方路段，尤其是土基较厚、原地面倾斜处，不均匀沉降也是促使路面纵向开裂的原因之一。

3. 病害处理方法

经组织专家现场考察研讨认为，成都黏土是具有膨胀性的土质，含水率高，在水及大气的作用下，干时开裂、湿时膨胀，其病害性质往往具有潜伏性，一般在竣工后 1~3 年内发生，两年左右为病害高峰期。根据成雅高速公路施工进展情况，在满足 1999 年末通车的大前提下，把牧马山膨胀土路段列为沥青混凝土上面层缓铺观测段，在技术上经专家会研讨，采用了三种处治方案进行处治。

1) 卵石加土工格栅换填处治

1999 年 7 月至 9 月的路面施工期间，在水泥稳定碎石基层和已铺沥青面层的路段已出现的纵向裂缝，经分析确定是因填筑膨胀土的原因后，在不影响路面施工和年末通车的情况下，采用了砂卵石加土工格栅换填处治方法。具体做法是挖除路面结构层后，再挖掉路基填方层 3m，周边挖掘成台阶形，保证周边压实质量和有利新旧填方接口结合。回填料采用远运砂卵石，并每隔 60m 加铺一层土工格栅。恢复基层和底基层时，由于基层料冷拌场已撤除，采用 C10 混凝土代替原水泥稳定碎（砾）石基层和底基层，既解决了稳定粒料的拌及小面积摊铺碾压的困难，使基层和底基层施工质量得到了保证，又提高了基层和底基层强度，增强了抵抗膨胀土裂缝的能力。

经过通车营运两年的观测，采用此方法处治裂缝出现最早、填方最高的八段路段，至今没有再出现裂缝，是成功的处治方案。

对于一些裂缝出现得较晚的路段，由于工期紧迫，仅采取挖掉基层和底基层，再用 C10 混凝土恢复基层和底基层处治的方法。虽然这些填方高度不算最高（不及上述八段高），但通车营运半年后在沥青混凝土路面上陆续出现裂缝，可以看出该处治方法是不成功的方案。

2) 预制镶砌封闭边坡处治

经四川省公路设计院现场调查及取样试验，路堤边坡 0~1.5m 范围内的含水率较大，一般为 25.1%~31.8%，而路面覆盖下的路基土含水率一般为 25%。路堤边坡因施工用水和大气降水的渗入,导致土体长期吸水膨胀,强度降低,坍塌溜滑和失水收缩、龟裂,重复浸水而最终致使边坡变形,路面出现纵向裂缝。经过各级荷载下的膨胀率试验表明,荷载量为20kPa(相当于1m的填土荷载)时,仅17.8%试件具有膨胀表现,其值为0.11%~0.4%,其余试件均表现为负值(显示有压缩沉降);荷载值为50kPa(相当于2.5m的填土荷载)时,仅2.2%的试件仍有膨胀表现,其余均表现为压缩沉降。

根据路堤土体含水率和膨胀试验结果,四川省公路设计院提出了两个处治方案,即路堤边坡开挖置换和混凝土预制块镶砌封闭边坡防护。

(1)开挖置换是开挖坡面水平距离1.5m范围内的过湿膨胀土,换填泥岩形成包封层,并产生竖向压力,高度约1.3m,满足20kPa荷载下土的膨胀率为负值,以及泥岩包封后路基填料含水率不受空气湿度变化和降雨而改变(防水保湿)的要求,然后采用拱形护坡防护、植草绿化。此方案处治较为彻底,效果好。其缺点,一是工期长,不能满足1999年末通车的大前提;二是需要处治的路基都是路堤,一般填高6~16m,施工开挖置换可能造成路面边缘产生新的坍塌和裂缝;三是工程量大,施工工序复杂,投资大。

(2)采用混凝土预制块镶砌封闭边坡防护。预制块采用正六边形C20混凝土预制,厚25cm,砌筑前先清除坡面杂物和已松动的砂浆块,拉线整平,去高填低并夯实。预制块下采用1~1.5cm厚的M5砂浆形成填平层,以利预制块与填料间不会形成含水带或潮湿带。表面以M10砂浆勾缝,以利防水。该方法的作用,一是利用25cm混凝土块的重力(压力)抵抗膨胀土的膨胀力,二是封闭边坡防止降水、路面地表水渗入,防止堤内水向外界迁移,降低大气影响的程度。其优点是,施工工期短,不影响1999年末通车。因在边坡上施工,可以在通车后边通车边施工,通行条件不受影响,并不会破坏业已施工完毕的路基和路面,无社会影响。

3)沥青混凝土面层加铺聚酯丝烧毛土工布和玻璃纤维土工格栅处治裂缝的方案

缓铺段经过一年的运营,采用混凝土预制块封闭边坡后,在填方高度大于或等于12m、未经换填加土工格栅处置的路段,病害主要表现为不均匀沉降所致的裂缝。四川省公路设计院作了路堤裂缝处理设计方案,即水泥搅拌桩方案、框架锚杆加固方案、聚酯丝烧毛土工布和玻璃纤维土工格栅处治共三种。

(1)水泥搅拌桩方案

通过桩体方案,桩体强度可以约束路肩变形和减弱差异沉降影响,从而可以减缓或消除纵向裂缝的发育。但该方案在行车道上间隔3m钻直径50cm的孔,工程量大,施工周期长,在已通车道路上长时间封路施工,社会影响不好。施工中还会不可避免地将施工用水带入路堤,特别是在雨季施工更难防止外界水渗入,使膨胀土含水率发生变化,产生不良影响。该方案桩长仅8m,能否使桩下部尚有8~10m的填方稳定,还有待进一步探讨。

(2)框格锚杆方案

框格锚杆方案是通过锚杆约束加固填方路堤边坡,改善土体的稳定状态,对路面纵向裂缝起到约束作用。但该方案需专门的钻孔设备,又在膨胀土填方地层中钻倾角较小(与水平面成20°)、钻入深度为23~26m的孔,施工难度大,能否成孔还难以保证。即使能钻孔成功,锚杆灌浆在膨胀土层中能否与土层凝固结合成整体,锚杆受力后是否会出现土体分离,起到锚固作用,也需试验论证。

(3)聚酯丝烧毛土工布或玻璃纤维土工格栅方案

聚酯丝烧毛土工布或玻璃纤维土工格栅方案可减少因土基不均匀沉降产生纵向裂缝,并反射至路面的反射裂缝发育,尤其是路堤工后时间长,沉降已明显减缓并渐趋稳定时,效果良好。此方案施工快捷简便,投资少,特别在已通车的道路上施工,更具有工期短、社会影响小的良好效果,有较好的延迟及减轻裂缝发育的作用。

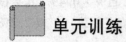

单元训练

实训目标 能正确理解膨胀土路基病害特征及其原因,并制订合理有效的防治措施。

实训准备

1. 场地准备:选择一段膨胀土路基病害比较明显的路段;
2. 器材准备:笔、调查记录表格、刻度尺、皮尺、照相机等;
3. 人员准备:以 3～5 人为一个小组,将班内同学分成若干小组。

实训内容 各组同学采用实训器材等工具对实训场地内出现的膨胀土路基病害进行数据、文字和图像的记录。

实训成果 各组将记录下来的膨胀土路基病害资料进行整理,并简要提出病害整治方法,最终以实习报告的形式进行提交。

任务二 沥青路面病害及其防治技术

导读

路面是在路基上铺筑成的一定厚度的结构层,沥青路面则是用沥青材料做结合料,黏结矿料修筑面层与各类基层和垫层所组成的路面结构。与水泥混凝土路面相比,沥青路面具有表面平整、无接缝、行车舒适、耐磨、振动小、噪声低、施工期短、养护维修简便、适于分期修建等优点,因而获得越来越广泛的应用。目前,沥青路面是我国高速公路的主要路面形式,随着交通路网的进一步完善,沥青路面将会有更大的发展。

由于路面是直接承受交通荷载作用的结构层,同时也受气候、水文等自然因素的影响,所以路面应具有良好的抗滑性、耐磨性及耐久性。然而,在使用过程中,沥青路面在行车荷载和自然因素的反复作用下,将产生各种各样的破损,尤其是近年来道路交通量的日益增大,车辆迅速大型化且普遍存在严重超载的现象,致使许多沥青路面在建成通车后不久就发生了较为严重的早期破损现象。路面的破损对车辆的行驶速度、荷载能力、机械磨损、燃油消耗、行车舒适性、交通安全以及环境保护会造成较大的影响。因此,当路面产生坑槽或裂缝等病害时,及时识别病害并根据病害原因采用正确的防治措施加以处治,是保证沥青路面服务质量和使用寿命的重要手段。

学习目标

知识目标

(1)沥青路面使用性能的基本要求;
(2)沥青路面病害类型;
(3)沥青路面病害产生的原因;
(4)沥青路面各种病害的预防和处治技术。

能力目标

(1)能够正确并熟练地识别沥青路面的病害类型;
(2)能够熟练地说出各种类型病害的预防和处治方法;
(3)通过查阅资料等方法,能够合理制订出各种类型病害的处治方法的具体施工工艺。

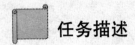 **任务描述**

通过对本任务知识的学习,在教师的指导下,以小组形式分工合作,以实训基地的沥青路面病害为任务对象,正确区分沥青路面病害类型、等级,正确分析病害产生的原因,提出可行的处治方法,并总结预防该类病害的措施,制订病害处治方法的具体施工工艺。

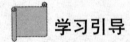 **学习引导**

本学习任务学习流程如下:

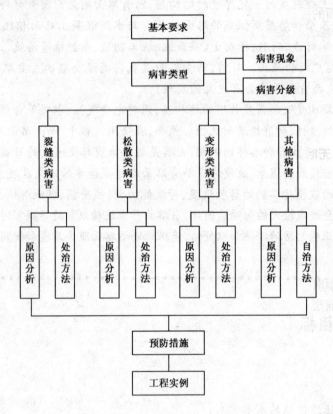

沥青路面使用性能的基本要求

沥青路面的使用性能除了影响行驶的舒适性外,还直接影响行驶的安全性。如果路面的使用性能不好,将增加行驶难度,降低运输效率,增加油耗,对营运车辆的磨损增加,直接影响交通运输和经济发展,并带来严重的负面社会影响。因此,除了在设计、施工时保证沥青路面具有良好的使用性能外,更要在道路使用期内进行定期的检查和维修,保证其良好的使用性能。

> ◇想一想：沥青路面应具有哪些使用性能？

沥青路面使用性能的基本要求主要包括以下几个方面。

1. 路面应具有足够的承载能力

由于路面是直接承受交通荷载作用的结构层，若承载能力不足，将导致路面首先在轮迹带小范围内产生细小裂缝，随着荷载的作用，形成通过轮迹带的横向裂缝，最后形成网裂、变形，进而导致整个行车道的结构性破坏。

2. 路面应有较高的抗变形能力

路面的抗变形能力越高，在其使用期间则越不容易产生严重的辙槽。在路面基层不发生破坏的情况下，路面的抗变形能力可通过选择高温下强度高的沥青混合料面层材料以及保证面层有足够的厚度等方法来提高。

3. 路面面层应无明显泛油现象

沥青面层出现泛油现象时，由于空隙率的减小，路表的构造深度会明显下降，甚至出现光面，路面的摩擦系数相应显著下降，严重影响车辆的行驶速度，特别是在雨天行驶时，极易引起安全事故。

4. 路面面层应无明显水破坏现象

所谓沥青路面水破坏，是指沥青路面施工完成后，水和空气通过混合料中的空隙和与外界连通的孔隙进入混合料内部，如果水分不能及时排出，水就会存留在混合料内，在车辆荷载的动水压力和温度的共同作用下，循环反复，将使沥青和矿料发生剥离，造成强度下降。如果水损坏进一步发展，就会导致其他一系列诸如唧浆、松散、坑槽、车辙等多种形式的破坏。

造成路面面层水破坏的因素主要是大量自由水的存在和车轮的反复搓揉作用。一方面，在降水次数多、降雨时间长、降雨量大的地方，路面的自由水可能会通过沥青面层渗透到基层的表面，导致沥青面层与结构层的黏结力遭到破坏，进而致使路面结构的强度降低、路面脱空、沥青与集料剥落等。另一方面，在面层的孔隙中或面层与基层的交界面上滞留有自由水时，由于车辆（特别是重载货车）的高速运行，在车轮经过时就会形成相当大的水压力，驶离时则形成相当大的抽吸力，在水压力和抽吸力的反复作用下，基层顶面半刚性材料中的细料受到冲刷形成浆水并被挤出，在浆水被挤出的过程中，沥青混凝土中较大颗粒上的沥青膜逐渐剥落，沥青面层向下变形形成网裂或坑洞。压力和抽吸力的反复作用还会使沥青混凝土孔隙中的自由水往复运动，并促使沥青先从较大颗粒上剥落，并逐渐使沥青混凝土强度降低，直至发生路面松散。

因此，在雨天，路面面层由于有水的存在，在车辆高速行驶下，在行车道特别是重车道上易造成水破坏现象，各种水破坏将使路面的平整度降低、表面粗糙度遭到破坏等，大大降低了沥青路面的使用性能。为尽量减少水破坏现象，在设计和施工时应保证路面具有良好的排水性能，以及沥青混合料应有较强的黏结能力；另外，控制车辆的载货量也是有效措施之一。

5. 路面结构应强度均匀、整体性好

路面结构在施工时，应保证各结构层厚度均匀且符合要求，各结构层之间联结良好，并在一定的宽度和深度内形成一个完整的整体,其路面结构质量应符合相应要求,且应保证各部位强度均匀。当然,各结构层厚度均匀,且整体性好是强度均匀的前提。

6. 尽量减少路面的横向温度裂缝,避免早期纵向裂缝

横向温度裂缝的产生不仅与沥青面层材料的均匀性有关,还与其压实度相关。对于沥青面层,由于横向的温度裂缝是不可避免的,而自然产生的横向裂缝一般都富含锐角,在车轮的反复荷载作用下,横向裂缝缝口两侧边缘极易产生碎裂,致使路面加速破坏,而当横向裂缝较宽时,还会导致路面面层的平整度下降。因此,为了尽量减少沥青路面的横向裂缝,可选用重交通道路石油沥青,或较稀的重交通道路石油沥青以及富沥青,以利于增加沥青面层的抗温度裂缝能力。

路面早期纵向裂缝则通常是由路基产生横向不均匀沉陷引起的,其裂缝开口一般较宽,长度较大。路面一旦产生纵向裂缝,其平整度首先受到影响,若不及时采取灌缝、封缝或其他方法加以处治,雨水便会通过裂缝进入路面结构层甚至是路基中,导致路面产生破坏。

单元一 沥青路面病害的类型

知识要点

1. 沥青路面常见病害及其表现形式;
2. 沥青路面损坏的分级标准。

◇想一想:沥青路面的病害有哪些?如何识别?

根据《公路技术状况评定标准》(JTG H20—2007)中对沥青路面病害分类的规定,并参考《公路沥青路面养护技术规范》(JTJ 073.2—2001)的相关规定,将沥青路面病害类型划分为以下10类。

1. 龟裂(图2-1-1)

根据散落情况、缝宽及裂缝块度情况,龟裂分为轻、中、重三个等级,其分级情况见表2-1-1。

龟裂分级表　　　　　　　　　　　　　　　　　　　　　表2-1-1

分级	外观描述	计量单位
轻	初期裂缝,裂区无变形、无散落,缝细,主要裂缝宽度在2mm以下,主要裂缝块度为0.2~0.5m。损坏按面积计算	m²
中	龟裂的发展期,龟裂状态明显,裂缝区有轻度散落或轻度变形,主要裂缝宽度为2~5mm,部分裂缝块度小于0.2m。损坏按面积计算	m²
重	龟裂特征显著,裂块较小,裂缝区变形明显、散落严重,主要裂缝宽度大于5mm,大部分裂缝块度小于0.2m。损坏按面积计算	m²

2. 块状裂缝(图 2-1-2)

根据散落情况、缝宽及裂缝块度情况,块状裂缝分为轻、重两个等级,其分级情况见表 2-1-2。

块状裂缝分级表　　　　　　　　　　　　表 2-1-2

分级	外观描述	计量单位
轻	缝细,裂缝区无散落,裂缝宽度在 3mm 以内,大部分裂缝块度大于 1.0m。损坏按面积计算	m²
重	缝宽,裂缝区有散落,裂缝宽度在 3mm 以上,主要裂缝块度为 0.5~1.0m。损坏按面积计算	m²

图 2-1-1　龟裂

图 2-1-2　块状裂缝

3. 纵向裂缝(图 2-1-3)

纵向裂缝指与行车方向基本平行的裂缝,根据散落情况、缝宽及有无支缝等情况分为轻、重两个等级,其分级情况见表 2-1-3。

纵向裂缝分级表　　　　　　　　　　　　表 2-1-3

分级	外观描述	计量单位
轻	缝细,裂缝壁无散落或有轻微散落,无支缝或有少量支缝,裂缝宽度在 3mm 以内,损坏按长度计算,检测结果要用影响宽度(0.2m)换算成面积	m²
重	缝宽,裂缝壁有散落、有支缝,主要裂缝宽度大于 3mm,损坏按长度(m)计算,检测结果要用影响宽度(0.2m)换算成面积	m²

4. 横向裂缝(图 2-1-4)

横向裂缝指与行车方向基本垂直、缝宽不一、缝长有贯穿或不贯穿路幅的裂缝,根据散落情况、缝宽等情况分为轻、重两个等级,其分级情况见表 2-1-4。

横向裂缝分级表　　　　　　　　　　　　表 2-1-4

分级	外观描述	计量单位
轻	缝细,裂缝壁无散落或有轻微散落,裂缝宽度在 3mm 以内,损坏按长度计算,检测结果要用影响宽度(0.2m)换算成面积	m²
重	缝宽,裂缝贯通整个路面、裂缝壁有散落并伴有少量支缝,主要裂缝宽度大于 3mm,损坏按长度计算,检测结果要用影响宽度(0.2m)换算成面积	m²

图2-1-3 纵向裂缝　　　　　　　　　图2-1-4 横向裂缝

5. 坑槽(图2-1-5)

坑槽是路面受破坏而形成的深坑,根据坑的深度和有效坑槽面积分为轻、重两个等级,其分级情况见表2-1-5。

坑槽分级表　　　　　　　　　表2-1-5

分级	外观描述	计量单位
轻	坑浅,有效坑槽面积在 $0.1m^2$ 以内(约 $0.3m×0.3m$),损坏按面积计算	m^2
重	坑深,有效坑槽面积大于 $0.1m^2$ (约 $0.3m×0.3m$),损坏按面积计算	m^2

6. 松散(图2-1-6)

根据路面粗细集料散失情况等,松散分为轻、重两个等级,其分级情况见表2-1-6。

松散分级表　　　　　　　　　表2-1-6

分级	外观描述	计量单位
轻	路面细集料散失,出现脱皮、麻面等表面损坏,损坏按面积计算	m^2
重	路面粗集料散失,出现脱皮、麻面、露骨等表面损坏、表面剥落、有小坑洞,损坏按面积计算	m^2

图2-1-5 坑槽　　　　　　　　　图2-1-6 松散

7. 沉陷(图2-1-7)

沉陷指大于10mm的路面局部下沉,根据其深度情况等分为轻、重两个等级,其分级情况见表2-1-7。

沉陷分级表　　　　　　　　　　　　表2-1-7

分级	外观描述	计量单位
轻	深度为10~25mm，正常行车无明显感觉，损坏按面积计算	m²
重	深度大于25mm，正常行车有明显感觉，损坏按面积计算	m²

8. 车辙（图2-1-8）

车辙指轮迹处深度大于10mm的纵向带状凹槽（辙槽），根据辙槽深度情况等分为轻、重两个等级，其分级情况见表2-1-8。

车辙分级表　　　　　　　　　　　　表2-1-8

分级	外观描述	计量单位
轻	辙槽浅，深度为10~15mm，损坏按长度计算，检测结果要用影响宽度（0.4m）换算成面积	m²
重	辙槽深，深度在15mm以上，损坏按长度计算，检测结果要用影响宽度（0.4m）换算成面积	m²

图2-1-7　沉陷

图2-1-8　车辙

9. 波浪拥包（图2-1-9）

根据波峰波谷高差大小等情况，波浪拥包分为轻、重两个等级，其分级情况见表2-1-9。

波浪拥包分级表　　　　　　　　　　表2-1-9

分级	外观描述	计量单位
轻	波峰波谷高差小，高差为10~25mm，损坏按面积计算	m²
重	波峰波谷高差大，高差大于25mm，损坏按面积计算	m²

10. 泛油（图2-1-10）

泛油指路面沥青被挤出或表面被沥青膜覆盖形成发亮的薄油层，损坏按面积计算。

图2-1-9　波浪拥包

图2-1-10　泛油

上述10种沥青路面病害类型如龟裂、坑槽、松散、沉陷、车辙等需进行修补,修补面积或修补影响面积通过计算确定(裂缝修补按长度计算,影响宽度为0.2m),如图2-1-11所示。

图2-1-11 修补

单元训练

实训目标 能正确识别沥青路面各类病害,并进行合理分级。

实训准备

1. 场地准备:选择一段已经出现变形破坏的沥青路面;
2. 器材准备:笔、记录表格、刻度尺、皮尺、照相机等;
3. 人员准备:以3~5人为一个小组,将班内同学分成若干小组。

实训内容 各组同学采用实训器材等工具对实训场地内出现的裂缝、坑槽、松散、沉陷、车辙等病害进行数据、文字和图像的记录。

实训成果 各组将记录下来的各类病害资料进行整理,最终以实习报告的形式进行提交。

沥青路面病害识别报告表见表2-1-10。

沥青路面病害识别报告表　　　　　　　　　　表2-1-10

调查路段:　　　　　人员:　　　　　日期:

病害类型	分级	病害特征描述	病害照片	备注

单元二　沥青路面裂缝类病害成因及防治措施

知识要点

(1) 沥青路面裂缝类病害成因；
(2) 沥青路面裂缝类病害产生的影响因素；
(3) 沥青路面裂缝类病害处治方法。

◇想一想：为什么沥青路面上总会有裂缝产生？如何防治？

随着交通的进一步发展，我国正以前所未有的公路建设速度、庞大的建设规模不断完善着交通路网，而修建起来的沥青路面的损坏状况也日益凸显。分析沥青路面各种病害产生的原因具有重要的意义，一方面可进一步完善沥青路面的设计和施工，另一方面可根据其产生的原因采用相应的处治措施及时进行处理。

一、裂缝类病害产生的原因

路面裂缝是路面早期破损最常见的病害之一（图2-2-1）。龟裂、块状裂缝、横向裂缝和纵向裂缝均属裂缝类病害。它的危害在于水分从裂缝中不断地进入，使基层甚至路基软化，导致路面承载能力下降，加速路面的破坏。

图2-2-1　沥青路面裂缝

(一) 龟裂、块状裂缝（图2-2-2、图2-2-3）

龟裂是沥青路面的一种主要结构损坏类型，是目前沥青路面普遍存在的病害，也是养护中比较难以处理的病害之一，它严重地影响沥青路面的使用品质和使用寿命。沥青路面产生龟裂的原因较多，较复杂，并有隐蔽性，单从表面不易看到。

图2-2-2　龟裂

图2-2-3　块状裂缝

1. 土基和路面基层病害导致的龟裂

土基和路面基层软化、稳定性不良等病害或路面整体强度不足，在行车作用下产生龟裂现象。

(1)路基不均匀沉降,引起沥青路面龟裂。

①路基填料控制不好,路基用土材料性质不均匀或填土层厚不一致等,造成早期沉降的不均匀;

②半挖半填路基的接合部处理不当、路基的压实度不足;

③特殊地基路段、路基防护排水不完善,造成土基的不均匀沉陷、水流不畅,引起路基变形。

(2)桥梁涵洞两端及桥梁伸缩缝的跳车,引起沥青路面龟裂。在我国,现有的公路都不同程度地出现了一些问题,主要表现在:

①桥梁、涵洞的台背填土,由于压实机械的作业面狭小而压实不到位,通车后,引起路基的压缩沉降。

②台背填料与台身的刚度差别大,造成沉降不均匀。

③在桥梁、涵洞与路基结合处,常会产生细小缩裂缝,雨水渗入后,使路基产生病害,导致该处路基发生沉陷、龟裂。

(3)基层不平整,引起沥青路面龟裂

2. 由沥青性能导致的龟裂

沥青性能不好或路龄较长,产生较大面积龟裂。

(二)横向裂缝

通常横向裂缝发生在温差变化较大的地区。按其成因,横向裂缝可分为荷载型裂缝(图2-2-4)和非荷载型裂缝(图2-2-5)两大类。其中,非荷载型裂缝是横向裂缝的主要形式,非荷载型裂缝又包含沥青面层温度收缩型裂缝和基层反射型裂缝。

图2-2-4 荷载型裂缝

图2-2-5 基层反射型横向裂缝

1. 荷载型横向裂缝产生的原因

(1)路面设计不当,如沥青标号未达到使用要求的质量标准或不适合本地区气候条件。

(2)施工质量低劣,如施工缝未处理好,接缝不紧密,结合不良。

(3)车辆严重超载,致使沥青面层或半刚性基层内产生的拉应力超过其疲劳强度而产生裂缝。

2. 非荷载型裂缝产生的原因

(1)沥青路面位于温差变化较大的地区,导致沥青面层形成温度收缩型裂缝。

(2)半刚性基层收缩裂缝导致路面形成基层反射型横向裂缝。

(3)桥梁、涵洞或通道两侧的填土产生固结或地基沉降。

(三)纵向裂缝

纵向裂缝产生的原因有以下几种：

(1)由于路基压实度不均匀，路面不均匀沉陷而引起纵向裂缝的产生，例如发生在半填半挖处的裂缝。

(2)沥青路面分幅摊铺时，先后摊铺幅相接处的冷接缝未按有关规范要求认真处理，两幅接茬没有处理好，在行车荷载作用下，较容易形成纵缝，见图2-2-6。

(3)纵向沟槽回填土压实度不足发生沉陷而引起。

(4)拓宽路段的新老路面交界处沉降不一引起。

(5)由于结构承载力不足，偶尔在车辙边缘也会出现纵向裂缝，见图2-2-7。

不均匀沉降引起的纵向裂缝，通常断断续续绵延很长；施工搭接引起的纵向裂缝，其形态特征是长且直；而结构承载力不足引起的纵向裂缝多出现在路面边缘。

图2-2-6 分幅处纵向裂缝

图2-2-7 车辙边缘纵向裂缝

二、裂缝类病害产生的影响因素

龟裂、横向裂缝、纵向裂缝等裂缝类病害的成因最终可归结为以下四个方面。

1. 材料因素

1)沥青

沥青路面温度型裂缝的产生，很大程度上受沥青混合料性质的影响，沥青混合料的性质又很大程度上取决于沥青性质的好坏。例如，沥青劲度是决定沥青混合料劲度的关键，而沥青混凝土低温的劲度是决定其是否开裂的根本因素。因此，沥青老化越严重，劲度越大，其裂缝出现就越早。另外，沥青含蜡量高会使沥青的拉伸应变减小，脆性增加，其温度敏感性也随之变大，而沥青的温度敏感性对裂缝的产生也有较明显的影响，沥青的温度敏感性越大，则越容易开裂。

2)矿料组成级配

矿料的组成级配也与开裂有一定的关系，一般来说，当用油量偏低、矿粉含量高时，其更易产生裂缝。

3)基层类型

半刚性基层与级配碎石、沥青稳定碎石等柔性基层相比，其热容量小，与沥青表面层的附着黏结性能差,尤其是本身收缩的附加影响,使面层的横向裂缝要多些。特别是当我国高速公路分期修建、施工较快时,有相当部分的半刚性基层养生不足,修筑后不久便开裂了,这些裂缝在荷载和温度的作用下,由下层逐渐反射到表面。

2. 设计因素

裂缝的产生和路面结构的设计也有很大的关系。在路面设计时,通常情况下,沥青面层厚度越大,裂缝就越少,反之,裂缝就越多;沥青质量越好,裂缝也越少。即对同一种沥青混合料,厚度大的比薄的裂缝率要小,而采用质量好的沥青,即使铺筑较薄的路面,其产生的裂缝也可能比厚度大而沥青质量差的路面要少。

3. 施工因素

施工质量的好坏对沥青路面裂缝的产生有直接的影响。优良的施工质量,特别是各结构层的压实度达到规范要求、稳定性优良、排水性能好、面层接缝处理完善等是保证裂缝特别是纵向裂缝和龟裂不出现的前提条件。

4. 气候交通条件

在气候因素方面,温度和降雨是重要的影响因素。其中,极端最低温度、降温速率、低温持续时间、升温和降温循环次数是温度收缩型裂缝出现的四大影响因素。在气温的交替变化中,裂缝逐渐形成,而降雨量的大小和持续时间的长短又不同程度地加速了裂缝形成、扩大甚至是路面的破坏。另外,由于裂缝中水的存在,在行车荷载的作用下,致使路面加速破坏。

三、裂缝类病害的处治方法

沥青路面裂缝是常见病害之一,龟缝、块状裂缝、纵向裂缝、横向裂缝等裂缝类病害的成因各有不同,但不论是哪种形式的裂缝,都应及时进行修补,否则雨水将会通过裂缝进入基层,使基层甚至路基软化,造成基层、路基强度降低,最终导致沥青路面承载能力下降,进而造成路面局部或成片损坏,严重影响行车舒适性,并使路面寿命大大降低。裂缝破损属于沥青路面结构性破坏,更多的是影响沥青路面的耐久性。

(一) 裂缝处治的最佳时期

裂缝的修补具有很强的时限性,安排修补时间不当,将大大影响灌缝质量和效果。裂缝维修的最佳时期为秋末深冬季节。

(二) 对维修材料的要求

要想使裂缝维修的质量和寿命提高,维修材料就必须满足以下三个条件:
(1)应具有良好的黏结力(和沥青混合料相融合)。
(2)低温状态下具有优良的延伸性和弹性。
(3)应具备持久的抗老化和抗疲劳能力。
目前普遍采用的裂缝填缝材料可分成下列三种类型。

1. 热灌式橡胶沥青

因热灌式橡胶沥青价格最为低廉,对施工人员的要求不苛刻而受到广泛采用,主要工艺包括普通热沥青灌缝、改性沥青灌缝。

2. 有机硅树脂

有机硅树脂由于其黏度太大，不易充分渗入裂缝，且对施工条件要求高，既费时又昂贵，故大多用于密封新建混凝土路面的接缝。

3. 冷灌式填缝料

冷灌式填缝料是以乳化沥青为基本物质的填缝料，其受限制条件较少，不需加热使用，可用在潮湿的路面、有灰尘的壁面，这些对其性能影响较小，典型材料是乳化沥青材料和改性乳化沥青。

近几年，随着沥青改性技术的发展，不断研制出以改性沥青为基本物质的新型填缝料。如1995年美国公路部门研究出一种 CRF-PM 聚合物改性乳液，具有很好的弹性、流动性和黏结力，不受季节和气候的影响，填缝后能牢牢地黏附在勾缝壁上，和路面连成一体。施工时只要将 CRF-PM 聚合物改性乳液放到一个专业壶中，由人工浇入裂缝中，再铺砂子，即可开放交通。美国 CRAFCO 公司也研制了适用于不同场合的改性沥青密封胶，有加热施工的，也有只需冷施工的，有适合寒、温、热三种不同气候带使用的，灌缝效果优于普通热沥青和改性热沥青，但是价格较高。

（三）处治措施

沥青路面裂缝修补方法很多，一般可根据裂缝的宽度和深度确定具体的修补工艺。根据规范推荐，其处治方法主要有以下几种。

(1) 对于在高温季节能够全部或大部分愈合的裂缝可以不加以处治。

(2) 对于在高温季节不能愈合的轻微裂缝，可以采用下列方法之一处治。

①将有裂缝的路段用盘式铣刀进行扩缝，清扫干净后沿裂缝涂刷少量稠度较低的沥青（缝内潮湿时应采用乳化沥青），然后均匀地撒上一层粒径 2～5mm 干净的石屑或粗砂，最后用轻型压路机将其压入路面，见图 2-2-8 ～ 图 2-2-10。

图 2-2-8 扩缝　　　　　　　　　　　图 2-2-9 清缝

②利用红外线就地加热装置，顺着裂缝对沥青路面加热（图 2-2-11），视裂缝程度确定沥青路面加热时间的长短，一般室外温度在 15～20℃时，加热 1～2min 即可，使沥青路面表面温度达到 180℃，然后用小型压路机或振动夯进行碾压或夯实，直到裂缝消失为止。

③利用灌缝机或普通铁壶将热沥青顺着裂缝浇灌（图 2-2-12、图 2-2-13），然后用红外线加热器把灌缝的沥青加热到 180℃时，沥青将渗入到裂缝中去，与原沥青路面很好地热接合，然后均匀地撒上一层粒径 2～5mm 干净的石屑或粗砂，冷却几分钟后即可放行通车。

(3) 由于路面基层温缩、干缩而造成的纵向裂缝、横向裂缝、块状裂缝等，应按裂缝的宽度分别予以处治。

图 2-2-10 涂刷沥青及撒石屑

图 2-2-11 红外线加热器

图 2-2-12 普通铁壶灌缝

图 2-2-13 灌缝机灌缝

①缝宽在 5mm 以内时,清除缝中杂物及尘土,用喷灯将裂缝壁加热至黏性状态,采用稠度较低的热沥青(缝内潮湿时应采用乳化沥青)灌入缝内,灌入深度约为缝深的 2/3,再填入干净石屑或粗砂,并捣实,最后将溢出缝外的沥青及石屑、砂清除。

②缝宽在 5mm 以上时,可采用下列方法之一进行处治:

a. 灌缝法。除去已松动的裂缝边缘,或沿裂缝开槽后用压缩空气吹净,采用砂粒式或细粒式热拌沥青混合料填充、捣实,并用烙铁封口,随即撒砂、扫匀。缝内潮湿时应用乳化沥青混合料。

b. 标准槽贴封法。这是沥青路面裂缝修补新技术,具体修补工艺流程如下:

第一步,选片。根据路面裂缝的宽度选择所使用贴片规格,宽 1cm 以上的裂缝选用至少 22cm 宽的贴片;宽 0.6~1cm 的裂缝选用至少 15cm 宽的贴片。

第二步,清理开槽。使用吹风机对选择使用贴片的裂缝进行清洁、干燥处理。

第三步,灌缝。当密封胶加热温度达到 188℃时,用灌缝机上自带的具有刮平装置的压力头将密封胶均匀灌入槽内。灌缝分两次灌满,第一次灌入槽深的 4/5,第二次灌满。裂缝表面须平整,无凸起,无凹陷,无松散,无碎石或油痕、油脂及其他污物。如有坑槽,必须填补。

第四步,涂底层油。在需贴片的地方用喷涂器或毛刷涂上贴片专用底层油,由低到高,由纵到横。每升底层油涂刷面积为 $6.14 \sim 8.59 m^2$。天气和气温状况将决定底层油干燥的时间,一般为 30~60min。特殊气温环境下或施工期紧张的情况下,也可采用吹风机吹干的方法加速底层油的干燥,以缩短等候施工的时间。

第五步,贴片。将贴片背面的隔离纸张揭去,有聚丙烯织物的一面朝上,以裂缝为中心线将贴片平整地贴在路面上。如遇不规则的裂缝,可用裁纸刀将贴片切断,按裂缝的走向跟踪粘贴,但在贴片与贴片的结合处,要形成75~100mm的重叠。

第六步,碾压。用滚筒用力碾压,将贴片熨贴至路面,以确保贴片同路面结合成为一体,不能有气泡、皱褶。

第七步,开放交通。待灌缝胶冷却至常温后即可开放交通,一般冷却时间为15min。

c.压缝法。此法适用于宽度大于20mm的裂缝。

具体施工过程为:用普通材料填满特大裂缝大约至缝隙宽1.5倍的高度,即填充料至缝面的距离大约是缝宽的1.5倍。把大缝封缝料熔化后浇在缝里,并加入适量干净的矿石料,如此反复直到缝满,期间要进行适当捣实。亦可用大缝封缝料熔化后混合石砂直接填入缝中。

对于一般大缝的处理,用大缝封缝料混合适当的细石砂后直接灌入缝中,抹平即可。

(4)因沥青性能不好,或路面设计使用年限较长、油层老化等原因出现的大面积裂缝(包括网裂),此时如果基层强度尚好,通过技术经济比较,可选用下列维修方法:

①乳化沥青稀浆封层,封层厚度宜为3~6mm。

②加铺沥青混合料上封层,或先铺设一层土工合成材料后喷洒沥青,再在其上加铺沥青混合料上封层。

③采用改性沥青薄层罩面。

④采用单层沥青表处。

(5)由于土基、基层强度不足或路基翻浆等引起的严重龟裂,应先处治好基层后再重做面层。

 单元训练

实训目标

1.能正确识别沥青路面各种裂缝病害;
2.能正确分析各种裂缝产生的原因;
3.能合理制订裂缝处治的措施。

实训准备

1.场地准备:选择一段已经出现各种裂缝的沥青路面;
2.器材准备:笔、记录表格、刻度尺、照相机等;
3.人员准备:以3~5人为一个小组,将班内同学分成若干小组。

实训内容 各组同学采用实训器材等工具对实训场地内出现的龟裂、块状裂缝、纵向裂缝、横向裂缝进行数据、文字和图像的记录。

实训成果 各组根据沥青路面裂缝的具体情况,进行病害原因分析,并制订出相应的整治措施,最终以实习报告的形式进行提交。裂缝类病害分析与防治报告见表2-2-1。

裂缝类病害分析与防治报告 表2-2-1

实习线路名称：		线路类别：		路面宽度：	
实习人员：		实习日期：		天气状况：	
项　目		内　　容		备　注	
线路概况、交通情况描述					
线路中出现的龟裂、块状裂缝、纵向裂缝、横向裂缝病害等级及相关照片					
裂缝成因分析					
裂缝的防治措施					
实习总结					

单元三　沥青路面松散类病害成因及防治措施

知识要点

(1)沥青路面坑槽形成的原因、影响因素及处治方法；
(2)沥青路面松散、麻面、脱皮等形成的原因、影响因素及处治方法。

根据《公路沥青路面养护技术规范》(JTJ 073.2—2001)的规定，坑槽、松散等都属于松散类病害，其中，沥青路面磨损，表面粗糙，粗细集料散失、脱皮、露骨、路表皮脱落或有小坑洞等都属于松散。

一、坑槽

坑槽是沥青路面最为常见的一种病害，它是路面受破坏而形成的深坑，坑的深度一般大于2cm。除特殊原因外，沥青路面的坑槽一般不会直接形成，而是起初在路表出现局部龟裂松散，在受到行车荷载和雨水等的自然综合作用下逐步形成坑槽。

(一)坑槽类型及形成原因

1. 按形成原因分

根据坑槽成因，可将坑槽分为以下四种类型。

1)压实不足型坑槽(图2-3-1)

压实不足型坑槽有两种情况，一种是由于施工时混合料温度过高，使沥青老化，其黏结力下降、脆性增加，导致沥青混合料压实不够，黏结不牢，在车辆荷载的作用下形成坑槽。第二种是由于混合料温度太低，使得沥青混合料摊铺不均匀，压实不充分，导致压实度不够，形成坑槽。

2)厚度不足型坑槽(图2-3-2)

厚度不足型坑槽的形成，一般情况下是由于在施工过程中，对路面下面层的高程局部控制不严格,使得沥青表面层个别地方厚度不够,在车轮行驶作用下,部分混合料易被带走,最终形成坑槽。

图 2-3-1　压实不足型坑槽

图 2-3-2　厚度不足型坑槽

3)水损坏型坑槽(图 2-3-3)

水损坏型坑槽通常指沥青路面在水和车辆荷载的共同作用下,出现小面积松散或裂缝等病害后未能及时修补,而进一步形成的坑槽。这种坑槽是沥青混凝土路面早期破坏中最常见的病害。

坑槽的形成,表现为在开始阶段,水分侵入沥青与集料的界面,以水膜或水汽的形式存在,影响沥青与集料的黏附性,在反复荷载的作用下,沥青膜与集料开始剥离,渐渐地路面开始出现麻面、松散、掉粒,最后形成坑槽。

4)其他类型坑槽(图 2-3-4)

路面尚未成型时,受到机动车紧急制动或受外力冲击出现坑槽,如:机械碰撞,使路面遭到破坏形成的坑槽。一般情况下,该种原因引起的坑槽病害较少。

图 2-3-3　水损坏型坑槽

图 2-3-4　其他类型坑槽

2. 按形成坑槽的部位分

坑槽根据其出现的部位可分为以下四种。

1)表面层产生坑槽

由于沥青路面上面层混合料局部空隙率较大,沥青与石料间的黏附力不强,路表水(雨水或雪水)进入并滞留在表面层沥青混合料中,在行车荷载尤其是重载车辆的不断作用下,产生的动水压力使表面层的沥青从石料表面剥落下来,沥青路面便会出现局部松散破损。散落的石料被车轮甩出,路面自上而下逐渐会形成坑槽。这类坑槽通常深度为 2~5cm,在中国沥青路面早期破坏中是各类坑槽中最早产生,也是产生数量最多的一类。

2) 表面层和中面层同时产生坑槽

当沥青路面表面层和中面层都是空隙率较大的半开级配沥青混合料,而底面层为空隙率较小的密级配沥青混合料时,路表的自由水较易渗入并滞留在表面层和中面层内。行车荷载的作用使得中、上面层内的沥青剥落,沥青混合料失去黏结强度,导致路表面产生网裂、形变(局部沉陷)和向外侧推挤,并最终出现粒料分离。粒料被行车作用带走,最终形成坑槽,此类坑槽完全形成后深度一般为 8~10cm。由于近年来高速公路的中上面层均采用密级配混合料,同时对预防性养护加以重视,对坑槽及时修补。因而,此类坑槽产生数量不是太多。

3) 底面层和基层间产生坑槽

此类病害容易发生在翻浆现象非常严重的路面,在重载车辆作用下,自由水产生很大的压力,冲刷基层混合料表层细料,形成灰白色浆。在动水压力和孔隙水压力的反复作用下,使得整个面层范围内的基层粒料出现松散,并反射到面层,形成恶性循环,最终会导致坑槽出现。这类坑槽完全形成后,通常深度都大于 10cm,并且绝大多数都在车流量较大的行车道上或重载车辆较多的道路上。发生该类病害时,通常基层也已严重破坏,而且在形成坑槽之前,路面亦表现出其他破坏现象而需要治理。因而,该种病害相对来说很少。

4) 桥面铺装层等构造物产生坑槽

由于水泥混凝土梁与沥青铺装层的材料差异较大,层间黏结处的变形不一致,为了减少桥面的水损坏,对桥面防水层和黏结层的要求越来越高。但由于种种原因,使得层间局部黏附性较差,并出现分层,使得沥青铺装层在车辆荷载和水的共同作用下形成剥落和脱皮,最终产生坑槽。在日常养护中,桥面翻浆现象比较严重,当连续雨天后,桥面容易出现坑槽。由于桥面铺装层一般在 10cm,因而该类坑槽相对来说都不算深,约 3~5cm。

(二) 坑槽形成的影响因素

影响坑槽产生的因素很多,大致可归结为以下四个方面。

1. 材料因素

1) 沥青

沥青与集料的黏附性和抗剥离性是防止路面剥离的基本条件,所以,在选用沥青时应选用具有较好黏附性和抗老化性能的沥青。

2) 集料

集料的酸碱性和吸水率是混合料抗剥离性的重要影响因素。一方面,由于碱性集料与沥青的黏附性较好,所以,通常情况下沥青混合料所用的集料都是碱性集料。如在特殊情况下使用酸性集料时,通常需添加一定数量的抗剥离剂以提高沥青与集料的黏附性和抗剥离性,而抗剥离性能的好坏则与抗剥离剂的优劣直接相关。另一方面,当集料的吸水率较大时,不仅会影响拌和机的生产能力,而且其残存的水分还会影响施工的压实度和空隙率,容易使混合料产生剥离。

2. 设计因素

1) 级配

沥青混合料的空隙率和其级配设计密切相关,选用合理的级配可尽量减少空隙率,以防止或减少水分进入沥青混合料的内部,从而避免水损坏型坑槽的产生。如对沥青混凝土下面层尽量选用Ⅰ型沥青混凝土,而不选用水稳性较差的Ⅱ型沥青混凝土。

2）防水设计

路面防水设计不当是造成雨水滞留在基层上面并最终形成坑槽的重要原因。在沥青面层结构组合设计中,应将其中一层按密级配要求来考虑,或专门设置一层隔水层来防水,以减少面层渗水。在干净的基层表面上再设置一层沥青膜下封层,一方面可减少基层直接受到水的冲刷,另一方面可形成一个光滑的界面,以利于渗入水的排除。

3. 施工因素

在施工过程中,混合料温度过高或过低都可能导致压实度不足,因此,应控制好混合料的施工温度,确保混合料温度在规定要求的范围内,并保证压实度达到规范要求。另外,高程控制不严格可形成厚度不足型坑槽,因此,施工时还应确保沥青面层的厚度。

4. 气候条件

气候条件中,雨水是坑槽特别是水损坏型坑槽的重要影响因素,它能加速坑槽的形成和路面的破损,特别是冬季后春融和雨季雨水的到来,更是对沥青路面水稳性的考验。

（三）坑槽的处治方法

由于坑槽是沥青路面最常见的一种病害,它具有突发性、高发性和蔓延性的特点。所以,路面一旦出现坑槽,应根据路面结构、坑槽的大小、坑槽的深度、坑槽出现的时间等及时地采取相应措施进行修复,以提高路面的服务水平和使用寿命。坑槽的处治方法分以下几种情况。

（1）路面基层完好,仅面层有坑槽时可以按下面的方法进行维修。

①常规方法修补。

a. 按照"圆洞方补,斜洞正补"的原则,画出所需修补坑槽的轮廓线。

b. 沿所画轮廓线开凿至坑底稳定部分,其深度不得小于原坑槽的最大深度,见图2-3-5、图2-3-6。

图2-3-5　沿轮廓线切割

图2-3-6　人工挖槽

c. 清除槽底、槽壁的松动部分及粉尘、杂物,并涂刷黏层沥青,见图2-3-7~图2-3-9。

d. 填入沥青混合料(在潮湿或低温季节,采用乳化沥青拌制的混合料)并整平,见图2-3-10。

e. 用小型压实机具或铁质手夯将填补好的部分压实(或夯实)。新填补部分略高于原路面。如果坑槽较深(7cm以上),应将沥青混合料分两次或三次摊铺和压实,见图2-3-11、图2-3-12。

f. 用烙铁板将坑槽四周烙平。

图 2-3-7 清底

图 2-3-8 清除杂物及粉尘

图 2-3-9 涂刷黏层沥青

图 2-3-10 填入混合料并整平

图 2-3-11 新填部分略高于原路面

图 2-3-12 夯实

②热再生法修补。其修补方法是先将高效热辐射加热板放置到待补区域,使旧沥青路面软化,然后耙松被软化的沥青旧料,喷洒乳化沥青使旧料现场再生,补充新沥青混合料,拌和、摊铺并压实。这种方法可对旧料进行现场再生利用,减少了环境污染、资源浪费,降低了维修成本,进行修补作业时不受气候变化影响。

热再生法修补程序如下:

a. 清理病害区(图 2-3-13)。先观察旧面层是否能够再生利用,对不能再生利用的旧面层料进行清除,对可再生利用的旧面层料将病害区的尘土、松散粒料、积水等杂物清扫干净。

b. 加热病害区(图 2-3-14)。对病害区加热,为确保作业路面无老化现象发生,调好加热时间,一般控制在 5~10min 即可,加热至 140~170℃,具体加热时间可因季节和具体环境条件的不同,通过加热试验后确定。

c. 耙松(图2-3-15)。移走热再生修补机后,要立即对待修补的区域进行翻松,可先用齿耙和推板的背边在病害区周围刨出一个四方形,这个四方形距病害边缘不小于15cm,对加热区域外边缘不小于10cm,深度4~6cm。

图2-3-13 清理病害区

图2-3-14 加热病害区

d. 添加新料(图2-3-16)。如果需要添加新混合料,把新料碎成小块后填充进修补区,新料和旧料混合使用,摊铺平整。

图2-3-15 耙松

图2-3-16 添加新料

e. 软化新料(图2-3-17)。再次把热再生修补机置于修补区之上,加热0.5~2min,使新料全部软化。

f. 压实(图2-3-18)。根据再生沥青料的氧化程度,在翻松后喷洒少许沥青再生剂或乳化沥青,新旧料混合均匀、摊平,同时将边缘散落的沥青料整平,用小型的压实设备压实即可。

图2-3-17 软化新料

图2-3-18 压实

③喷补法修补。这种方法利用高压喷射方式，将乳化沥青经过喷管与输送来的集料相混合，通过控制喷管上的乳液、集料和压缩空气三个开关，把混合料均匀、高速地喷洒到坑槽中，达到密实黏结效果，无需碾压，不需沥青混凝土拌和厂配合，且不受气候变化的影响。

除了上述几种坑槽修补方法外，还有一些特殊的或新近发展的方法。比如采用沥青混合料预制块修补，沥青路面破损处开槽修补的尺寸应等于预制块的倍数，预制块之间的接缝用填缝料填塞。此种坑槽修补方法较为简单，修补料的配比较易控制，密实度能得到保证。日本研究出一种称为"荒川式斜削施工法"，是在返土、压平和补铺沥青混合料前，先将被切坑槽的边缘用特制工具切成45°斜坡形，然后再用喷燃器将边缘烧成粗糙形状，接着再铺压沥青混合料。这样可使新料和旧料紧密吻合在一起，不易出现裂缝。

近些年来，国内外竞相研制能够全天候使用、修补工艺更易于掌握的修补料——常温（冷）拌和沥青混合料。常温拌和混合料是一种预先加热拌和、储存，常温下使用的沥青混合料，通常添加一些特殊的外加剂，以保证其路用性能在储存期间不发生变化。混合料一般袋装或桶装储存，使用方便、修补迅速，特别是在寒冷、多雨季节，在传统热补法不易开展情况下，利用常温拌和混合料修补是一种较适宜的方法。美国SHRP计划进行的坑槽修补研究推荐使用最好的材料，以减少重新修补的工作量。如在修补时使用质量不佳的材料，则重复修补同一个坑槽的费用将很快地抵消购买廉价修补用沥青混合料所节省的费用。因而当前趋向于在修补料中添加改性剂，研制专供补坑用的高性能改性沥青混合料，使其具有极强的抗湿性、低温和易性与坑洞的黏结力。

（2）对交通量较小的路段，在低温寒冷或阴雨连绵的季节，无法采用常规方法，也没有条件采用合适的材料修补坑槽时，为了防止坑槽面积的扩大，可以采取临时性的措施对坑槽予以处治，等天气好转后再按规范要求重新修补。

（3）若是因基层局部强度不足等使基层破坏而形成的坑槽，应先处治基层，再修复面层。其方法参照上述有关做法。

二、松散

（一）麻面、松散（图2-3-19）

1. 麻面与松散的原因

（1）使用的沥青稠度偏低，与矿料黏附力不足，或采用的酸性集料与沥青黏附性较差。

（2）沥青混合料油石比偏大，矿料级配偏粗，细料少，人工摊铺整平时粗集料集中，造成黏结力下降。

（3）沥青混合料潮湿，矿料与沥青黏结不牢，或冒雨摊铺，沥青黏结力下降，造成松散。

图2-3-19 麻面

（4）基层或土基湿软变形，也可导致麻面与松散。

（5）沥青混合料低于摊铺和碾压温度，或碾压不及时，沥青结合料失去黏结力。

（6）低温施工，路面成形慢，在行车作用下，嵌缝料脱落，重者造成松散。

（7）沥青混合料炒制过火，即沥青老化，其结合料失去黏结力。

2. 松散的处治方法

(1)基层稳定,仅面层出现麻面或松散时,按下列要求进行处治。

①路面因嵌缝料散失出现轻微麻面,可在高温季节撒适当的嵌缝料,并用扫帚扫匀,使嵌缝料填充到石料的空隙中。对于轻微麻面也可用稀浆封层处治。

②小面积麻面可用棕刷在麻面部位涂刷稠度较高的沥青,再撒铺矿料。

③大面积麻面应喷洒稠度较高的沥青,撒适当粒径的嵌缝料,并使麻面部分中部嵌缝料稍厚,周围与原路面接口要稍薄,定形要整齐,再控制机械碾压成形。

④因沥青量偏少或低气温施工造成的沥青面层松散,应采用以下方法处治:

a. 先将路面上已松动了的矿料收集起来;

b. 待气温升至15℃以上时,按$0.8 \sim 1.0 kg/m^2$的用量喷洒沥青,再均匀撒上$3 \sim 6mm$的石屑或粗砂($5 \sim 8m^3/1000m^2$);

c. 用轻型压路机压实。

⑤如在低温潮湿季节,宜采用乳化沥青作封层处理。

⑥对于因油温过高、沥青老化失去黏结性而造成的松散,应将松散部分全部挖除后,再重做面层,重做面层的矿料不应再使用酸性石料。应在沥青中掺入抗剥离剂、增黏剂或使用干燥的生石灰、消石灰、水泥等表面活性物质作为填料的一部分,或采用石灰浆处理粗集料等抗剥离措施,以提高沥青与矿料的黏附力,并增加混合料的水稳性。

(2)由于基层或土基软化变形而造成的路面松散,应参照有关规定,先处理好基层后,再重做面层。

(二)脱皮(图2-3-20)

沥青路面上面层与下面层或旧路上的罩面层与原路面的表面层呈块状或片状脱落的现象为脱皮。

1. 脱皮形成的原因

(1)铺筑面层时,基层未洒透层油,面层与基层黏结不良,在行车作用下,面层发生推移现象,形成脱皮。

(2)层铺法施工时,上、下层间有泥土、灰尘等或因潮湿而形成隔层,表层被行车推移。

(3)旧路面上加罩沥青面层时,原路表面未凿毛,未喷洒黏层沥青,使新面层与原路面黏结不良。

图2-3-20 脱皮

(4)摊铺时,混合料温度过低,未及时碾压,雨水渗入下层,上下层黏结不好。

(5)面层矿料含土量大,粉料多或矿料潮湿,施工中碾压过度,矿料被压碎,形成阻碍油料渗透的隔离层,破坏了嵌缝料和主层矿料的黏结,在行车作用下使面层矿料脱落。

(6)面层偏薄,厚度小于混合料集料最大粒径的2倍,难以碾压成形。

2. 脱皮的防治方法

1)预防措施

(1)铺设面层前,应彻底清除下层表面灰尘、杂物,并保持干燥,喷洒黏层沥青后,立即摊铺沥青混合料,使上下层黏结良好。

(2)在旧路面上加罩沥青面层时,宜在原路面上用风镐凿毛,清扫干净后,喷洒黏层沥青,再铺罩面层。

(3)单层式或双层式面层的上层压实厚度,必须大于集料最大粒径的2倍,利于压实成形。

2)处治方法

(1)小面积脱皮,沿脱皮四周画线成矩形,沿线将脱皮切除,将下面层清扫干净,在洒黏层沥青的同时将侧壁涂刷沥青,然后按上面层同样的沥青混合料和压实厚度铺筑、碾压密实,待铺筑面层冷却后,开放交通。

(2)大面积脱皮路段,应将沥青面层全部除去,重新铺筑面层,严格控制摊铺和碾压温度,经雨淋的沥青混合料禁止使用。

(3)由于沥青面层与封层之间黏结不好,或初期养护不良引起的脱皮,应清除已脱落和已松动的部分,再重新做封层,所做封层的沥青用量及矿料粒径规格应视封层的厚度而定。

(4)面层与基层之间因黏结不良而产生的脱皮,应先清除掉脱落、松动的面层,分析黏结不良的原因。若面层与基层间所含水分较多,应晾晒或烘干;若面层与基层之间夹有泥层,则应将泥沙清除干净,喷洒透层沥青后,重做面层。

(5)如发现脱皮部位有基层松软等病害,先处治基层后再铺筑沥青面层。

单元训练

实训目标

1. 能正确识别沥青路面坑槽、松散、麻面、脱皮等病害;
2. 能正确分析沥青路面坑槽、松散、麻面、脱皮等病害产生的原因;
3. 能合理制订沥青路面坑槽、松散、麻面、脱皮等病害的处治措施。

实训准备

1. 场地准备:选择一段已经出现松散类病害的沥青路面;
2. 器材准备:笔、记录表格、刻度尺、照相机等;
3. 人员准备:以3~5人为一个小组,将班内同学分成若干小组。

实训内容 各组同学采用实训器材等工具,对实训场地内出现的沥青路面坑槽、松散、麻面、脱皮等病害进行数据、文字和图像的记录。

实训成果 各组根据沥青路面坑槽、松散、麻面、脱皮等病害的具体情况,进行病害原因分析,并制订出相应的整治措施,最终以实习报告的形式进行提交。松散类病害分析与防治报告见表2-3-1。

松散类病害分析与防治报告 表2-3-1

实习线路名称：		线路类别：		路面宽度：	
实习人员：		实习日期：		天气状况：	
项　目		内　　　容		备　注	
线路概况、交通情况描述					
线路中出现的坑槽、松散、麻面、脱皮等病害等级及照片					
沥青路面坑槽、松散、麻面、脱皮等病害成因分析					
沥青路面坑槽、松散、麻面、脱皮等病害的防治措施					
实习总结					

单元四　沥青路面变形类病害成因及防治措施

知识要点

(1) 沥青路面变形类病害成因；
(2) 沥青路面变形类病害产生的影响因素；
(3) 沥青路面变形类病害处治方法。

参照《公路沥青路面养护技术规范》(JTJ 073.2—2001)的划分,沉陷、车辙、波浪、搓板、拥包均属于变形类病害。变形类病害不仅在车辆荷载作用下增加了车辆和路面的磨耗,还在很大程度上影响了乘车的舒适度。因此,正确分析变形类病害产生的原因,并采取正确的防治措施进行处治具有很重要的意义。

一、沉陷

(一) 沉陷的原因

沉陷是由于路基、路面产生竖向变形而导致路面下沉的现象。通常有下列四种情况。

1. 均匀沉陷

均匀沉陷是由于路基、路面在自然因素和行车作用下,达到进一步密实和稳定引起的沉落,一般不会引起路面破坏。

2. 不均匀沉陷

由于路基、路面不密实,碾压不均匀,沥青混合料在摊铺时厚度不均或粗细料不匀,在水的侵蚀下,经行车作用引起的沉陷(图2-4-1),称为不均匀沉陷。

3. 局部沉陷

由于路基局部填筑不密实或路基有墓穴、枯井、树坑、沟槽等,局部强度薄弱,经雨水侵蚀和行车的作用,其结构遭到破坏,引起的路面沉陷(图2-4-2),称为局部沉陷。

图2-4-1　不均匀沉陷

图2-4-2　局部沉陷

4. 特殊部位沉陷

特殊部位沉陷如桥头路面沉陷,是因土质不好或含水率大,桥涵施工与路基开挖未同步进行而引起的。

(二)沉陷的防治

1. 预防措施

(1)沥青面层宜采用机械摊铺,在铺筑过程中,摊铺机螺旋送料器应不停地转动,并保持在摊铺机全宽度断面上沥青混合料不发生离析。

(2)发现沥青面层有局部轻度网裂,应及时采取封面或挖补措施,以防雨水渗入基层和土基,破坏其结构强度。

(3)桥头填土必须按有关规定执行,对土质差、含水率高的填土一定要处理,必要时可以换土或掺少量的石灰等。

(4)在桥涵施工中,应与路基开挖相结合,做到桥台砌多高,填土填多高,分层压实到路基处理高度时,按路基处理标准进行施工,尽量减少桥建成后再开挖的局面,以保证填土的密实度。

2. 处治方法

(1)因路基不均匀沉降而引起的局部路面沉陷,若土基和基层已经密实稳定,不再继续下沉,可只修补面层。此时应根据路面的破损状况,分别采取不同的处治措施。

①路面略有下沉,无破损或仅有少量轻微裂缝,可在沉陷处喷洒或涂刷黏层沥青,再用沥青混合料将沉陷部分填补到与原路面齐平并压实。

②因路基沉陷导致路面破损严重,矿料已松动、脱落形成坑槽的,应按照坑槽的维修方法予以处治。

(2)因土基或基层结构遭到破坏,引起路面沉陷较大,面层已形成龟裂的,应将面层、基层、土基一起挖除,重新做土基、基层,并保证其有足够的强度,然后再做面层。

(3)桥涵台背因填土不实出现不均匀沉降的处理方法:

①挖除沥青面层,在沉陷的部分加铺层后重做面层。对于台背填土密实度不够的,应重新作压实处理,台背死角处的压实采用夯实机械。

②对含水率和孔隙比均较大的软基或含有机物质的黏性土层,宜采取换土处理。换土深度应视软层厚度而定。换填材料首先应选择强度高、透水性好的材料,如碎石土、卵砾土、中粗

砂及强度较高的工业废渣,填料要求级配合理。

③在对台背填土重做压实处理的基础上,加设桥头搭板。

二、车辙

车辙是沥青混凝土路面特有的一种破坏形式,它是在行车荷载重复作用以及气候(高温)等因素综合作用下产生的一种永久性变形(图2-4-3、图2-4-4)。表现为沿行车轮迹产生纵向的带状凹槽,严重时车辙的两侧会有凸起形变,造成路面使用性能更加恶化。车辙始终是沥青混凝土路面的主要病害之一。车辙的出现,严重影响了路面的使用寿命和服务质量,给路面及路面使用者带来许多危害。

(1)影响路面的平整度,降低了行车舒适性。

(2)轮迹处沥青层厚度减薄,削弱了沥青层及路面结构的整体强度,从而易于诱发各种病害,如网裂和水损坏等。

(3)雨天路表排水不畅,降低了路面的抗滑能力,甚至会由于车辙积水而导致车辆漂滑;冬天车辙内存水凝结成冰,路面抗滑能力下降,影响高速行车的安全。

(4)车辆在超车或更换方向时失控,影响车辆操纵的稳定性。

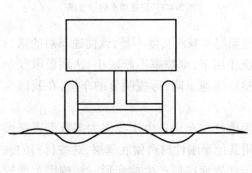

图2-4-3 车辙示意图

图2-4-4 车辙

(一)车辙的类型

根据车辙形成过程的不同,可将其分成以下四大类型。

1. 失稳型车辙

失稳型车辙指由于沥青混合料的高温稳定性不足,在高温条件下,沥青混合料中颗粒之间沥青膜在外力作用下产生了剪切变形,引起集料颗粒出现相对位移,车轮反复碾压作用荷载应力超过沥青混合料的稳定度极限,使流动变形不断积累形成车辙。一方面,车轮作用部位下凹,另一方面,车轮作用甚少的车道两侧反而向上隆起,在弯道处还明显向外推挤,车道线及停车线因此可能成为变形的曲线。对主要行驶双轮车的路段,车辙断面呈 W 形。失稳型车辙主要发生在大坡道长坡段、弯坡桥匝道及收费站出入口等,如图2-4-3 和2-4-5 所示。

2. 结构型车辙

结构型车辙指由于荷载作用超过路面各层的强度,发生在沥青面层以下包括路基在内的各结构层的永久变形。这种变形主要是由于路基变形传递到路面层而产生的,其车辙宽度较大,两侧没有隆起现象,横断面呈 V 字形,如图2-4-6 所示。

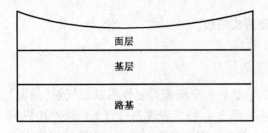
图 2-4-5　失稳型车辙示意图

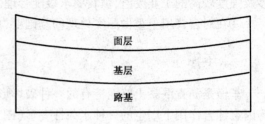
图 2-4-6　结构型车辙示意图

3. 磨耗型车辙

当路面结构稳定,沥青路面结构顶层的材料在车轮磨耗和自然环境因素作用下不断地损失而形成的车辙为磨耗型车辙,如图 2-4-7 所示。其车辙深度一般在 5mm 以内,这类车辙属正常现象,不需处理。若汽车使用了防滑链和突钉(胶钉)轮胎后,这种车辙更易发生。

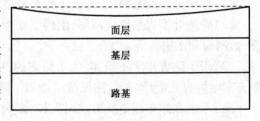
图 2-4-7　磨耗型车辙示意图

4. 压密型车辙

压密型车辙病害是由于施工质量控制不严,沥青面层本身压实度不足,致使通车后的第一个高温季节混合料继续压密,在交通荷载的反复碾压作用下,空隙率不断减小,达到极限残余空隙率才趋于稳定。它不仅产生压实变形,而且平整度迅速下降,形成明显的车辙,在我国也较普遍。

以上四种车辙中以失稳型车辙最为严重,其次为磨耗型车辙。由于我国大多数沥青路面都采用水泥或石灰粉煤灰稳定粒料做基层,也常采用其他半刚性材料做底基层,这些材料的强度模量都相当高,因此,沥青路面的车辙主要来源于沥青面层所产生的变形。结构型车辙较少,故一般情况下所指的车辙是失稳型车辙。

(二)影响车辙的因素

影响沥青路面车辙的因素可分为内在因素和外在因素两个方面。

1. 内在因素

影响沥青路面车辙的内在因素包括路基路面结构类型、材料性能与组成(如集料、沥青结合料、沥青混合料等)、设计和施工因素等方面。

1)路基路面结构类型

目前柔性路面大多采用沥青混合料作为路面材料。沥青层材料在路面结构中厚度越大,发生永久变形的变形量也越大。采用刚性基层或半刚性基层材料的沥青路面,由于具有较高的高温稳定性和抗剪变形能力,所以这类路面发生的车辙主要是沥青层产生的,而刚性基层和土基所发生的车辙只占一小部分。

路面结构层厚度的变化主要由于路面结构层材料的侧向位移引起。路基路面各材料的侧位移和附加压实在不同条件下可分别成为车辙产生的主要原因。磨耗层被车轮磨损,对磨耗层车辙形成产生一定的影响。在较厚的沥青面层的路面中,车辙深度更加明显。

2)路面材料性能与组成

由于沥青混合料是一种弹性塑性材料,具有一定的蠕变和应力松弛现象。沥青路面在车辆荷载作用下,沥青混合料也受到一定的荷载作用。沥青混合料受力较大,即高于弹性极限或屈服点时,特别是受力作用时间短促时,材料呈现出弹性或兼有黏弹性的性质。而作用力相当大时,在相当长时间内,材料变形还存在黏滞性塑性流动变形。应力撤除后,这部分变形不再恢复,即塑性变形。在重复荷载作用下,塑性变形不断积累。另外,由于不断加载卸载,基(垫)层及土基都发生了不同程度的不可恢复的残余变形积累,其值可由加载时的总变形减去卸载时的回弹变形求得。不仅如此,由于路面的粒料材料如沥青混合料是一种空隙材料,在重复荷载作用下,材料发生侧移而被压密,这样,由于各结构层(包括土基)的变形积累,就形成了车辙。

3)设计和施工因素

沥青混合料的配合比设计、基(垫)层材料配合比设计都可影响车辙的产生。沥青混合料在施工过程中,材料的质量控制、沥青混合料的材料与温度均匀性、各种材料用量的控制、压实温度及压实度的控制、层间的洁净度及黏结效果等都会影响路面的抗车辙能力。所以,合理的设计和施工可改善抗车辙性能。

2. 外在因素

影响沥青路面车辙的外在因素包括交通荷载条件、气候条件、水文地质条件及路线纵坡等。

1)交通荷载条件

随着高等级公路的修建以及交通管制的日趋成熟,车辆的速度大幅提高,加之交通量越来越大,车辆荷载越来越集中地分布于道路某一中心线,引起交通渠化。交通量越大、轮载越重、轮胎气压越大、行驶速度越快、轮迹集中程度越大、交通渠化越严重,就越容易产生车辙。研究表明,车辙的发展速度随荷载作用次数的增加而减小。但车辙深度随累积荷载作用次数的增加而增加,以至于道路丧失使用性能。另外,如果车辆行驶轮迹分布均匀,则车辙不断被消除而看不出明显的带状凹陷。但在现代交通中,这种现象是少见的。

2)气候及水文地质条件

路面温度对车辙的产生有很大的影响。在寒冷地区,路面温度很低,即使在超重载的交通状况下,车辙出现的可能性也很小;而在炎热地区,沥青路面在一定气温和日照作用下,能吸收大量热量,导致路面温度升高。随着温度的升高,沥青的黏度呈对数级下降,沥青混合料的抗压强度和抗剪强度快速下降,在车辆荷载作用下极易产生车辙。另外,残留在路面内的水分会大大降低各结构层的抗变形能力,也容易导致过大车辙的产生。

通过对影响道路车辙产生的内外两方面因素的分析可知,路面的结构层次及材料条件作为内因,起着很大的作用。而外因如道路交通条件和气象条件,通过内因也起了不小的作用。

(三)车辙的处治措施

对于车辙的处治,《公路沥青路面养护技术规范》(JTJ 073.2—2001)中提出以下四点处治方法:

(1)车道表面因车辆行驶推移而产生的车辙,应将出现车辙的面层切削或铣刨清除,然后重铺沥青面层。在高速公路及一级公路上可采用沥青玛蹄脂碎石混合料(SMA)或SBS改性沥青混合料,或聚乙烯改性沥青混合料来修补车辙。

(2)路面受横向推挤形成的横向波形车辙,如果已经稳定,可将凸出的部分削除,在波谷部分喷洒或涂刷黏结沥青并填补沥青混合料并找平、压实。

(3)因面层与基层间有不稳定的夹层而形成的车辙,应将面层挖除,清除夹层后,重做面层。

(4)由于基层强度不足、水稳性能不好,使基层局部下沉而造成的车辙,应先处治基层。然后重做面层。

根据调查,沥青路面的车辙85%以上属于面层失稳型,10%的车辙属于基层或路基失稳型,5%的车辙属于磨耗性。因此,针对面层失稳型车辙,其处治方法又可参考以下四点:

(1)对于连续长度不超过50m、辙槽深度小于10mm、行车有小摆动感觉的,可先将车辙内及其周围的尘土杂物清除,洒水润湿,然后通过对路面烘烤、耙松,添加适当的与原路面相同的新料拌和填补并碾压密实即可。此种车辙病害的处理很适宜采用热再生技术与设备修复。

(2)车辙的连续长度超过50m、辙槽深度为10~30mm,有行车摆动且跳动感明显的或严重颠簸的,若基层完整,各面层结合良好,应采取铣刨拉毛工艺,即将隆起部分铣刨清除后,再洒布沥青再生剂或用乳化沥青稀浆封层处理;若是因基层施工质量差引起的车辙,在重新摊铺面层前应先行处理好损坏基层。

(3)车辙的面积较大、深度较深(大于30mm)时,应采用铣刨加铺工艺,即铣刨路面上面层或中上面层甚至全部面层,用与原路面相同的适当新料重新摊铺面层的方法。对于因基层施工质量差引起的车辙,在重新摊铺面层前应先行处理好损坏基层。

(4)路面车辙的面积较大、深度不统一,可采用改性乳化沥青稀浆封层处理车辙。具体的方法为:先用铣刨机将路面高出的部分铣除,再用小型稀浆封层摊铺机对车辙进行填补,为了保证质量,摊铺后用轮胎式压路机进行稳压。

三、波浪及搓板

路表面出现轻微、连续的接近等距离的起伏状,形似洗衣搓板,称为波浪及搓板病害(图2-4-8)。

(一)波浪与搓板形成的原因

(1)旧路面上原有的波浪(搓板)病害未彻底处理,即在其上铺筑面层。无论怎样使面层摊铺平整,压实后也因虚铺厚度不同而使路面产生波浪。

(2)铺筑沥青面层前,未将下层表面清扫干净或未喷洒黏层沥青,致使上下层黏结不良,在行车作用下产生滑移形成波浪(搓板)。

(3)沥青混合料的矿料级配偏细、沥青用量偏高,高温季节时,面层在车辆水平力作用下,发

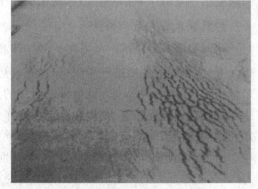

图2-4-8 搓板

生位移变形。另外,沥青混合料的拌和不均匀等也会造成面层的不平整和波浪。

(4)路面摊铺机结构参数不稳定、行走装置打滑、摊铺机摊铺的速度快慢不匀、机械猛烈起步和紧急制动以及供料系统速度忽快忽慢都会造成面层的不平整和波浪。

(5)碾压工艺不合理也会造成路面不平整和波浪。

(二)波浪及搓板的防治

1. 预防措施

(1)合理设计与严格控制沥青混合料的级配。

(2)沥青面层摊铺前,应将下层表面浮尘、杂物扫净,并均匀喷洒黏层沥青,保证上、下层黏结良好。

(3)在旧路上铺筑面层或罩面前,应先将病害彻底处理,而后铺筑新沥青面层。

2. 处治方法

(1)属于面层原因形成的波浪或搓板可按下述方法进行维修。

①路面仅有轻微波浪或搓板,可采用以下方法之一予以处治:

a. 在高温季节路面发软时,利用重型压路机沿与路中心线成45°角的方向反复进行碾压以适当改善路面的平整度。

b. 在波谷部分喷洒沥青,并匀撒适当粒径的矿料,找平后压实。

c. 将凸起部分铣刨削平。

②波浪(搓板)的波峰与波谷高差起伏较大时,应顺行车方向将凸出部分铣刨削平,并低于路面约10mm。削除部分喷洒热沥青,再匀撒一层粒径不大于10mm的矿料,扫匀,找平,并压实。

③严重的、大面积波浪或搓板,应将面层全部挖除,查找原因,然后重铺面层。

(2)如果基层平整度太差,应将基层处治后再重铺面层。

(3)若面层与基层之间存在不稳定的夹层,面层在行车荷载的作用下推移变形而形成波浪(搓板),应挖除面层,清除不稳定的夹层后,喷洒黏结沥青,重铺面层。

(4)属于基层局部强度不足,或稳定性差等原因造成的波浪(搓板),应先对基层进行处治,再重做面层,其处治方法可参照上述有关做法。

四、拥包

(一)拥包产生的原因

(1)沥青混合料的油石比油量偏高或细料偏多,致使面层材料自身的高温抗剪强度不足,热稳性不好,夏季气温较高时,路面不足以抵抗行车引起的水平力,在行车作用下产生拥包。

(2)沥青面层摊铺时,基层局部含水率过大,使水分滞留于基层、底层且未清扫,或基层浮土过多、未喷洒黏层沥青或透层沥青、沥青混合料摊铺不匀、局部细料集中不合要求等原因致使路面上下层黏结不好,影响面层和基层之间的结合,在行车水平力的作用下,使路面产生推移而形成局部不规则隆起的变形。

(3)由于基层或下面层未经充分压实,强度不足或水稳性不好,使基层松软,在行车作用下,发生变形位移,形成局部拥包。

(4)路面在日常养护时,如局部路段罩面、挖补用油量偏大、集料偏细或摊铺不匀或混合料碾压后未充分冷却,行车在上面制动、起步等,形成拥包。

(5)陡坡或平整度较差路段,沥青面层混合料易在行车作用下向低处聚积而形成拥包。

(二)拥包的防治措施

1. 拥包的预防措施

(1)严格控制沥青混合料配合比,选用针入度较低或优质沥青,并控制好沥青用量。

(2)在摊铺沥青混合料面层前,下层表面应清扫干净,均匀洒布黏层沥青,确保上下层紧密黏结。

(3)人工摊铺时,防止卸料车卸料时发生离析现象,做到粗细料均匀分布,避免细料集中。

2. 拥包的处治方法

根据拥包产生的不同情况,可采用下列处治方法:

(1)属于施工时操作不慎,将沥青漏洒在路面上形成的拥包,将拥包除去即可。

(2)已趋于稳定的轻微拥包,将拥包采用机械刨削或人工挖除。如果除去油包后,路表不够平整,可刷少量沥青,再撒上适当粒径的矿料后扫匀、整平。

(3)因面层沥青用量过多或细料集中而产生较严重拥包,应用机械或人工将拥包全部除去,并低于路面约10mm。扫尽碎屑、杂物及粉尘后用热沥青混合料填平并压实。

(4)如果路面连续多处出现拥包且面积较大,但路面基层仍属稳定,则应将有拥包的路面面层全部挖除,然后重做面层。

(5)因基层局部含水率过大,使面层与基层层间结合不良而被推移变形造成的拥包,应把拥包连同面层挖除,将水分晾晒干,或用水稳定性较好的材料更换已变形的基层,再重做面层。

(6)属于基层局部强度不足或水稳性不好,使基层松软而导致的拥包,应将面层和基层完全挖除。如土基中含有淤泥,还应将淤泥彻底挖除,换填新料并夯实。在地下水位较高的潮湿路段,应采取措施引出地下水并在基层下面加铺一层稳定性好的材料,最后重做面层。

(7)修补时应采用与原路面结构相同或强度较高的材料。如受条件限制,对面积较小的修补,可采用现场冷拌的乳化沥青混合料,但应严格控制矿料的级配和沥青用量。若冬季挖补拥包,在面积较小时,可采用配制好的常温沥青混合料,直接铺入槽内,及时碾压成形,但要选择好常温沥青混合料的级配类型和松铺系数。

 单元训练

实训目标

1. 能正确识别沥青路面沉陷、车辙、波浪、搓板、拥包等病害;
2. 能正确分析沥青路面沉陷、车辙、波浪、搓板、拥包等病害产生的原因;
3. 能合理制订沥青路面沉陷、车辙、波浪、搓板、拥包等病害的处治措施。

实训准备

1. 场地准备:选择一段已经出现变形类病害的沥青路面;
2. 器材准备:笔、记录表格、刻度尺、照相机等;
3. 人员准备:以3~5人为一个小组,将班内同学分成若干小组。

➥ **实训内容** 各组同学采用实训器材等工具,对实训场地内出现的沥青路面沉陷、车辙、波浪、搓板、拥包等病害进行数据、文字和图像的记录。

➥ **实训成果** 各组根据沥青路面沉陷、车辙、波浪、搓板、拥包等病害具体情况,进行病害原因分析,并制订出相应的整治措施,最终以实习报告的形式进行提交。松散类病害分析与防治报告见表2-4-1。

松散类病害分析与防治报告 表2-4-1

实习线路名称:		线路类别:		路面宽度:	
实习人员:		实习日期:		天气状况:	
项 目		内 容		备 注	
线路概况、交通情况描述					
线路中出现的沉陷、车辙、波浪、搓板、拥包等病害等级及照片					
沥青路面沉陷、车辙、波浪、搓板、拥包等病害成因分析					
沥青路面沉陷、车辙、波浪、搓板、拥包等病害的防治措施					
实习总结					

单元五　沥青路面其他病害成因及防治措施

➥ **知识要点**

(1)沥青路面其他病害成因;
(2)沥青路面其他病害产生的影响因素;
(3)沥青路面其他病害处治方法。

除了前面单元中所列的病害,沥青路面常见病害还有泛油和磨光。沥青路面出现泛油或磨光病害时,对于行车特别不利,尤其是在车辆高速行驶情况下紧急制动时,容易引起交通事故。

一、泛油

高温季节沥青被挤出,表面形成薄油层,很少或看不到集料,车辆过后有轮迹出现。

1. 泛油形成的原因

(1)进行沥青表面处治、贯入式等施工时,使用沥青标号不当,稠度太低、针入度过大、热稳性差等原因,引起泛油。

(2)混合料级配不当,油量过大,集料过少。
(3)冬季施工时,面层成形慢,集料散失过多。

2. 泛油的防治

1)预防措施

(1)根据本地区气候条件,选定合适的沥青标号。
(2)严格控制集料规格,按设计配合比和沥青用量进行施工。
(3)冬季施工时,面层成形慢,一旦集料散失,应及时补撒集料,而且应避免低温施工。

2)处治方法

根据泛油的程度,选择不同的方法进行处治。
(1)对泛油的路段,应先取样做抽提试验测定出油石比,然后采取相应的处治措施。
(2)只有轻微泛油的路段,可撒3~5mm粒径的石屑或粗砂,并控制行车碾压。
(3)泛油较重的路段,可先撒5~10mm粒径的碎石,控制行车碾压。待稳定后,再撒3~5mm粒径的石屑或粗砂,并引导行车碾压。
(4)面层含油量高,且已形成软层的严重泛油路段,可先撒一层10~15mm粒径碎石,用压路机将其强行压入路面,待基本稳定后,再分次撒上5~10mm粒径的碎石,并引导行车碾压成形。

3)注意事项

(1)处治时间选择在泛油路段已出现全面泛油的高温季节。
(2)撒料应顺行车方向,先粗后细;做到少撒、薄撒、匀撒、无堆积、无空白。
(3)禁止使用含有粉粒的细料。
(4)引导行车碾压,使所撒石料均匀压入路面。
(5)在行车碾压过程中,应及时将飞散的粒料扫回,待泛油稳定后,将多余浮动的石料清扫并回收。

二、磨光

1. 磨光的形成原因

磨光多发生在高等级公路上,主要是由于路面在行车水平力的作用下路面表层集料棱角被磨掉,或沥青路面油石比含油量过大,泛油严重所造成。

2. 磨光的处治措施

(1)对已磨光的沥青面层,可用路面铣刨机直接恢复其表面的粗糙度。
(2)对高速公路、一级公路的沥青路面,石料棱角被磨掉,路面光滑,摩阻系数低于要求时,应加铺抗滑层。
(3)对表面过于光滑,摩擦系数特别小的路段,应做封层或罩面处理。
①封层可以采用拌和法或层铺法施工的单层表面处治,也可以用乳化沥青稀浆封层。
②罩面宜采用拌和法。
③封层与罩面前,应先处治好原路面上的各种病害,若原路表面有沥青含量过多的薄层,应将其铣刨掉后洒黏层油。罩面及封层的技术要求应符合现行《公路沥青路面施工技术范》(JTG F40—2004)的规定。

三、冻胀翻浆

1. 冻胀翻浆的形成原因

冻胀翻浆多发生在北方和东北地区挖方或填挖交界的路段,主要是由于路基排水设计不合理,造成路基含水率过大引起的冬季冻胀、春融翻浆。

2. 冻胀翻浆的处治措施

(1)因路基冻胀使路面局部或大面积隆起影响行车时,应将冻胀的沥青路面刨平,待春融后按翻浆处理方法予以处治。

(2)因冬季基层中的水结冰引起冻胀,春融季节化冻而引起的翻浆,应根据情况采用以下方法之一予以处治。

①在有翻浆迹象的地方,用人工或机械将2~5cm直径的钢钎打入(钻入)路面以下,穿透冻层(一般1.3m以上),然后灌入砂粒,使化冻的水迅速渗入冻层以下。

②局部发生翻浆的路段,可采用打石灰梅花桩或水泥砂砾桩的办法予以改善。桩的排列密度及深度,应视翻浆程度而定。

③加深边沟,并在翻浆路段两侧路肩上交错开挖宽30~40cm的横沟,其间距为3~5m,沟底纵坡不小于3%,沟深应根据解冻情况,逐渐加深,直至路面基层以下。横沟的外口应高于边沟的沟底。如路面翻浆严重,除挖横沟外,还应顺路面边缘设置纵向小盲沟。交通量较大的路段也可挖成明沟。但翻浆停止后,应将明沟填平恢复原状。

(3)因基层水稳定性不良或含水率过大造成的翻浆,应挖去面层及基层全部松软部分。将基层材料晾晒干,并适当增加新的硬粒料(有条件时应换填透水性良好的砂砾或工业废渣等),分层(每层不超过15cm)填补并压实,最后恢复面层。

(4)低温季节施工的石灰稳定类基层,在板体强度未形成时雨水渗入,其上层发生翻浆形成坑槽,应先处治基层,再修复面层。

(5)因面层成形不好产生裂缝,受雪雨水浸入引起基层顶面轻度破坏而形成的轻微翻浆,可待路基水分蒸发且路基稳定后,修理裂缝或挖补后更换面层。

(6)在条件许可时,应对翻浆的路段封闭交通或限制重车通过。

 单元训练

➕ 实训目标

1. 能正确识别沥青路面泛油、磨光、冻胀翻浆等病害;
2. 能正确分析沥青路面泛油、磨光、冻胀翻浆等病害产生的原因;
3. 能合理制订沥青路面泛油、磨光、冻胀翻浆等病害的处治措施。

➕ 实训准备

1. 场地准备:选择已经出现泛油、磨光、冻胀翻浆等病害的沥青路面;

2. 器材准备:笔、记录表格、刻度尺、照相机等;
3. 人员准备:以 3~5 人为一个小组,将班内同学分成若干小组。

实训内容 各组同学采用实训器材等工具对实训场地内出现的沥青路面泛油、磨光、冻胀翻浆等病害进行数据、文字和图像的记录。

实训成果 各组根据沥青路面泛油、磨光、冻胀翻浆等病害的具体情况,进行病害原因分析,并制订出相应的整治措施,最终以实习报告的形式进行提交。泛油病害分析与防治报告、磨光病害分析与防治报告、冻胀翻浆病害分析与防治报告分别见表 2-5-1、表 2-5-2、表 2-5-3。

泛油病害分析与防治报告　　　　　　　　　　表 2-5-1

实习线路名称:　　　　　线路类别:　　　　　路面宽度:
实习人员:　　　　　　　实习日期:　　　　　天气状况:

项目	内容	备注
线路概况、交通情况描述		
泛油病害简述及照片		
沥青路面泛油成因分析		
沥青路面泛油的防治措施		
实习总结		

磨光病害分析与防治报告　　　　　　　　　　表 2-5-2

实习线路名称:　　　　　线路类别:　　　　　路面宽度:
实习人员:　　　　　　　实习日期:　　　　　天气状况:

项目	内容	备注
线路概况、交通情况描述		
磨光病害简述及照片		
沥青路面磨光成因分析		
沥青路面磨光的防治措施		
实习总结		

冻胀翻浆病害分析与防治报告　　　　　　　　表 2-5-3

实习线路名称:　　　　　线路类别:　　　　　路面宽度:
实习人员:　　　　　　　实习日期:　　　　　天气状况:

项目	内容	备注
线路概况、交通情况描述		
冻胀翻浆病害简述及照片		
沥青路面冻胀翻浆成因分析		
沥青路面冻胀翻浆的防治措施		
实习总结		

单元六　沥青路面早期病害预防措施

知识要点

(1)沥青路面病害的影响因素分析；
(2)沥青路面早期病害防治措施。

一、沥青路面病害形成的影响因素

通过前面各单元对沥青路面各种病害形成原因的分析可知，造成沥青路面早期病害的因素总结起来大概有以下几个方面。

1. 设计因素

引起沥青路面早期破坏的设计因素主要包括以下几个方面：
(1)结构设计不合理。如：基层厚度不够、面层分层及材料配合比设计不当、面层厚度设计不合理。
(2)路面、基层、底基层的排水设计考虑不周全。
(3)设计时考虑的路面所处地段土质和水文情况与实际不符,路面设计参数不符合实际。
(4)地基处理设计不合理、地基沉降未达到允许的工后沉降等。

2. 施工因素

近年来,随着我国高速公路建设的大力发展,沥青路面也在进行广泛的建设,由于部分施工队伍因经验不足、技术力量不强、施工设备的机械化程度不高,再加上多数工程施工时间紧,施工质量往往得不到保证。因此,由于施工质量而造成路面早期破坏的情况较为普遍。其破坏主要表现为以下几种：
(1)软土地基沉降,引起路基失稳或过量沉陷,导致公路破坏或不能正常使用。
(2)路基压实度不足导致公路路面出现纵向裂缝和横向裂缝。
(3)路面基层施工质量低劣,基层出现网裂破坏,反射到面层后形成路面网裂。当水从裂缝中渗入到路基中,在车辆荷载作用下导致路面的进一步破坏。
(4)在施工过程中,由于运输和摊铺原因造成的粗细颗粒离析、沥青路面铺装层偏薄、施工机械漏油使沥青被油溶解等原因使得沥青面层本身被破坏。

3. 沥青路面材料性能因素

沥青路面所铺筑的沥青混合料一般由沥青结合料、粗集料、细集料和矿粉等多种成分组成。由于材料质量的差异和数量多少的不同,可使混合料形成不同的组成结构以及表现为不同的物理力学性能。因此,沥青路面材料的性能对于沥青路面病害的产生有较大的影响。

1)沥青

沥青质量的优劣与沥青路面的好坏有密切关系,直接影响沥青路面的使用性能。随着公路交通量的剧增,一般沥青材料已不能满足更重交通沥青路面结构的需要。从大量路面结构损坏原因的调查分析来看,路用沥青品质不良是其主要原因之一。

2) 矿料

矿料质量的好坏直接影响沥青混合料的强度。

(1) 碎石的压碎值、磨耗值不符合要求,将造成混合料的稳定度偏低,引起沥青路面早期的剥落。

(2) 由于碱性碎石与沥青材料的黏附性较好,而黏附性大小对沥青混合料的强度和耐久性有极大的影响。因此,沥青混合料一般使用碱性矿料,若使用酸性矿料,应添加一定数量的抗剥落剂。

(3) 石料的吸水率大不仅会降低加热效率,影响拌和料的生产能力,而且残存在空隙中的水分影响施工压实度及空隙率,这将使混合料造成剥落。

(4) 因为矿料很细,筛分时不容易通过筛孔,特别是不太干燥的矿粉,筛分难度更大,往往出现筛分结果偏粗的现象,使配合比中实际矿粉偏多。

3) 矿料级配及空隙率

认真选择面层矿料级配非常重要,最主要的指标是混合料的设计空隙率和路面的实际空隙率。当路面的实际空隙率为7%~15%时,水容易进入混合料内部,并且在荷载作用下容易产生较大的毛细水压力或冻水压力,造成沥青混合料的水损害破坏。

4. 管理因素

管理不严格、技术水平低同样是造成路面产生病害的重要原因之一,主要体现在以下几个方面:

(1) 路面设计方案未经仔细研究,试验不够。

(2) 建设单位未严格实行招投标,使得一些无路面施工经验、无路面施工设备和技术力量的施工队伍承担路面施工。另外,监理单位未严格进行监理。

(3) 工期紧迫,搞献礼工程,没有科学地按施工技术规范的要求施工。质量管理不严,发生质量问题时,未认真吸取教训、严肃对待。

(4) 技术水平低,对采用新技术、新工艺、新设备的开发、研究不够。

5. 气候环境因素

外界气候环境对于沥青路面病害的形成及发展具有较大的促进作用。特别是极端气温持续时间、温度的交替变化频率、降雨量的大小及降雨的持续时间等,对沥青路面病害具有重要的影响。

二、沥青路面早期病害防治的措施

对于沥青路面早期病害的防治应从沥青路面病害形成的几个因素方面入手。

1. 确保设计严谨

严谨的设计是保证工程质量符合要求的基础和前提。因此,设计应从实际出发,对气候、水文、地质条件、交通量、载重等进行认真详细的调查,综合各方面因素,选择多种路面结构和材料,采用不同的配合比以及不同结构层厚度进行试验、研究、比选,并根据需要铺筑试验路段。沥青路面的设计可参照图2-6-1的步骤进行。

在进行路面设计时还应处理好以下几个问题。

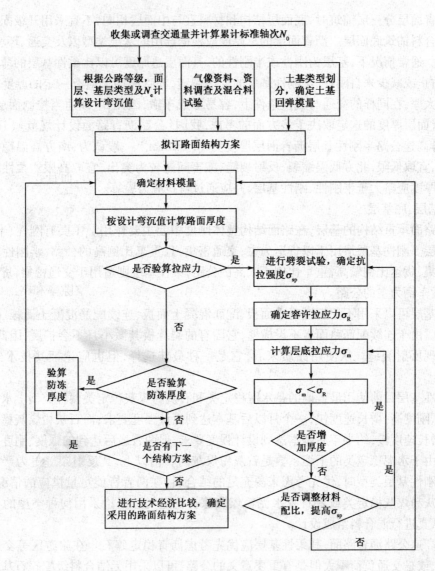

图 2-6-1 沥青路面设计步骤

1）精心选择路面各结构层的类型，确定各层的合理层位与合理厚度

（1）面层

沥青路面的面层是保证行驶质量和使用性能的关键层次，要求其致密、防水、平整、抗滑、裂缝少、车辙轻。通常采用两层或三层，即表面层、中面层和底面层。

表面层要求具有一定的摩擦系数和表面构造深度，还应该具有很好的高温稳定性、低温抗裂性、较高的抗疲劳强度性以及不透水性。因此，密实型沥青混凝土混合料最宜用于表面层，其3%~6%的空隙率可以有效防止水害及冻害，且热季不会泛油。表面层的厚度以取最大粒径的3倍为宜。

中面层主要要求有足够的抗变形能力和防水性能。因此，中面层沥青混合料宜采用粒径较表面层大的粗粒式密实型沥青混合料，可以保证其具有足够的抗变形能力，特别是高温稳定性。中面层宜采用较表面层更稠的沥青，混合料的空隙率控制在6%以下，可有效提高整个面层结构的密实防水效果。

当沥青面层分三层铺筑时,底面层结构和材料宜与中面层相同,不宜采用开级配或半开级配沥青混合料铺筑底面层。沥青面层的总厚度应根据选用的基层类型以及交通、环境、自然等情况酌定。通常情况下,基层为刚性或半刚性的,其面层总厚度可以比柔性基层的薄一些。同时,为了防止或减少来自刚性、半刚性基层的反射裂缝,沥青面层又应有一定的厚度。但若面层沥青层太厚,在同样的交通与气候条件下,容易形成车辙,因此,应该适当控制面层的厚度。总之,沥青面层厚度的选定取决于多方面的考虑,我国《公路沥青路面设计规范》(JTG D50—2006)推荐高速公路半刚性基层沥青面层厚度为 12～18cm。一般认为,南方高温稳定性问题较为突出,宜取低限,北方低温缩裂、反射裂缝、冻害问题较为突出,宜取高限。柔性基层上的沥青面层厚度应略大于半刚性、刚性基层,并应通过弯拉应力验算。

(2)基层、底基层

作为路面承重结构的基层,在路面结构整体刚度中起主要作用。主要有刚性、半刚性、柔性三种基层。刚性基层适用于以货运为主,交通密集,且重车比例高的公路;半刚性基层适用于交通密集,货运比例较高,重车比例不太高的公路;柔性基层则适用于交通密集,货运比例不高,以客运车辆为主的公路。

刚性基层可以采用不配筋混凝土面板、配筋混凝土面板、连续配筋混凝土面板、碾压混凝土面板等。由于连续配筋路面板不设横缝,它固有的裂缝极其微小且不会扩展,因此,沥青面层不会出现反射裂缝。从使用品质来看,它是一种最佳选择,但也应论证其技术经济的合理性。

半刚性基层目前使用最普遍的是水泥稳定类和石灰粉煤灰稳定类两种类型。水泥稳定类早期强度、刚度高,增长速度快,一个月以后基本达到设计强度要求;而石灰粉煤灰稳定类早期强度低,增长速度慢,约半年后基本达到设计强度要求,但两者最后达到的强度、刚度指标无太大差别。由于水泥稳定类的干缩系数是石灰粉煤灰的 5 倍以上,其反射裂缝更为严重,因此,在选择半刚性基层类型时,优先考虑来源充足的结合料,在两者皆能足量供应的情况下,应优先考虑石灰粉煤灰稳定类或者石灰水泥粉煤灰综合稳定类。无论采用何种类型的半刚性基层,均应认真进行混合料组成设计。

对于高速公路沥青路面,其柔性基层应优先考虑沥青稳定碎石。在旅游区等交通负荷较弱的公路,或是交通负荷不大但是有重要意义的公路,可以采用无结合料级配碎石基层。

在多雨地区,为了迅速排除通过面层渗入路面结构的雨水,可设排水基层。为了防止刚性基层、半刚性基层的裂缝反射形成沥青面层裂缝,可在沥青面层以下设应力吸收层、防裂层等。由于排水基层对透水性、渗水性能有一定要求,混合料需要有一定的空隙率,防裂层也要求有一定的空隙率,所以,排水基层与防裂层所用材料基本相同,一般都采用沥青稳定碎石或无结合料级配碎石。在设计混合料组成时,应兼顾各方面的性能指标。

底基层的设置则根据具体情况而定,若设置底基层是为了增强基层的支撑或控制基层厚度不要过大,可选择比基层标准略低的材料铺筑底基层,例如采用无结合料天然级配砂砾或强度指标略低的半刚性材料;在路基处于干燥状态的路段或者雨量较少的地区,也可以采用石灰稳定类底基层,如石灰土、石灰稳定粒料等;若在地基软弱而交通荷载特别繁重的路段,可以采用刚度、强度较高的底基层,以提高道路整体结构的强度和耐久性,如采用刚性板底基层、半刚性材料底基层或沥青稳定碎石底基层;若为用于排水的底基层,其材料则要求由不含细粒土、以粒料为主、空隙率较大的粒料组成。

基层、底基层的厚度应根据交通量大小、材料性能,充分发挥压实机具的功能,以及考虑有利于施工等因素来决定。为便于施工组织、管理,各结构层的材料不宜频繁变化。各种结构层压实最小厚度与适宜厚度应符合表 2-6-1 的要求,并不得设计小于 150mm 厚的半刚性材料薄层。

各种结构层压实最小厚度与适宜厚度　　表 2-6-1

结构层类型	压实最小厚度(mm)	适宜厚度(mm)
级配碎石	80	100~200
水泥稳定类	150	180~200
石灰稳定类	150	180~200
石灰粉煤灰稳定类	150	180~200
贫混凝土	150	180~240
级配砾石	80	100~200
泥结碎石	80	100~150
填隙碎石	100	100~120

(3)垫层结构

垫层是专门为某一功能要求而设置位于底基层之下的结构层,因此,垫层结构的材料和结构层厚度选择主要应满足其特定的功能要求。

在路基处于潮湿、过湿状态,土质不良,粉性土的含量高时,由于毛细水的作用,水分将自下而上渗入底基层和基层。所以,为隔断水源,应设计防水垫层。此时,多采用粗砂、砂砾、矿渣等粗颗粒材料铺筑,在垫层以下应铺设不透水层(如透水系数低的黏土层及土工织物反滤层),防止渗透及污染。

为排除路基顶面渗入的潜水、泉水和毛细上升水,应设计排水垫层。其材料的规模、要求以及排水功能与厚度应通过计算确定,其他构造方面的要求与排水底基层相同。

防冻垫层应采用隔温性能良好、导热系数低的材料,如煤渣、矿渣、石灰煤渣稳定粒料等,防冻垫层的厚度可通过最小防冻垫层厚度验算确定。

防污垫层用于软弱路基路段,为防止路基土污染结构层而设置的隔离层,通常采用土工合成材料与粒料分层铺筑,可以达到防污的目的。有时在防水垫层及排水垫层下设置防污层,两种垫层同时使用,可取得良好的效果。

(4)层间结合

为使路面结构各层之间结合紧密,不产生层间滑动或松散而丧失整体性,沥青面层与基层之间应设置透层沥青或黏层沥青。当采用半刚性基层,表面可能出现细集料松散现象时,在透层沥青上增加粗砂或石屑;在多雨地区,宜采用单层表面处治做下封层,防止雨水渗入基层。沥青面层由两层或三层组成或不能连续施工时,则在铺筑上一层沥青层之前,在下一层沥青层表面设黏层沥青。水泥混凝土刚性基层上应设黏层沥青。透层沥青、黏层沥青、下封层沥青的材料规格与用量,应根据地区特点、施工季节和结构类型的不同,按《公路沥青路面施工技术规范》(JTG F40—2004)的要求选定。

2)正确确定路面结构设计参数

(1)土基回弹模量

土基回弹模量与土的性质、密实度、含水率、路基所处的干湿状态及测试方法有着密切的关系。目前,常用现场实测法或查表法测定土基回弹模量。

(2) 沥青混合料设计参数

我国现行沥青路面设计方法采用抗压回弹模量和抗弯拉强度两项参数,按照《公路工程沥青及沥青混合料试验规程》(JTJ 052—2000)规定的方法确定。

(3) 基层、垫层材料设计参数

基层材料的设计参数随基层种类而定,不同类型的基层取用不同的参数。刚性基层沥青路面按我国水泥混凝土路面设计规范规定,作为复合结构进行设计计算,设计参数取用弯拉弹性模量和弯拉强度;半刚性基层沥青路面基层的设计参数取用抗压回弹模量与劈裂抗拉强度;柔性基层沥青路面因基层材料大多数为无机结合粒料或沥青碎石混合料,一律都不作弯拉强度验算,仅取回弹模量为参数。

3) 合理进行各层材料的组合设计

结构层材料组成设计是确保路面结构层各项性能指标是否能达到规定要求的重要步骤,而沥青面层材料组成设计又是路面设计的重要组成部分,包括沥青和集料的选择、级配类型的选择、沥青用量的确定及混合料各项性能的试验与评定。

(1) 沥青材料的选择

沥青路面采用的沥青标号宜按照公路等级、气候条件、交通条件、路面类型及结构层中的层位及受力特点、施工方法等,结合当地的使用经验,经技术论证后确定。对于高速公路、一级公路,夏季温度高、高温持续时间长、重载交通、山区及丘陵区上坡路段、服务区、停车场等行车速度慢的路段,尤其是汽车荷载剪应力大的层次,应采用稠度大、60℃动力黏度大的沥青,也可提高高温气候分区的温度水平选用沥青等级;对于冬季寒冷的地区或交通量小的公路、旅游公路等,宜选用稠度小、低温延度大的沥青。当缺乏所需标号的沥青时,可采用不同标号掺配的调和沥青,其掺配比例由试验决定。掺配后的沥青质量应符合相应的技术要求。

(2) 集料的选择

沥青路面所用集料包括粗集料、细集料和填料。由于我国公路部门的集料多半取自社会料场,而各料场的质量、规格参差不齐,往往出现材料脏、粉尘多、针片状颗粒含量高、级配不合格等,经常不能达到规范的要求,使用时离析严重,导致实际级配与配合比设计有很大差距,是造成沥青路面早期损坏的重要原因之一。因此,选择的集料必须符合相应技术要求。

沥青路面表面层粗集料包括碎石、破碎砾石、筛选砾石、钢渣、矿渣等,对于高速公路和一级公路,不得使用筛选砾石和矿渣。沥青路面表面层粗集料应选用坚硬、耐磨、抗冲击性好的碎石,其石料磨光值等技术指标应符合相应规范要求,并且还应满足规范中的相应级配要求。为了保证石料与沥青之间有较好的黏附性能,优先选用同沥青有良好黏附性的碱性碎石,对于酸性碎石,宜使用针入度较小的沥青,必要时在沥青中掺加抗剥离剂等以提高其黏附性。

细集料应洁净、干燥、无风化、无杂质,并符合一定的级配要求。沥青面层的细集料可采用机制砂、天然砂及石屑。热拌沥青混合料的细集料宜采用优质的机制砂和天然砂,在缺砂地区也可以采用石屑。由于一般情况下石屑的含泥量高、强度低,因此,用于沥青混凝土面层及抗滑表层的石屑用量不宜超过天然砂及机制砂的用量。优先选用同沥青材料有良好黏附性的碱性细集料,对于用花岗岩、石英岩等酸性石料制成的机制砂或石屑不宜用于沥青面层,必须使用时,则应有抗剥离措施。

沥青混合料的填料宜采用石灰岩或岩浆岩中的强基性岩石(憎水性石料)经磨细得到的矿粉,原石料中的泥土杂质应小于3%。矿粉要求干燥、洁净,其质量应符合规范中相应的技术要求。若将拌和机的粉尘作为矿粉的一部分回收使用,其每盘用量不得超过填料总量的

25%,掺有粉尘填料的塑性指数不得大于4;粉煤灰作为填料使用时,其用量不得超过填料总量的50%,粉煤灰的烧失量应小于12%,与矿粉混合后的塑性指数应小于4,其余质量要求与矿粉相同。对于高速公路和一级公路,其沥青面层不宜采用粉煤灰作为填料。

(3)沥青混合料配合比设计

沥青混合料配合比设计流程如图2-6-2所示,其详细步骤可参看《公路沥青路面设计规范》(JTG D50—2006)。

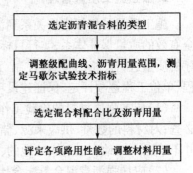

图2-6-2 沥青混合料配合比设计流程

沥青混合料类型的选择应根据沥青路面各结构层的不同功能要求,充分考虑当地气温、降雨等气象条件和交通量与交通组成等因素,并参考相似条件下建成多年的沥青路面使用材料的经验进行选择。沥青混合料配合比设计时,根据规范要求按马歇尔试验法进行,首先按照道路的使用要求,初选出几种混合料级配型号,并确定各种材料的用量,按标准方式成形试件,测定其稳定度、流值、空隙率和沥青饱和度,根据试验和计算的结果分别绘出沥青用量与密度、沥青用量与稳定度、沥青用量与流值、沥青用量与空隙率的关系曲线,通常采用满足所有技术指标的沥青用量范围即共同范围的中间值作为最佳的沥青用量。有时亦可根据本地区的具体情况在共同用量范围内选用适当的沥青用量。例如,交通量较大和预计会产生较大车辙的路段,可在中间值与下限之间选择;交通量较小、多雨潮湿或寒冷的地区,则可在中间值与上限之间选择。

4)加强沥青路面防、排水设计

为了使雨水尽量不渗透面层,以及当雨水渗透面层后能及时排出,沥青路面排水分为路面表面排水和路面结构层排水。

路面表面排水主要通过设置路面横坡进行横向排水。为了防止路面滞水,路面横坡不宜小于1.5%,一般宜采用2%。其设置方向有向中央分隔带倾斜和向外侧边坡倾斜两种形式。横坡向中央分隔带倾斜时,可以减少边坡冲刷损害,行车安全性好,但需在中央分隔带内设置完善的集水装置和纵向排水沟渠或管道,且易在中央分隔带积水。横坡向外侧倾斜的形式较为常见,为了防止边坡冲刷损坏,目前采用的方法大致有两种:一是设置拦水带,沿拦水带长度方向每隔20~50m设一长度为2~4m的泄水口,泄水口处顺路基边坡设急流槽。此种方法在暴雨集中的季节,其排水不够通畅,有的漫水超过行车道外侧边线,影响正常行车,在纵坡平缓地段,拦水带处长期积水,渗入路面造成病害。二是采用漫坡排水,对边坡表面进行加固(植草皮或铺砌坡面)或减缓边坡坡度(用1:2或1:3)。具体使用时,应根据当地情况而定。在条件许可时应尽量采用第一种方法。

路面结构排水最有效的办法就是设置排水基层,采用沥青处治稳定碎石或采用无机结合料碎石(无机结合料级配碎石)等修筑基层,并在路肩部位的基层端部设纵向集水管,将结构内部积水排出路基,也可将基层直接铺筑至边坡,将结构内部积水直接排出路基,以避免雨水通过沥青面层的空隙和裂缝渗入沥青面层后不能及时排除,在车辆荷载下产生动水压力。在有地下水自下而上渗入路面结构的地段,还应设纵向排水盲沟和排水垫层(或排水底基),以降低地下水位。

5)提高压实度,减小空隙率

当压实度提高时空隙率相应减小,而空隙率又和透水性密切相关。因此,为了尽量减小沥青面层的透水性,完全有必要提高沥青面层的压实度。表面层的压实度应不小于98%,中面层和底面层的压实度应不小于97%。另外,还应增加现场空隙率的指标要求,应要求表面层现场空隙率不大于6%,中面层或底面层空隙率不大于7%。

2. 加强施工质量管理

施工质量的好坏直接关系到沥青路面质量的好坏。因此,对于沥青路面的施工应建立、健全有效的质量保证体系,实行目标管理、工序管理,明确岗位职责。对施工的全过程及每道工序的质量进行严格的检查、控制、评定,以保证达到规定的质量标准。采用分项工程、分部工程、单位工程逐项评定,保证建设项目的整体质量。

(1)应加强原材料的检验工作。对进场材料做到每批必查;对材料来源、规格发生变化时必查;对材料的数量、供应来源、储存堆放等也必查。经检查质量不合格的材料,绝不能使用,并不准运入工地。已运入工地的,必须限期清理出场。

(2)应加强沥青混合料配合比的控制。主要是加强对材料规格、用量和矿料级配组成及沥青用量的控制。沥青用量应按马歇尔稳定度试验确定,并应在施工过程中经常加以校验,对马歇尔稳定度试验、材料规格、用量等进行抽检。

(3)提高设备的工作性能。机械设备是保证沥青路面施工质量的又一个重要因素。因此,在沥青路面施工前,必须对拌和厂、摊铺、压实等施工机械设备的配套情况、性能、计量精度等进行严格检查,对不符合要求的机械设备应立即更换。

(4)铺筑试验路段。必要时应设置试验路段用于验证施工方案的可行性,并通过铺筑试验路段来修改、充实、完善施工方案,熟悉施工工艺,为大规模施工作指导。

(5)加强施工过程中的质量管理与检查。在施工过程中,应跟班对施工质量进行检查,做好各种材料的抽检工作以及沥青混合料拌和厂的拌和温度、均匀性、出厂温度的检查工作,对混合料取样进行马歇尔稳定度试验;检测混合料的矿料级配和沥青用量,对于拌和温度过高、致使沥青老化的沥青混合料,应予以废弃或另做他用。在铺筑现场,应做好沥青路面混合料质量、施工温度(摊铺温度、压实温度)、沥青层厚度、压实度、平整度的检查工作。

3. 加强养护

加强对沥青路面的养护工作,可保持沥青路面经常处于完好状态,能有效防止病害的发生和继续扩散。对于日常保养,要求保持路面平整、横坡适度、线形顺直、路容整洁、排水良好,并加强对路况巡查,随时排除有损路面的各种因素,及时发现病害,研究分析病害产生的原因,有针对性地及时对病害进行维修处理,把病害消灭在萌芽状态,提高路面的工作性能和使用寿命。对于热拌沥青混合料路面的初期养护,应注意以下方面:

(1)热拌沥青混合料面层,必须充分压实,待摊铺层完全自然冷却、混合料表面温度低于50℃后方可开放交通。

(2)纵、横向的施工接缝是路面的薄弱环节,应加强初期养护,随时用3m直尺量测平整度,铲高补低,经拉毛后,用混合料垫平、压实。

(3)开放交通初期,应控制车速不超过20km/h,不得制动和掉头,如有损坏,要及时修理。

由此可见,若要有效控制沥青路面早期病害的出现,设计、施工管理、后期养护等方面都应严格把关。

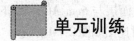

1. 分析沥青路面早期病害产生的影响因素。
2. 从设计角度如何预防沥青路面早期病害的产生?
3. 从施工角度如何预防沥青路面早期病害的产生?
4. 从养护角度如何防治沥青路面早期病害?

单元七 沥青路面车辙防治工程实例

在前面各单元中,对沥青路面的各种病害分析了其产生的原因,并提出了相应的处治方法。本单元以具体的沥青路面车辙防治为工程实例,通过调查,详细分析车辙产生的原因,提出相应的处治措施及施工与质量控制,最后对处治效果进行跟踪调查,并进行相应总结。

一、工程背景

国道107线在我国中部某路段原为水泥混凝土路面,路基宽为14~16m不等,路面宽9m。经过多年的使用,已出现严重的断板、错台和沉陷等损坏。为了改善行车质量,于2002年对其进行改造,改造工程采用平原微丘区二级公路技术标准,计算设计车速80km/h,路基宽度18m,路面宽15m,桥涵与路基同宽。中、小桥涵设计车辆荷载为汽—20,挂—100,大桥设计荷载为汽—超20,挂—120。

该路段全长19.09km,本次改造设计路面结构采用沥青混凝土路面,平面交叉23处,桥梁330.6m/11座,涵洞36道(其中2道新建,32道利用老涵接长,2道进行疏浚),防护工程2 784.9m³,排水工程18 158m³,征地83 380m²(125.07亩),拆迁房屋917m²,工期安排为1.5年。

1. 气候、温度、降雨

本地区处于亚热带向暖温带气候过渡区,属大陆性季风气候,雨量充沛,光照充足,四季分明,温湿适中,最高气温为42℃,最低气温为-15℃,年平均气温15.1℃,全年无霜期一般为248d以上,年平均降水量971mm,雨量多集中在4~6月。沿线水系发育,水源充足,水质较好。沿线溪沟水塘中水可作为工程用水。

2. 地质条件

本路段所经地区属第三纪红色盆地沉积岩风化层及冲洪积层。基岩为红色、红黄色黏土岩、砂质黏土及薄层泥质砂岩。土质类型在岗地和坡地为风化残积,坡积红色亚黏土和黏土。水文地质条件简单。区域地震裂度小于Ⅵ度,构造物不考虑地震设防。此路段交通便利,沿线筑路石料丰富,质量较好。

3. 路面改造后病害发展情况

对旧水泥混凝土板进行全部清除,修补基层。在此基础上铺设了两层厚度为15cm的水泥稳定碎石半刚性基层。在上基层的顶面,设置了厚度大于 1cm 的乳化沥青透层与下封层,乳化沥青总用量为 3.8L/m²。沥青路面分为两层,即 4cm AC—13I上面层与 6cm AC—25I下面层,所采用的沥青为某进口沥青 AH—70。路段改造前后路面结构层对比图如图 2-7-1 所示。

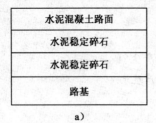

图 2-7-1 路段改造前后路面结构层对比图
a)旧路面结构示意图;b)改造后路面结构示意图

上面层于 2002 年 6 月下旬铺设完毕并于 7 月初开放交通。平坡、微坡(坡度<3%)及下坡路段路面使用状况良好,尚无异常情况出现;而在某陡坡的爬坡路段(坡长 1 040m,平均纵坡 4.75%,大于 5% 的纵坡占 23%,最大纵坡 5.2%),陆续出现了车辙。车辙呈凹槽型,并有推移引起的侧向隆起现象,严重部位(坡顶部)最后发展到已露出半刚性基层,沥青全部被推移到轮迹两侧。

该路段车辙的发展速度相当快,2002 年 7 月 12 日刚发现有轻微车辙现象,车辙深度为 1.0cm;7 月 19 日车辙深度已发展到 4cm;到了 8 月 5 日,部分路段的车辙深度达 9.5cm;至 8 月中旬最大车辙深度达 15cm。

二、车辙形成原因分析

在如此短的时间内产生了如此严重的车辙,分析其形成原因,对于防治措施的提出无疑是十分重要的。根据调查,车辙主要是由内因和外因两方面因素造成的,外因有交通荷载和气候条件;内因有材料性能与选择、路面结构设计、道路纵坡等。

1. 外部条件

1)交通荷载

该路段为我国南北大通道,交通量大,货车占多数,但货车因严重超载而被从高速路赶到该路上行驶。货车超载率高于 90%,最严重的超载 5 倍以上。表 2-7-1 和图 2-7-2 为 2002 年 8 月上旬进行的日交通量调查结果。

交通量调查结果(辆)　　　　　　表 2-7-1

	调查日期	2002.8.9	2002.8.10	平 均 值
车辆类型	小轿车	746	1 159	952
	中巴车	379	501	440
	单轴	1 290	1 861	1 576
	双轴	1 393	1 770	1 582
	三轴	731	832	782
	平板及挂车	754	889	821
合计		5 293	7 012	6 153
货车比例		54%	50%	52%

由于该路段货车比例占 50% 以上,且超载严重,加之道路纵坡长而陡(最大 5.2%),货车在坡上尾随爬行,形成了昼夜不断的卡车"长龙"。重载、超载、慢速和严重的渠化交通等众多不利条件同时施加在陡坡的路面上,对沥青路面的抗剪切变形能力提出了严峻的挑战。

理论分析及试验研究表明,沥青路面的车辙主要来自于混合料的流动变形,而且流动变形的增加与轴载比成 6~10 次方左右的关系。流动

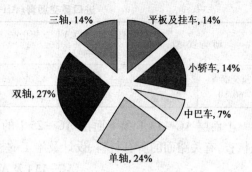

图 2-7-2　交通量饼图

变形主要来自于剪应力,因此,陡坡上不利荷载条件的叠加是该路段形成早期车辙的重要原因之一。

2)气候条件

根据该地区 2002 年 7 月份的气温记录显示(表 2-7-2),全月最低气温 20℃,最高气温 41℃,平均最低气温 23.7℃。其中,自 7 月 7 日至 7 月 20 日为连续晴天,最高气温介于 38℃ ~ 41℃之间。由此可见,该路段自开放交通以来,经历了以晴天为主的持续高温天气。通常路面温度会远高于气温,有测试显示,在道路现场于午后 2 时左右,测得气温为 39℃时,而沥青路面路表温度测得为 62℃。如果再考虑超载和陡坡,根据美国 SUPERPAVE 沥青路面性能分级,则要求沥青应满足的等级为 PG70 或 PG76。但该路段所用沥青仅为 PG58,显然不能满足使用要求。此外,该地区冬季极端气温为 -10℃左右,因此,低温开裂不是主要问题。

2002 年 7 月该地区日最高与最低气温记录　　　　表 2-7-2

日期	1 日	2 日	3 日	4 日	5 日	6 日	7 日
温度(℃)	20~34	24~36	20~32	20~30	23~34	21~33	24~40
日期	8 日	9 日	10 日	11 日	12 日	13 日	14 日
温度(℃)	25~39	25~40	27~41	28~40	26~39	23~38	26~38
日期	15 日	16 日	17 日	18 日	19 日	20 日	21 日
温度(℃)	30~40	25~38	29~39	25~38	27~36	26~37	23~33
日期	22 日	23 日	24 日	25 日	26 日	27 日	28 日
温度(℃)	24~33	24~35	26~36	25~37	27~33	26~32	27~35
日期	29 日	30 日	31 日				
温度(℃)	30~40	28~39	26~39				

注:晴天 20d,阴天 4d,雨天 7d。

2. 内部条件

1)路面材料及结构组合设计

在该陡坡路段上所采用的沥青混合料及路面结构同其他平坡及缓坡路段上是一样的。其中,沥青为某进口沥青 AH—70,其性能指标见表 2-7-3。

进口重交沥青(AH—70)的性能测试结果　　　　表 2-7-3

沥青类型		针入度(25℃) (0.1mm)	软化点 (℃)	黏度(60℃) (Pa·s)	延度(15℃) (cm)	闪点 (℃)	相对密度 (25℃)
重交沥青 60/80	实测值	67	47	172	120	>300	1.031
	规范值	60~80	44~54	—	>100	>230	—

上面层 AC—13Ⅰ和下面层 AC—25Ⅰ的配合比及混合料性能指标见表 2-7-4、表 2-7-5。经核查,有关路面的所有材料、设计及施工的检测指标都满足相关规范的技术要求。

AC—13Ⅰ及 AC—25Ⅰ矿料级配　　　　表 2-7-4

粒径(mm)	AC—13Ⅰ		AC—25Ⅰ	
	设计值	规范值	设计值	规范值
31.5	100	100	100	100
26.5	100	100	95.9	95~100
19	100	100	80.8	75~90
16	100	100	65.1	62~80
13.2	98.1	95~100	55.7	53~73
9.5	80.4	70~88	45.2	43~63
4.75	59.3	48~68	32.9	32~52
2.36	46.1	36~53	25.4	25~42
1.18	34.5	24~41	18.9	18~32
0.6	25.6	18~30	13.8	13~25
0.3	18.3	12~22	10.8	8~18
0.15	12.9	8~16	9.0	5~13
0.075	6.1	4~8	6.6	3~7

AC—13Ⅰ及 AC—25Ⅰ技术要求与测试结果　　　　表 2-7-5

技术指标		油石比 (%)	空隙率 (%)	动稳定度 (60℃,0.7MPa) (次/mm)	小梁弯曲 最大应变 ($\mu\varepsilon$)	冻融劈裂 强度比 (%)
AC—13Ⅰ	技术要求	4.5~6.5		>800	>1000	≥80
	测试结果	5.2	3.2	1056	1308	93.8
AC—25Ⅰ	技术要求	4.0~6.0		>800	—	≥80
	测试结果	4.4	3.4	1774	—	89.5

从沥青混合料的配合比设计及路面结构组合设计方面分析,整体设计对防止沥青路面的水损坏给予了充分的考虑。如半刚性基层顶面设置了大于 1cm 厚的乳化沥青透层+封层+黏层,乳化沥青总用量高达 3.8kg/m² 以上,上、下沥青面层都采用密实型沥青混合料 AC—13Ⅰ和 AC—25Ⅰ,油石比分别为 5.2% 和 4.4%。空隙率分别为 3.2% 和 3.4%。但在陡坡处路面排水十分畅通,因此,该路段渗水将不太严重。

2) 道路纵坡

一般而言,沥青混凝土路面在山区纵坡大于 3% 时易出现车辙,但该路段平均纵坡

4.75%,大于5%纵坡的占22.9%,最大纵坡达5.2%,远远大于3%。纵坡较大时,车辆在行进过程中,对路面产生的剪切力增大,AC—13Ⅰ型的细粒式沥青混凝土极易出现车辙。又由于交通量大,超载车多,渠化交通严重,同时该路段为半幅通车,所有上坡重车均在同一车道行走且行驶速度缓慢,堵车严重,造成车辆荷载作用时间长。

3. 车辙成因总结

车辆超载严重、重车比例大、持续高温及长陡坡路段是产生早期超大车辙的外部条件。虽然在材料选择及设计中注重了对水损坏的防治,但对高温抗变形能力的考虑相对不足,尤其是对陡坡路段没有进行专门的抗车辙设计,对超重车辆及持续高温对路面抗车辙能力的影响估计不足;基层顶面透层与下封层乳化沥青用量过大,在高温下起到了润滑的作用,加剧了层间流动。所有这些因素都导致了早期超大车辙的产生。值得指出的是,抗水损坏与抗车辙对沥青混合料的技术要求是互相矛盾而又互相制约的。

此外,刚刚建成的路面,由于尚未经受过一段时间的交通车辆的后继压实,其对车辙及水损坏的抵抗能力相对较弱,在路面开放交通初期,如遇超载车辆、连续高温或连续降雨,是极易发生早期损坏的。因此,开放交通的时机对路面早期损坏的影响值得引起人们的足够重视和深入研究,以做到道路的"优生优育"。

三、车辙的治理

交通及气候条件是难以改变的,加之工期紧且地形特殊,将陡坡变缓是不现实的。因此车辙的治理只能从材料、级配及路面结构设计方面进行突破。

1. 路面结构的调整

根据车辙成因分析可知,原路面采用的上面层 AC—13Ⅰ及下面层 AC—25Ⅰ具有良好的密水性和抗疲劳性能,但抗车辙能力差。为兼顾沥青路面的防水与抗车辙能力,在上面层采用了 4cm AC—16Ⅰ,下面层采用了 6cm AC—25Ⅱ,并进行了相应的级配调整。对于半刚性基层顶面,原乳化沥青用量为 $3.8L/m^2$ 的透层与下封层,在铣刨沥青层时一并清除。

2. 沥青及混合料要求与设计

在现有的超载、重载、高温及陡坡等严苛条件下,重交沥青显然已不能满足使用要求,尤其是在抗剪切流动变形方面相差甚远。结合理论分析及以往的工程经验,选用了抗车辙能力突出同时也能提高其他路用性能的SBS改性沥青,并建议其关键技术指标如表2-7-6。根据抗车辙与防水综合平衡的原则,确定了面层沥青混合料的配合比和技术要求,见表2-7-7、表2-7-8。对比可见,所设计的改性沥青混合料的抗车辙能力比原来提高了4倍左右,抗水损坏性能也得到了保障。

改性沥青关键技术指标要求及测试结果　　　　表2-7-6

关键技术指标		技术要求	测试结果	测试方法
针入度(25℃)	(0.1mm)	>50	55	T0604—2000
软化点 $T_{R\&B}$	(℃)	>70	73.8	T0606—2000
黏度(60℃)	(Pa·s)	>800	892	T0625—2000
黏度(135℃)	(mm²/s)	<2 000	1 820	T0625—2000

续上表

关键技术指标		技术要求	测试结果	测试方法
弹性恢复(25℃) (%)		≥80	90	T0662—2000
延度(5℃) (cm)		≥30	48	T0605—1993
储存稳定性,软化点差(℃)		≤20	1.2	
TFOT 后	质量损失 (%)	<1.0	0.2	T0609—1993
	针入度比(25℃)(%)	≥65	73	
	延度(5℃)(cm)	≥20	34	

AC—16 Ⅰ 及 AC—25 Ⅱ 矿料级配表 表 2-7-7

粒径(mm)	AC—16 Ⅰ		AC—25 Ⅱ	
	设计值	规范值	设计值	规范值
31.5	100	100	100	100
26.5	100	100	96.1	90~100
19	100	100	78.2	65~85
16	96.0	95~100	62.9	52~70
13.2	85.1	75~90	50.9	42~62
9.5	71.8	58~78	39.3	32~52
4.75	48.7	42~63	31.5	20~40
2.36	36.0	32~50	22.3	13~30
1.18	25.4	22~37	12.8	9~23
0.6	18.5	16~28	9.9	6~16
0.3	13.4	11~21	6.9	4~12
0.15	10.0	7~15	5.2	3~8
0.075	5.7	4~8	4.3	2~5

AC—16 Ⅰ 及 AC—25 Ⅱ 技术要求与测试结果 表 2-7-8

技术指标		油石比(%)	空隙率(%)	动稳定度(60℃,0.7MPa)(次/mm)	小梁弯曲最大应变(με)	冻融劈裂强度比(%)
AC—16 Ⅰ	技术要求	4~6	3~5	≥4 000	≥2 000	≥80
	测试结果	4.7	3.4	4 400	2 555	92.5
AC—25 Ⅱ	技术要求	3~5	3~6	≥5 000	—	≥80
	测试结果	4	3.8	6183	—	83.8

四、施工与质量控制

1. 现有路面的处理

彻底铲除爬坡段的沥青上、下面层,对已破损的基层进行局部挖补,清扫基层顶面,并喷洒用量为 0.5L/m² 的乳化沥青黏层油。

2. 改性沥青混合料的施工

考虑到改性沥青的黏度较高，为确保拌和均匀及压实度，进行了如下的温度控制：即拌和前将 SBS 改性沥青加热至 170～180℃，在运输过程中对混合料盖帆布保温；摊铺温度 165℃ 以上，压路机紧追摊铺机进行碾压，直至无轮迹出现；终压温度 90℃ 以上。由于坡度较陡，因此，在碾压过程中严格控制温度、速度和起振，因而没有出现推移现象。施工质量检测表明，压实度等各项指标均满足相关规范的要求。

五、路面使用效果跟踪调查

重修后的路面于 2002 年 10 月开放交通。为检验车辙治理效果，在陡坡上选定了 5 个断面进行路面变形观测，同时检测路面抗水及扰裂情况。自开放交通至 2003 年 10 月进行了 4 次观测，无开裂，无水损坏，更无车辙变形，仅有几个由于坏车漏油造成的坑槽。尽管使用期仅两年，但在两年内没有出现车辙，也可以说令人担心的车辙问题得到了有效的治理。

六、小结

分析该路产生过早、过大车辙的原因：外因为重载、超载、连续高温、长的陡坡；内因为对这些外因没有进行有针对性的设计，在原设计中，偏重于路面抗水损坏的设计，面对路面抗车辙的设计考虑不足。

根据成因分析进行了路面结构设计调整，根据交通与气候条件，提出了 SBS 改性沥青及混合料的技术指标，并进行了配比设计。调整后沥青混合料的抗车辙能力为原设计的 4 倍左右，抗水损坏能力也得到了保证。

根据路面材料特性及该路段的地形特点，制订了 SBS 改性沥青混合料的施工工艺，对陡坡车辙损坏路段进行了重建。

两年来的使用效果表明，超载、高温、陡坡下路面的车辙及其他病害得到了有效控制，路面使用状况优良，证明了 SBS 改性沥青在抗车辙方面的突出性能。

造成路面严重车辙的教训是：

(1) 抗车辙与抗水损坏对沥青混合料的要求是互相矛盾、互相制约的，应综合考虑，平衡设计，不能顾此失彼。

(2) 在路面设计中，对于道路条件有明显变化的路段，要进行有针对性的专门设计，不可简单地采用全线一贯制。

(3) 加强车辆超载的治理，对于不能控制超载的路段，要进行有预见性和针对性的设计。

(4) 合理安排新修路面开放交通的时间，有效地避免车辙与水损坏等早期病害的产生。

 单元训练

实训目标 以本单元沥青路面车辙病害处治工程实例为参照，对沥青路面其他病害处治工程进行分析总结。

■ 实训准备

1. 资料准备：通过书籍或网络查询相关病害处治资料；
2. 场地准备：选择正在施工或已经施工完成的相应病害处治的沥青路面路段；
3. 器材准备：笔、记录本、刻度尺、照相机等；
4. 人员准备：以 3~5 人为一个小组，将班内同学分成若干小组。

■ 实训内容

根据教师要求，通过资料查询和现场调查分析，每组同学至少完成规定的一种病害处治案例。

■ 实训成果

提交规定的病害处治工程案例报告，包括工程概况、病害成因分析、处治措施（施工工艺、施工质量控制）、效果评价、总结等。

任务三　水泥混凝土路面病害及其防治技术

 导读

水泥混凝土路面也称刚性路面,具有强度高、刚度大、扩散荷载能力强、耐久性好、初期养护费用低等优点,是高等级重交通路面主要结构形式之一。随着高等级公路的大规模建设,水泥混凝土路面的应用迎来了突飞猛进的发展阶段。这主要是因为水泥混凝土路面更加适合我国的资源条件。

但水泥混凝土路面也有一些缺点,如平整度(舒适性)相对低;板体性强、对基层的抗冲刷性要求高,否则将在接缝部位出现唧泥、错台和啃边,造成路面行车颠簸;刚性大、面板不适应大沉降差;对超载与脱空相当敏感,极易形成断板、断边、断角等结构性破坏;水泥混凝土路面强度高,即使断板破损,硬度仍很大,在缺乏修复新材料和机械时,维修较为困难,而且维修期较长。所以,水泥混凝土路面的维修技术也越来越受到重视。

 学习目标

知识目标

1. 水泥混凝土路面使用性能的基本要求;
2. 水泥混凝土路面病害类型;
3. 水泥混凝土路面病害产生的原因;
4. 水泥混凝土路面各种病害的预防和处治技术。

能力目标

1. 能够正确并熟练地识别水泥混凝土路面的病害类型;
2. 能够熟练地说出各种类型病害的预防和处治方法;
3. 通过查阅资料等方法,能够合理制订出各种类型病害处治方法的具体施工工艺。

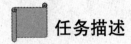 **任务描述**

通过对本任务知识的学习,在教师的指导下,以小组形式分工合作,以实训基地的水泥混凝土路面病害为任务对象,正确区分出水泥混凝土路面病害类型、等级,正确分析病害产生的原因,提出可行的处治方法,并总结预防该类病害的措施。

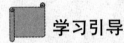 **学习引导**

本学习任务学习流程如下:

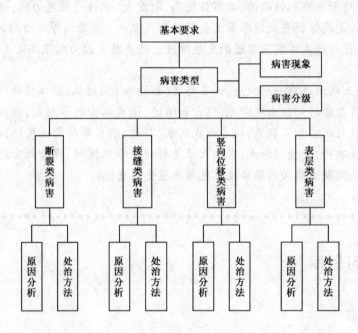

单元一 水泥混凝土路面病害的类型

知识要点

1. 水泥混凝土路面常见病害及其表现形式;
2. 水泥混凝土路面损坏的分级标准。

◇想一想:水泥混凝土路面的病害有哪些?如何分级?

根据《公路技术状况评定标准》(JTG H20—2007)中对水泥混凝土路面病害分类的规定,将水泥混凝土路面病害类型划分为以下 10 类。

1. 破碎板(图 3-1-1、图 3-1-2)

(1)损坏特征:裂缝将板分为三块以上。如全部断块或裂缝发生在一个角局部应归为断角。

(2)分级:根据破损情况,分为轻、重两个等级,其分级情况见表3-1-1。

破损板分级表　　　　　　　　　　　　　　表3-1-1

分级	外观描述	计量单位
轻	板块被裂缝分为三块以上,破碎板未发生松动和沉陷,损坏按板块面积计算	m²
重	板块被裂缝分为三块以上,破碎板有松动、沉陷和唧泥等现象,损坏按板块面积计算	m²

图3-1-1　轻微破碎图

图3-1-2　严重破碎

2. 裂缝(图 3-1-3、图 3-1-4)

(1)损坏特征:板块上只有一条裂缝,裂缝类型包括横向、纵向和不规则的斜裂缝等。

(2)分级:根据严重情况,分为轻、中、重三个等级,其分级情况见表3-1-2。

裂缝分级表　　　　　　　　　　　　　　表3-1-2

分级	外观描述	计量单位
轻	裂缝窄、裂缝处未剥落,缝宽小于3mm,一般为未贯通裂缝,损坏按长度计算,检测结果要用影响宽度(1.0m)换算成面积	m²
中	边缘有碎裂,裂缝宽度为3~10mm,损坏按长度计算,检测结果要用影响宽度(1.0mm)换算成面积	m²
重	缝宽、边缘有碎裂并伴有错台出现,缝宽大于10mm,损坏按长度计算,检测结果要用影响宽度(1.0m)换算成面积	m²

图3-1-3　轻微裂缝图

图3-1-4　中等裂缝

3. 板角断裂(图 3-1-5、图 3-1-6)

(1)损坏特征:裂缝与纵、横接缝相交,且交点距板角小于或等于板边长度一半的损坏。

(2)分级:根据严重情况,分为轻、中、重三个等级,其分级情况见表3-1-3。

板角断裂分级表　　　　　　　　　　　　　　　表3-1-3

分级	外观描述	计量单位
轻	裂缝宽度小于3mm,损坏按断裂板角的面积计算	m²
中	裂缝宽度为3~10mm,损坏按断裂板角的面积计算	m²
重	裂缝宽度大于10mm,断角有松动,损坏按断裂板角的面积计算	m²

图3-1-5　轻微断角

图3-1-6　严重断角

4. 错台(图 3-1-7)

(1)损坏特征:接缝两边出现高差大于5mm的损坏。

(2)分级:根据严重情况,分为轻、重两个等级,其分级情况见表3-1-4。

错台分级表　　　　　　　　　　　　　　　　　表3-1-4

分级	外观描述	计量单位
轻	高差小于10mm,损坏按长度计算,检测结果要用影响宽度(1.0m)换算成面积	m²
重	高差10mm以上,损坏按长度计算,检测结果要用影响宽度(1.0m)换算成面积	m²

5. 唧泥(图 3-1-8)

损坏特征:板块在车辆驶过后,接缝处有基层泥浆涌出,损坏按长度计算,检测结果要用影响宽度(1.0m)换算成面积。不分等级。

图3-1-7　错台

图3-1-8　唧泥

6. 边角剥落(图 3-1-9)

(1)损坏特征:沿接缝方向的板边碎裂和脱落,裂缝面与板面成一定角度。

(2)分级:根据严重情况,分为轻、中、重三个等级,其分级情况见表3-1-5。

边角剥落分级表　　　　　　　　　　　　　　　　　　　表 3-1-5

分级	外观描述	计量单位
轻	浅层剥落,损坏按长度计算,检测结果要用影响宽度(1.0m)换算成面积	m²
中	中深层剥落,接缝附近水泥混凝土有开裂,损坏按长度计算,检测结果要用影响宽度(1.0m)换算成面积	m²
重	深层剥落,接缝附近水泥混凝土多处开裂,深度超过接缝槽底部,损坏按长度计算,检测结果要用影响宽度(1.0m)换算成面积	m²

7. 接缝料损坏(图 3-1-10)

(1)损坏特征:由于接缝的填缝料老化、剥落等原因,接缝内已无填料,接缝被砂、石、土等填塞。

(2)分级:根据严重情况,分为轻、重两个等级,其分级情况见表3-1-6。

接缝料损坏分级表　　　　　　　　　　　　　　　　　　表 3-1-6

分级	外观描述	计量单位
轻	填料老化,不泌水,但尚未剥落脱空,未被砂、石、泥土等填塞,损坏按长度计算,检测结果要用影响宽度(1.0m)换算成面积	m²
重	三分之一以上接缝出现空缝或被砂、石、土填塞,损坏按长度计算,检测结果要用影响宽度(1.0m)换算成面积	m²

图 3-1-9　边角剥落

图 3-1-10　接缝料损坏

8. 坑洞(图 3-1-11)

损坏特征:板面出现有效直径大于30mm、深度大于10mm的局部坑洞,损坏按坑洞或坑洞群所涉及的面积计算,不分等级。

9. 拱起(图 3-1-12)

损坏特征:横缝两侧的板体发生明显抬高,高度大于 10mm,损坏按拱起所涉及的板块面积计算。不分等级。

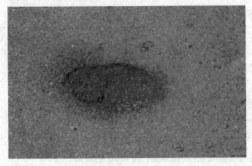

图 3-1-11 坑洞

图 3-1-12 拱起

10. 露骨(图 3-1-13)

损坏特征:路面沥青被挤出或表面被沥青膜覆盖形成发亮的薄油层,损坏按面积计算。不分等级。

上述 10 种水泥混凝土路面病害类型如裂缝、板角断裂、边角剥落、坑洞和层状剥落等需进行修补,修补面积或修补影响面积通过计算确定(裂缝修补按长度计算,影响宽度为 0.2m)。

图 3-1-13 露骨

单元训练

实训目标 能正确识别水泥混凝土路面各类病害,并进行合理分级。

实训准备

1. 场地准备:选择一段已经出现变形破坏的水泥混凝土路面;
2. 器材准备:笔、记录表格、刻度尺、皮尺、照相机等;
3. 人员准备:以 3~5 人为一个小组。将班内同学分成若干小组。

实训内容 各组同学采用实训器材等工具对实训场地内出现的破碎板、裂缝、板角断裂、错台、接缝料损坏等病害进行数据、文字和图像的记录。

实训成果 各组将记录下来的各类病害资料进行整理,最终以实习报告的形式进行提交。水泥混凝土路面病害识别报告见表 3-1-7。

水泥混凝土路面病害识别报告表　　　　　　　　　表 3-1-7

调查路段：　　　　　　人员：　　　　　　日期：

病害类型	分　级	病害特征描述	病害照片	备　注

单元二　水泥混凝土面层断裂类病害成因及处治

知识要点

1. 水泥混凝土路面裂缝的种类及其表现形式；
2. 裂缝和断板形成的原因，板边剥落和板角断裂产生的原因；
3. 面层断裂类病害维修的方法。

◇想一想：刚刚修好的路怎么这么快又坏了呢？

水泥混凝土路面裂缝与断板的形式是多种多样的，其产生的原因也是多种多样的。有施工养生不当引起的早期表层开裂，有基层脱空引起的面板全厚度断裂，有在荷载和温度应力共同作用下的疲劳开裂，有活性集料反应引起的网裂，也有板长过长的翘曲或过量收缩而产生的横向裂缝等。裂缝与断板的出现如果不及时维修处治，病害将继续扩大，面板将丧失传荷作用，导致路面的严重损坏，影响行车安全。

一、面层断裂的类型及产生原因

(一)水泥混凝土路面裂缝的类型和产生原因

水泥混凝土面板的裂缝，可分为表面裂缝和贯穿板全厚度的裂缝(简称贯穿裂缝)。

1. 表面裂缝

混凝土面板的表面裂缝主要是混凝土浇筑后表面未及时覆盖，在炎热或大风天气，表面游离水分蒸发过快，混凝土体积急剧收缩和碳化收缩引起的。

混凝土混合料是由多相不均匀材料组成的。由于构成混合料的各种固体颗粒大小和密度不同，混凝土表面过度振荡，使水泥和细集料过多上浮至表面，粗集料下沉，水分向上游动，从而形成表层泌水。

泌水的结果,使混凝土路面表面含水率增加,当混合料表面水的蒸发速度比泌水速度快时,水的蒸发面就会深入到混合料表面之内,水面形成凹面,其凹面较凸面所受压力大,同时固体颗粒间产生毛细管张力,致使颗粒凝聚,当混凝土表面尚未充分硬化,不能抵抗这一张力时,混凝土表面则发生裂缝。这种塑性裂缝的发生时间,大致与泌水消失时间相对应,在混凝土浇筑后数小时,混凝土表面将普遍出现细微的发丝龟裂。

混凝土的碳化收缩也会引起其表面龟裂。当混凝土配比不合理,水泥用量较少、水灰比较大,空气中的 CO_2 易渗透到混凝土内,与其中的碱性物质起化学反应后生成碳酸盐和水,而碳化作用引起的收缩仅限于混凝土路面表层,故产生混凝土的表面裂缝。

混凝土的碳化收缩速度较失水干缩速度慢得多,因而由碳化带来的表面裂缝对混凝土强度的危害并不大,有时碳化甚至能增加混凝土的强度。但是无论是哪种表面龟裂都给水泥混凝土路面表面的耐磨性带来不利影响,严重的表面裂缝,会使其路面出现起皮和露骨现象,如不及时维修处理,将会影响路面的使用功能。

2. 贯穿裂缝

水泥混凝土路面贯穿裂缝为贯穿面板全厚度的横向裂缝、纵向裂缝、交叉裂缝、板角断裂等。

1) 干缩裂缝

在水泥混凝土中,水在混凝土硬化过程中散失时,水泥浆体就会收缩,这就是干缩。但是自由收缩不会导致裂缝产生,惟有收缩受到限制而发生收缩应力时,才会引起干燥收缩裂缝。

水泥浆干缩的内部限制主要是混凝土中集料对水泥浆的限制。在普通水泥混凝土中,水泥浆的收缩率被限制到90%,所以,混凝土内部经常存在着引起干缩裂缝的应力状态。

水泥混凝土干缩的外部限制主要是路面板块间或路面整体的限制,处于限制状态下的混凝土结构,只有当混凝土本身的抗拉应变以及徐变应变二者与混凝土硬化干燥过程中的自由收缩值不相适应时,混凝土才会发生裂缝。

从配合比来看,虽然混凝土的坍落度、水泥用量、集料粒径、细集料含量等对混凝土的干缩有影响,但最重要的影响因素还是混凝土的单位用水量,单位用水量越小,自由收缩应变值越小,但在实际施工中,过小的单位用水量,往往不能满足路面施工要求,因而在实际施工中,通常以缩小侧限系数为目的,对于路面长度则借助于设置接缝的方法来缓和约束;对于基层和侧边,则借助于隔离层和平整度来缓和约束。

2) 冷缩裂缝

水泥混凝土和其他材料一样具有热胀冷缩的性能。混凝土板块的热胀冷缩都是在相邻部分或整体性限制条件下发生的。故热胀属于变形压缩,而冷缩属于拉伸变形,很容易引起开裂。

水泥的水化过程是一个放热过程,在混凝土硬化过程中,释放大量热能,致使温度上升。在通常温度范围内,混凝土温度上升1℃,每米膨胀 0.01mm。因此,这种温度变形,对大面积混凝土板块极为不利。

据有关试验证明,水泥水化过程中的放热速度是变化的,初始较缓慢,25min 后增温,大约在水泥终凝后12h 的水化热温度可达到 80~90℃,使混凝土内部产生显著的体积膨胀,而板面温度随着晚上气温降低,湿水养护而冷却收缩,致使混凝土路面内部膨胀,外部收缩,产生很大拉应力。当外部混凝土所受拉应力一旦超过混凝土当时的极限抗拉强度时,板块就会产生裂缝或横向裂缝。此外,从最高温度降温,由于受到已有基层或已有硬化混凝土的约束力的作用,在温度下降时,就不能自由收缩,就要产生裂缝。这种裂缝大多是贯穿路面的。

3)切缝不及时

水泥混凝土路面施工时,采用切缝将路面分成块,以防止路面的干缩和冷缩裂缝。但由于施工中切缝的时间难以控制准确,故造成混凝土路面出现横向裂缝,从混凝土收缩因素考虑,最好是混凝土中水泥水化初始阶段就切缝。但事实上因抗压强度过低,根本无法切缝。

对于已切缝的混凝土板,除第一天的应力有可能大于该龄期的抗折强度外,其余温度应力均小于相应龄期强度。所以,切缝不及时,就会导致水泥混凝土路面横向裂缝产生。

4)纵向裂缝

顺路方向出现的裂缝称为纵向裂缝。水泥混凝土路面的传荷顺序为面层、基层、垫层、路基。尽管面板传到路基顶面的荷载应力值很小,往往不会超过 0.05MPa,但路基作为支承层却很重要。

由于路基填料土质不均匀、湿度不均,路基填料采用膨胀性土,发生冻胀,碾压不密实等原因,导致路基支承不均匀。在混凝土浇筑之前,基底弹性模量在不符合规范要求的情况下而盲目施工,在路基稍有沉陷时,在板块自重和行车压力作用下而产生纵向断裂。开始缝很细,但随着水浸入基层,使其表层软化,而产生唧泥、脱空,使裂缝加大。

在拓宽路基时,由于路基处理不当,新路基出现沉降,混凝土板下沿纵向出现脱空,在行车荷载作用下,使混凝土板发生纵向断裂。

5)交叉裂缝

两条或两条以上相互交错的裂缝称为交叉裂缝。产生交叉裂缝的主要原因,一是水泥混凝土强度不足,车轮荷载应力和温度应力作用下产生交叉裂缝;二是路基和基层的强度与水稳性差,一但受到水的浸入,将会发生不均匀沉陷,在行车作用下混凝土板产生交叉裂缝;三是由于水泥的水化反应和碱集料反应而产生交叉裂缝。水泥混凝土在拌和、运输、振捣、凝结、硬化的过程中,始终存在着水泥的水化反应。水泥水化反应在混凝土发生升温和降温过程中产生体积的膨胀变形,在内部集料及外部边界的约束下使混凝土的自由胀缩变形受阻,而产生拉压应力,使水泥产生不安定因素,这对混凝土的质量影响很大。在水泥生产过程中,有时会出现一些过烧的 CaO 和 MgO,它们的水化速度较慢,往往在水泥硬化后再水化,引起水泥浆体膨胀、开裂甚至溃散。如果用了安定性差的水泥,浇筑的混凝土路面就会产生大面积龟裂或交叉裂缝。

(二)断板产生的原因

由纵向、横向、斜向交叉裂缝发展而产生的裂缝贯穿板厚,使水泥混凝土路面板折断成两块以上,这种现象称为断板。

混凝土面板浇筑完成后,未完全硬化和开放交通就出现的断板为早期断板或施工断板;混凝土面板开放交通后出现的断板称为使用期断板或后期断板。

1. 产生早期断板的原因

1)原材料不合格

水泥安定性差,且强度不足。水泥中的游离氧化钙(f-Cao)在凝结过程中水化很慢,水泥在硬化后还在继续进行水化作用。当 f-Cao 超过一定限量时,就会破坏已经硬化的水泥石或使抗拉强度下降。水泥强度不足也会影响混凝土的初期强度,使断板的可能性大为增加。水泥的水化热高、收缩大也会导致水泥混凝土开裂。

水泥混凝土中水泥石与集料的界面黏结不良,往往易产生初期开裂。集料的含泥量和有机质含量超过规范标准,必然会造成界面缺陷,容易产生开裂。

2) 基层高程失控、基层不平整

由于基层高程失控,导致路面厚度不一致,而面板厚薄交界处即成为薄弱断面,在混凝土收缩时难以承受拉应力而开裂。基层的不平整会大大增加其与混凝土界面的摩阻力,因此,在较薄路面易产生开裂。如果用松散材料处理基层不平整,上层混凝土拌和物的水分会下渗被基层吸收,使下部混凝土变得疏松,强度下降,也易产生开裂。基层干燥会吸收混凝土拌和物的水分,使底部混凝土失水,强度降低而导致开裂。

3) 混凝土配合比不合理

混凝土中引起收缩的主要是水泥石部分,因此,单位水泥用量过大,必然会导致较大的收缩,易产生开裂。水泥完全水化的最低水灰比为 0.26 ~ 0.29,施工中为了满足其和易性的需要,一般采用了较高水灰比。但是水灰比偏大,会增大水泥水化初期集料表面的水膜厚度,影响了混凝土强度。施工中用水量不佳,或使用长期阳光暴晒的过干集料也会影响混凝土配合比的准确性,从而影响其初期强度。

4) 施工工艺不当

混凝土拌和时,搅拌不足或过分搅拌,振捣不密实等,会使混凝土强度不足或不均匀,易导致早期断板;振捣时间过长,会造成拌和物分层、集料沉底、细料上浮而造成强度不均匀,表面收缩裂缝增加;拌和时,如果水泥和集料温度过高,再加上水泥的水化热,其拌和物的温度更高,而在冷却、硬化过程中会使温差收缩加大,导致开裂。切缝时间掌握不当或切缝深度不足,造成混凝土内应力集中,在面板的薄弱处形成不规则的贯穿裂缝。采用真空吸水工艺时,如果因两吸垫之间未重叠而导致漏吸,则漏吸处水灰比较两侧大,混凝土强度较低,收缩也大,形成薄弱环节而开裂。传力杆安装如果上下翘曲,则在混凝土伸缩和传力过程中混凝土就会被破坏,形成开裂等。

2. 使用期(后期)断板原因

根据美国的研究资料,路面的使用寿命与路面厚度成 5 次方关系。如果因设计时交通量调查不准,路基、底基层、基层的模量和材料参数选用不当等原因,而使路面厚度偏薄,就会在使用过程中过早地出现断板。水泥混凝土路面常年直接暴露在大气之中,其温度、湿度周期性和昼夜气温的变化,都会使混凝土面板在交替伸缩和翘曲中处于拉应力和压应力的反复作用状态,这种拉、压应力称之为温度应力。混凝土板块平面尺寸如果设计过长,温度应力就越大,当温度应力超出允许范围,面板即产生断裂。

超重车的增加是水泥混凝土路面断板的重要原因。由于交通运输业的迅速发展,大吨位车辆猛增,单轴轴载比原设计的计算轴载增加几倍,由于轴载等效换算系数 $f = (P_i/P_0)^{16}$,即超重轴载与标准轴载换算成 16 次方关系,所以,超重车的增加是混凝土路面使用期断板的重要原因。

路基和基层压实度不足或不均匀,造成强度较低或不均匀;在使用过程中,水的渗入、水温条件的变化和行车荷载的作用,路基和基层产生不均匀沉陷,使面板脱空,当受到的拉应力大于混凝土板的强度时,面板即发生断裂。

路基和基层排水不良,长期受水的浸蚀,使路基失稳或强度下降,导致路面产生不规则断裂。地面水渗入路基、基层和底基层,冬季因冻胀使路面产生纵向断裂。

(三)路面板边剥落和板角断裂产生的原因

(1)接缝或纵横缝交叉处,水的浸入易产生唧泥、脱空,导致板边或角隅应力增大,产生破损或断裂。

(2)接缝处缺乏传荷能力或板块边缘附近的传力杆失效。

(3)路基基层在荷载和水的作用下,逐渐产生塑性变形,使板边、板角应力增大,产生剥落和断裂。

(4)面板边缘的接缝中嵌入硬物等。

二、面层断裂类病害的维修方法

(一)裂缝与断板的维修

裂缝与断板的维修,应根据其损坏程度,采取不同的维修方法和使用不同的维修材料。

1. 维修材料

裂缝与断板的维修材料,根据其功能可分为密封材料和补强材料。当水泥混凝土路面出现裂缝或贯穿裂缝而板面强度仍能满足使用要求时,应选用密封维修材料;当路面由于裂缝和断裂造成了强度不足时,应选用补强材料。

(1)密封材料宜选用聚氨酯、聚硫环氧树脂(聚硫橡胶+环氧树脂)、日产 BI-GBOUT 等高分子工程材料,其材料技术性能应符合表 3-2-1 的规定。

密封材料技术要求　　　　表 3-2-1

性　能	技术要求	性　能	技术要求
灌入稠度(s)	<20	黏结强度(MPa)	≥4
拉伸强度(MPa)	≥4	断裂伸长率(%)	≥50

(2)高模量补强材料宜选用经过改进的环氧树脂或经乳化反应过的环氧树脂乳液,其主要技术要求应符合表 3-2-2 的规定。

补强材料技术要求　　　　表 3-2-2

性　能	技术要求	性　能	技术要求
灌入稠度(s)	<20	黏结强度(MPa)	≥3
拉伸强度(MPa)	≥5	断裂伸长率(%)	2~5

2. 裂缝维修

1)扩缝灌浆法

扩缝灌浆法适用于裂缝宽度小于 3mm 的表面裂缝。其修补工艺如下。

(1)扩缝

顺着裂缝用冲击电钻将缝口扩宽成1.5~2cm的沟槽。槽深根据裂缝深度确定,最大深度不得超过2/3板厚。

(2)清缝填料

清除混凝土碎屑,用压缩空气吹净灰尘,并填入粒径0.3mm~0.6cm的清洁石屑。

(3)配料灌缝

采用聚硫橡胶:环氧树脂=16:(2~16),配成聚硫环氧树脂溜缝料,拌和均匀并倒入灌浆器中,灌入扩缝内。

(4)加热增强

宜用红外线灯或装有60~100W灯泡的长条形灯罩,在已灌缝上加温,温度控制在50~60℃,加热1~2h即可通车。

2)直接灌浆法

直接灌浆法适用于裂缝宽度大于3mm且无碎裂的裂缝。其修补工艺如下。

(1)清缝

将缝内泥土、杂物清除干净,并确保缝内无水、干燥。

(2)涂刷底胶

在缝两边约30cm的路面上及缝内涂刷一层聚氨酯底胶层,厚度为0.3mm±0.1mm,底胶用量为$0.15gk/m^2$。

(3)配料灌缝

配料由环氧树脂(胶结剂)、二甲苯(稀释剂)、邻苯二甲酸二丁酯(增稠剂)、乙二胺(固化剂)、水泥或滑石粉(填料)组成。采用配合比为胶结剂:稀释剂:增调剂:固化剂:填料=100:40:10:8:填料(200~400),视缝隙宽度掺加。按比例配制好,并搅拌均匀后直接灌入缝内,养护2~4h即可开放交通。

3)条带罩面补缝

条带罩面补缝适用于贯穿全厚大于3mm、小于15mm的中等裂缝。其罩面补缝工艺如下。

(1)切缝

顺裂缝两侧各约15cm,且平行于缩缝切7cm深的两条横缝,见图3-2-1。

(2)凿除混凝土

在两条横缝内利用风镐或液压镐凿除混凝土,深度以7cm为宜。

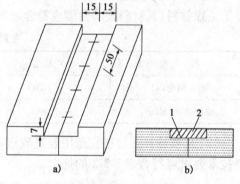

图3-2-1 条带罩面补缝(尺寸单位:cm)
1-钯钉;2-新浇混凝土

(3)打钯钉孔

沿裂缝两侧15cm,每隔50cm钻一对钯钉孔,其直径各大于钯钉直径2~4mm,并在两钯钉孔之间打一与钯钉孔直径相一致的钯钉槽。

①安装钯钉。用压缩空气吹除孔内混凝土碎屑,孔内填灌快凝砂浆,把弯钩长7cm的除过锈的钯钉(宜采用$\phi 16mm$螺纹钢筋)插入钯钉孔内。

②凿毛缝壁。将切割的缝内壁凿毛,并清除松动的混凝土碎块及表面松动裸石。

③刷黏结砂浆。将修补混凝土毛面上刷一层黏结砂浆。

④浇筑混凝土。应浇筑快凝混凝土,并及时振捣密实,磨光和喷洒养护剂,其喷洒面应延伸到相邻老混凝土面板20cm以上。

4)全深度补块

全深度补块适用于宽度大于15mm的严重裂缝。全深度补块分集料嵌锁法、刨挖法、设置传力杆法。

(1)集料嵌锁法

集料嵌锁法适用于无筋混凝土路面交错的接缝、且接缝的间隔小于300~400cm的裂缝修补。其修补工艺如下:

①画线、切割。将修补的混凝土路面沿面板平行于横向纵缝画线,并沿画线方向用切割机进行全深度切割,在全深度补块的外侧锯4cm宽、5cm深的缝。见图3-2-2。

②破碎、凿毛。用风镐破碎并清除旧混凝土,将全深锯口和半锯口之间的4cm宽混凝土垂直面凿成毛面。

③基层处理。基层强度如果符合规范要求,应整平基层,若低于规范要求应予补强,并严格整平;若基层全部损坏或松软,应按原设计基层材料重新做基层。

④混凝土配合比。新的混凝土配合比应与原混凝土材料一致。若采用JK系列混凝土快速修补材料,水灰比以0.30~0.40为宜,坍落度宜控制在2cm内。混凝土24h的弯拉强度应不低于3.0MPa。

⑤混凝土拌和、摊铺。严格按配合比用搅拌机将混凝土搅拌均匀,将拌好的混合料摊铺在补块区内,并振捣密实。浇筑的混凝土面层应与相邻路面的横断面高程一致,其表面纹理应与原路面相同。

⑥养生。补块的养生宜采用养护剂,其用量根据养护剂材料性能确定。

⑦接缝处理。做接缝时,将板中间的各缩缝锯切1/4板厚,并将接缝材料填入接缝内。

⑧浇筑混凝土达到通车强度后,即可开放交通。

(2)刨挖法(倒T形)

刨挖法适用于接缝间传荷很差的部位。

①施工要求同集料嵌锁法前面部分。

②在相邻板横边的下方暗挖15cm×15cm的一块面积用于荷载传递。见图3-2-3。

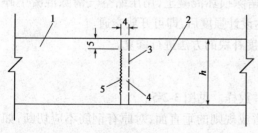

图3-2-2 集料嵌锁法(尺寸单位:cm)
1-保留板;2-全深度补块;3-全深度锯缝;4-清除混凝土;
5-锯缝交错接面

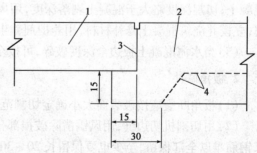

图3-2-3 刨挖法(尺寸单位:cm)
1-保留板;2-补块;3-全深度锯缝;4-垫层开挖线

(3)设置传力杆法

设置传力杆法适用于寒冷气候下和承受重型交通荷载的混凝土路面。

①施工要求同集料嵌锁法前面部分。
②处理基层后,应修复、安设传力杆和拉杆,见图3-2-4。

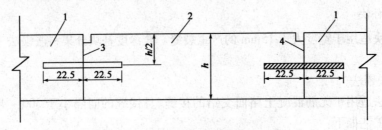

图3-2-4 设置传力杆法(尺寸单位:cm)
1-保留板;2-全深度补块;3-锯缝;4-施工缝

③原混凝土面板没有传力杆和拉杆折断时,应用与原尺寸相同的钢筋焊接或重新安设。安装时应在板厚1/2处钻出比传力杆直径大2~4mm的孔,孔中心间距30cm,其误差不应超过3mm。

④横向施工缝传力杆直径为$\phi 25m$的光圆钢筋,长度为45cm,嵌入相邻保留板内深22.5cm。

⑤拉杆孔直径宜比拉杆直径大2~4mm,并应沿相邻板间的纵向缝,在板厚1/2处钻孔,中心间距80cm。拉杆采用$\phi 16$螺纹钢筋,长80cm,40cm嵌入相邻车道的混凝土面板内。

⑥传力杆和拉杆宜用环氧砂浆牢牢地固定在规定位置。摊铺混凝土前,光圆传力杆的伸出端应涂少许润滑油。

⑦新补块与沥青混凝土路肩相接时,应和现有路肩齐平。

⑧传力杆若安装倾斜或松动失效,应予以更换。

(二)路面板边剥落和板角断裂维修方法

1. 板边修补

(1)当水泥混凝土板边轻度剥落时,应将混凝土剥落的碎块清理干净,可用灌缝材料填充密实,修补平整。

(2)当水泥混凝土板边严重剥落时,在剥落混凝土外侧,平行于板边画线,用切缝机切割混凝土,切割深度略大于混凝土剥落深度,用风镐凿除损坏混凝土,用压缩空气清除混凝土碎屑,立模并浇筑混凝土修补材料,用养护剂养生,达设计强度后,即可开放交通。

(3)当水泥混凝土板边全深度破碎,可按全深度补块的方法进行修复。

2. 板角修补

(1)板角断裂应按破裂面大小确定切割范围并放样。见图3-2-5。

(2)用切割机切边缝,用风镐凿除破损部分,凿成规则的垂直面,对原有钢筋不应切断,如果钢筋难以全部保留,至少也要保留长20~30cm的钢筋头,且应长短交错。

(3)检查原有的滑动传力杆,如果有缺陷应予更换,并在新老混凝土之间加设传力杆。

(4)如基层不良时,应用C15混凝土浇筑基层,并在面板板厚中央用冲击钻打水平孔,深20cm、直径3cm、水平间距30~40cm。每个洞应先将其周围湿润,先用快凝砂浆填塞补实,然后插一根直径为2cm的钢筋,待砂浆硬化后,浇筑快凝混凝土。

(5)与原有路面板的接缝如为缩缝,应涂上沥青,防止新旧混凝土黏结在一起。如为胀缝,应设置接缝板。

(6)浇筑的混凝土硬化后,用切割机切出宽3mm、深4cm的接缝槽,并用压缩空气清缝,灌入填缝材料。

(7)待混凝土达到强度后,方可开放交通。

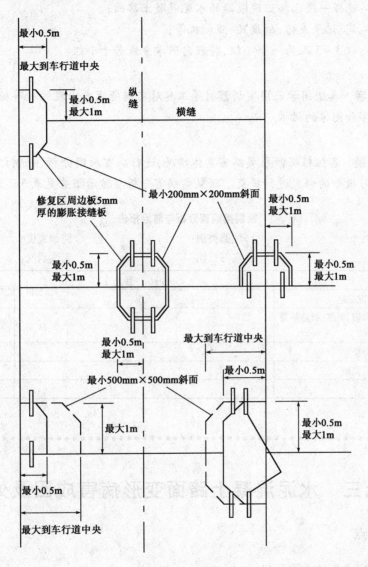

图 3-2-5 板边与板角修补

 单元训练

🔸 实训目标

1. 能正确识别水泥混凝土路面各种断裂类病害;
2. 能正确分析各种断裂类病害产生的原因;

3. 能合理制订断裂类病害的处治措施。

🞤 实训准备

1. 场地准备:选择一段已经出现裂缝的水泥混凝土路面;
2. 器材准备:笔、记录表格、刻度尺、照相机等;
3. 人员准备:以3~5人为一个小组,将班内同学分成若干小组。

🞤 实训内容
各组同学采用实训器材等工具对实训场地内出现的破碎板、裂缝、板角断裂进行数据、文字和图像的记录。

🞤 实训成果
各组根据断裂类病害具体情况,进行病害原因分析,并制订出相应的整治措施,最终以实习报告的形式进行提交。断裂类病害分析与防治报告见表3-2-3。

断裂类病害分析与防治报告　　　　　　　　　　表3-2-3

实习线路名称:		线路类别:		路面宽度:	
实习人员:		实习日期:		天气状况:	
项　目		内　容		备　注	
线路概况、交通情况描述					
线路中出现的破碎板、裂缝、板角断裂病害等级及相关照片					
断裂类病害成因分析					
断裂类病害的防治措施					
实习总结					

单元三　水泥混凝土路面变形病害成因及处治

🞤 知识要点

(1) 变形病害产生的主要原因;
(2) 变形病害处治的方法。

一、路面错台

(一) 路面错台的原因

(1) 路基基层碾压不密实,强度不足。
(2) 局部地基不均匀下沉或采空区地基大面积沉陷。
(3) 水浸入基层,行车荷载使路面板产生泵吸现象。

(4)传力杆、拉杆功能不完善或失效。

(二)路面错台处治方法

1. 路面轻微错台处治方法

轻微错台,其高差小于5mm时,可不作处理。

2. 高差5~10mm错台处治方法

1)人工凿平法

(1)画定错台处治范围。
(2)用钢尺测定错台高度。
(3)用平头钢凿由浅到深从一边凿向另一边,凿后的面板应达到基本平整。
(4)清除接缝杂物,吹净灰尘,及时溜入填缝料。

2)机械处治磨平法

(1)用磨平机从错台最高点开始向四周扩展,边磨边用三米直尺找平,直至相邻两块板齐平为止,如图3-3-1所示。
(2)磨平后,应将接缝内杂物清除干净,并吹净灰尘,及时将嵌缝料填入。

3)人工配合机械处治法

人工配合机械处治法即先用人工将高出的错台板基本凿平,然后用磨平机再磨平,清缝并灌入填缝料。

3. 路面严重错台处治方法

高差大于10mm的严重错台,可采取沥青砂或水泥混凝土进行处治。

1)沥青砂填补法

沥青砂填补法不宜在冬季进行,其工艺程序如下:

(1)清除路面杂物和灰尘。
(2)喷洒一层热沥青或乳化沥青,沥青用量为$0.4 \sim 0.6 kg/m^2$。
(3)摊铺沥青砂,修补面纵坡控制在$i \leq 1\%$。
(4)沥青砂填补后,应用轮胎压路机碾压。
(5)待沥青砂修补层冷却成形后开放交通。

2)水泥混凝土修补法

(1)用风镐将错台下沉板凿除2~3cm,修补长度按错台高度除以坡度(1%)计算,如图3-3-2所示。

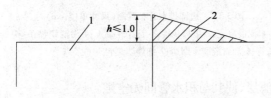

图3-3-1 错台磨平示意图(尺寸单位:cm)
1-下沉板;2-磨平

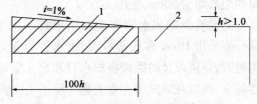

图3-3-2 错台填补法示意图(尺寸单位:cm)
1-凿除修补;2-下沉板

(2)用压缩空气清除毛面混凝土的杂物。
(3)浇筑细石混凝土,材料配比参照表3-3-1进行。
(4)喷洒养护剂,养护混凝土。
(5)混凝土达到通车强度后,即可开放交通。

细石混凝土配合比　　　　表3-3-1

水 泥	快速修补剂	水	砂	碎 石
437	70	131	524	1 149
1	0.50	0.30	1.20	2.63

二、路面沉陷

(一)路面沉陷产生的原因

沉陷是水泥混凝土路面严重病害之一,它可导致面板的错台、严重破碎,以致影响到行车安全。因此,必须设置排水措施,对严重沉陷应及时处治,其方法有板块灌砂顶升法、千斤顶顶升法和整块板翻修法等。

(1)路基基层稳定性不够,强度不均匀,造成混凝土板块不均匀下沉。
(2)排水设施不完善,地面水渗入基层,导致基层强度减弱;唧泥、面板严重破碎,造成面板沉陷。

(二)路面沉陷的预防

对于路面沉陷的预防,通常采用在路面边缘设置排水设施的方法。设置排水设施的基本要求如下:

(1)应经常保持路面和路肩的设计横坡,以便使地表水迅速从路面上排出。
(2)应将土路肩改造为硬路肩。硬路肩宜采用水泥混凝土或沥青混凝土。
(3)路面裂缝、接缝以及路面与路肩接缝应经常保持密封状态。
(4)设置纵向积水管和横向出水管。
①在水泥混凝土路面的外侧边缘挖一条纵向沟,宽15~25cm,沟深挖至集料基层之下15cm,横沟与纵沟的交角应为45°~90°,横沟间的距离约为30cm,见图3-3-3。
②设置纵向积水管和横向出水管。积水管一般采用10cm多孔塑料管,出水管为无孔塑料管,并按设计的距离将积水管和出水管连接起来,然后在纵向多孔管上裹一层土工织物渗滤层,使其与积水管间无空隙。

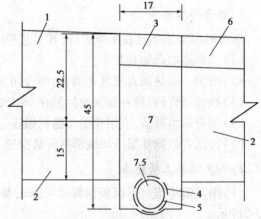

图3-3-3　边部排水管布置图(尺寸单位:cm)
1-水泥混凝土;2-集料基层;3-沥青混凝土;4-渗滤织物;5-多孔管;6-沥青混凝土路肩;7-细渗滤集料

③将积水管和出水管放入沟槽内,纵横沟槽底部应避免凸凹不平,横向出水管的坡度应大于或等于纵向排水坡度,出水管的管端应延伸到排水沟内,并设置端墙。

④封盖排水沟。沥青混合料或水泥混凝土均可作封盖排水沟的材料,但应采用与路肩相同的材料。如果使用水泥混凝土时,应用塑料布将混凝土排水沟底与回填材料隔开;使用沥青混凝土时,沟的宽度应不小于压实设备宽度。

⑤设置盲沟。设置盲沟排除路面积水,适用于全幅路面为水泥混凝土和沥青路面两种路面结构。

a. 沿水泥混凝土路面外侧挖纵向盲沟,沟底应低于面板以下10cm,在水泥混凝土路面接缝处挖横向沟,见图3-3-4。

b. 沟槽底面及外侧,铺设油毡隔离层,沿水泥路面交界处及盲沟顶部铺设土工布过滤层。

c. 在盲沟内填筑碎(砾)石过滤材料。

d. 盲沟上应用相同材料填筑路面(路肩),且保持平整密实。

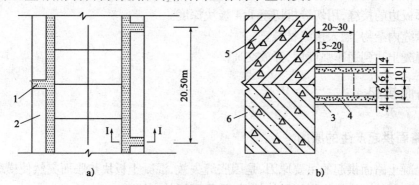

图3-3-4 盲沟设置图(除标注外,其余尺寸单位:cm)
1-盲沟;2-路肩;3-油毡隔离层;4-石屑及中粗砂;5-面层;6-基层

(三)路面沉陷的处治

1. 板块灌砂顶升法

(1)板在顶升前,应用水准仪测量下沉板的下沉量,测站与下沉处距离应大于50m,并绘出纵断面,求出升起值。

(2)每块板上钻出两行与纵轴平行的直径为3cm的透孔,孔的距离约为1.7m(板宽3.5m时,一孔所占面积为$3 \sim 3.5m^2$),当板需要从一侧升起时,只需在升起部分钻孔。

(3)在升起前,所有孔用木塞堵好,一孔一孔地灌砂浆,充气管与板接头处,用麻絮密封,用排气量为$6 \sim 10m^3/min$的空气压缩机向孔中灌砂浆,直至砂浆冒出缝外时为止。

(4)板升起后,连续往另一个孔中灌砂,直至下沉板全部顶升就位。

2. 整板翻修

当水泥混凝土整板沉陷并产生破碎时,应进行整板翻修,其工艺如下:

(1)宜用液压镐将旧板凿除,尽可能保留原有拉杆,并清运混凝土碎块。

(2)将基层损坏部分清除,并整平压实。

①对基层损坏部分,宜采用C15混凝土补强,其补强混凝土顶面高程应与旧路面基层面高程相同。

②宜在混凝土路面板接缝处的基层上涂刷一道宽20cm的薄层沥青。

(3)整块翻修的面板在路面排水不良地带,路面板边缘及路肩应设置路基纵、横向排水系统。

①单一板块翻修时,应在路面板接缝处设置横向盲沟。

②路面有纵坡时,宜设置纵向盲沟,在纵坡度底部设置横向盲沟。

(4)在进行板块修复的混凝土施工时,配合比及所有材料宜采用快速修补材料。

①按配合比采用混凝土搅拌机拌和混凝土材料。

②将拌和好的混合料用翻斗车运送到施工现场,进行人工摊铺。

③宜采用插入式振捣器振捣边角混凝土,并用振动梁刮平提浆,人工抹平,与原混凝土板面高低一致。

④按原路面纹理对混凝土表面进行处理。

⑤宜采用养护剂进行养护。

⑥相邻板边的接缝,用切缝机切至1/4板块深度。

⑦清除缝内杂物,灌入接缝材料。

⑧待混凝土达到通车强度后,开放交通。

三、路面拱起

(一)路面拱起产生的原因

水泥混凝土路面拱起的主要原因,是因胀缝失效,混凝土板块热胀而突然使横缝两侧的板体明显提高。其处理措施应根据具体情况,采取不同的方法。

(1)非高温季节施工时,胀缝设置间距过长或失效。

(2)接缝内嵌入硬物。

(3)夏季连续高温,使板体热胀。

(二)路面拱起的处治方法

1. 对轻微拱起的处理方法

(1)用切缝机或其他机具将拱起板间横缝中的硬物切碎。

(2)用压缩空气将缝中石屑等杂物和灰尘吹净,使板块恢复原位。

2. 对严重拱起的处理方法

(1)板端拱起但路面完好时,应根据拱起高低程度,计算多余板的长度,将拱起板块两侧附近1~2条横缝切宽,待应力充分释放后切除拱起端,逐渐使板块恢复原位。

(2)将横缝和其他接缝内的杂物、灰尘用空气压缩机清除干净,并灌入填缝料,见图3-3-5。

3. 其他拱起情况的处理方法

(1)拱起板端发生断裂或破损时,按本任务单元一进行。

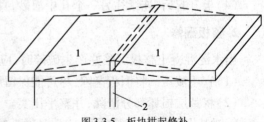

图3-3-5 板块拱起修补
1-拱起板;2-切除部分

(2)胀缝间因传力杆部分或全部在施工时设置不当,使板受热时不能自由伸长而发生拱起,应重新设置胀缝,按胀缝施工的方法进行。

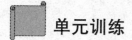 单元训练

🔸 实训目标

1. 能正确识别水泥混凝土路面错台、沉陷、拱起等病害；
2. 能正确分析水泥混凝土路面错台、沉陷、拱起等病害产生的原因；
3. 能合理制订水泥混凝土路面错台、沉陷、拱起等病害的处治措施。

🔸 实训准备

1. 场地准备：选择一段已经出现变形类病害的水泥混凝土路面。
2. 器材准备：笔、记录表格、刻度尺、照相机等。
3. 人员准备：以3~5人为一个小组，将班内同学分成若干小组。

🔸 实训内容　各组同学采用实训器材等工具对实训场地内出现的水泥混凝土路面错台、沉陷、拱起等病害进行数据、文字和图像的记录。

🔸 实训成果　各组根据水泥混凝土路面错台、沉陷、拱起等病害具体情况，进行病害原因分析，并制订相应的整治措施，最终以实习报告的形式进行提交。变形类病害分析与防治报告见表3-3-2。

变形类病害分析与防治报告　　　　表3-3-2

| 实习线路名称： | 线路类别： | 路面宽度： |
| 实习人员： | 实习日期： | 天气状况： |

项　目	内　容	备　注
线路概况、交通情况描述		
线路中出现的水泥混凝土路面错台、沉陷、拱起等病害等级及照片		
水泥混凝土路面错台、沉陷、拱起等病害成因分析		
水泥混凝土路面错台、沉陷、拱起等病害的防治措施		
实习总结		

单元四　水泥混凝土路面接缝病害成因及处治

🔸 知识要点

(1) 接缝病害产生的主要原因；

(2)接缝病害处理的方法。

水泥混凝土路面接缝包括纵向施工缝、纵向缩缝、横向施工缝、横向缩缝等。接缝是水泥混凝土路面的薄弱环节,经常出现接缝填料损坏、纵向接缝张开、接缝板边和板角碎裂等病害,由于这些病害的产生,地面水从接缝渗入,使路面基层强度降低,在行车荷载作用下,导致唧泥、脱空、断板、沉陷等病害的产生,影响水泥混凝土路面的使用质量。因此,对接缝必须加强养护和修补,使水泥混凝土路面经常处于良好状态,延长水泥混凝土路面的使用寿命。

一、路面板接缝病害产生的主要原因

(1)灌缝材料老化、脱落、软化和溢出。
(2)垫料老化、变形、脱落。
(3)接缝结构、机能不完善。
(4)接缝内嵌入硬物会造成接缝处剥落或胀裂。
(5)接缝材料和接缝板质量欠佳。

二、接缝病害的处治方法

1. 接缝填缝料损坏修补

(1)清缝。用清缝机清除接缝内杂物,并将接缝内灰尘吹净。
(2)接缝作胀缝修补时,先将建筑热沥青涂刷缝壁,再将接缝板压入缝内。对接缝板接头及接缝与传力杆之间的间隙,必须用填缝料灌实抹平,上部用嵌缝条的应及时嵌入嵌缝条。
(3)用加热式填缝料修补时,必须将填缝料加热至灌入温度,滤去杂物,倒入填缝机内即可填缝。在填缝的同时,宜用铁钩来回拌动,以增加与缝壁的黏结度和填缝的饱满度。在气温较低季节施工时,应先用喷灯将接缝预热。加热施工式填缝料的技术要求见表3-4-1。
(4)用常温式填缝料修补时,除无需加热外,其施工方法与加热式填缝料相同。常温施工式填缝料的技术要求见表3-4-2。
(5)填缝料的技术要求与施工质量验收标准,应符合现行《公路水泥混凝土路面养护技术规范》(JTJ 073.1—2001)、现行水泥混凝土路面施工及验收规范的规定。

加热施工式填缝料的技术要求   表3-4-1

试 验 项 目	低弹性型	高弹性型
针入度(0.1mm)	<50	<90
弹性(复原率)(%)	>30	>60
流动度(mm)	<5	<2
拉伸量(mm)	>5	>15

常温施工式填缝料的技术要求   表3-4-2

试 验 项 目	技 术 要 求	试 验 项 目	技 术 要 求
灌入稠度(s)	<20	流动度(mm)	0
失黏时间(h)	6~24	拉伸量(mm)	>15
弹性(复原率)(%)	>75		

2. 纵向接缝张开维修

(1)当相邻车道面板横向位移、纵向接缝张开宽度在10mm以下时,宜采取聚氯乙烯胶泥、焦油类填缝料和橡胶沥青等加热施工填缝料。

（2）当相邻车道面板横向位移,纵向接续张口宽度在 10～15mm 时,宜采取聚氨酯类常温施工式填缝料进行维修。

①维修前应清除缝内杂物和灰尘。

②按材料配比配制填缝料。

③宜采用挤压枪注入填缝料。

④填缝料固化后,方可开放交通。

（3）当纵向接缝张口宽度在 15～30mm 时,采用沥青砂进行维修。

（4）当纵缝宽度达 30mm 以上时,可在纵缝两侧横向锯槽并凿开,槽间距 60cm,宽 5cm,深度为 7cm。沿纵缝两侧 10cm,钻直径 14mm 的耙钉孔。设置 $\phi 12$ 螺纹钢筋耙钉,耙钉在老混凝土路面内的弯钩长度为 7cm,纵缝内部的凿开部用同强度等级水泥混凝土填补,纵缝一侧涂刷沥青。

3. 接缝板边出现碎裂时,接缝的修补

（1）在破碎部位边缘,用切割机切割成规则图形,其周围切割面应垂直板面,底面宜为平面,见图 3-4-1。

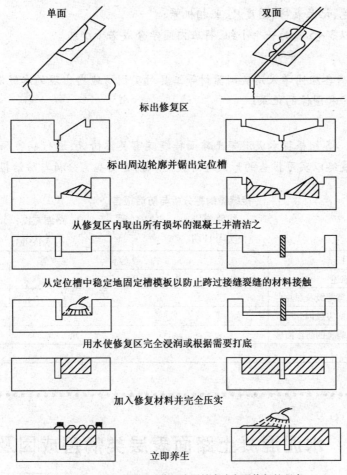

图 3-4-1 接缝处浅层剥落的浅层结合式角隅修复的程序

（2）清除混凝土碎块,吹净灰尘杂物,并保持干燥状态。

（3）用高模量补强材料进行填充,其材料技术性能应符合《公路水泥混凝土路面养护技术规范》(JTJ 073.1—2001)的规定。

(4)修补混凝土达到通车强度后,方可开放交通。

 单元训练

实训目标

1. 能正确识别水泥混凝土路面接缝病害;
2. 能正确分析水泥混凝土路面接缝病害产生的原因;
3. 能合理制订水泥混凝土路面接缝病害的处治措施。

实训准备

1. 场地准备:选择一段已经出现接缝病害的水泥混凝土路面;
2. 器材准备:笔、记录表格、刻度尺、照相机等;
3. 人员准备:以3～5人为一个小组,将班内同学分成若干小组。

实训内容 各组同学采用实训器材等工具对实训场地内出现的水泥混凝土路面接缝病害进行数据、文字和图像的记录。

实训成果 各组根据水泥混凝土路面接缝病害具体情况,进行病害原因分析,并制订相应的整治措施,最终以实习报告的形式进行提交。接缝类病害分析与防治报告见表3-4-3。

接缝类病害分析与防治报告　　　　　　　　　　表3-4-3

实习线路名称:		线路类别:		路面宽度:	
实习人员:		实习日期:		天气状况:	
项　　目		内　　容			备　注
线路概况、交通情况描述					
线路中出现的接缝病害等级及照片					
水泥混凝土路面接缝病害成因分析					
水泥混凝土路面接缝病害的防治措施					
实习总结					

单元五　水泥混凝土路面表层类病害成因及处治

知识要点

(1)水泥混凝土路面表层类病害产生的主要原因;

(2)水泥混凝土路面表层类病害处理的方法。

水泥混凝土路面表层类病害主要是指坑洞、露骨、修补损坏等病害现象。

一、表层类病害产生的主要原因

1. 磨损和露骨

路面板混凝土的强度不足或施工配合比不当导致面板表面的磨损,出现露骨现象。

2. 纹裂、网裂和起皮

表面纹裂是指浅而细或发丝状的网状裂纹,仅产生在路面表层,在车辆荷载的作用下它会发展为表层层状剥落。其产生的原因是水灰比过大、过度抹面、养护不及时、用盐化冰雪、冻融循环和集料质量低劣等。

3. 坑洞

坑洞是指路面板表面呈现空洞状的破损现象,直径一般为 2.5~10cm,深为 1~5cm。其发生原因是:施工质量差或混凝土材料中夹带杂物,某些车辆的金属硬轮或掉落硬物的撞击所致。

4. 修补损坏

修补损坏是指路面板损坏经修补后的再次损坏。破损的主要原因是:原有病害没有根治、修补质量差、交通荷载过大等。

二、表层类病害的处治

水泥混凝土表面类病害的处理,应该根据公路等级和表面破损程度,采取不同的材料和施工方法进行。

(1)一般公路水泥混凝土面板起皮,宜采用稀浆封层加以处理。

(2)对于面积较大的水泥混凝土面板起皮(剥落、露骨),宜采用稀浆封层或沥青混凝土罩面加以处理。

(3)高速公路水泥混凝土板起皮(剥落、露骨),宜采用改性沥青稀浆封层或沥青混凝土罩面加以处理。

下面就水泥混凝土坑洞处理进行讨论。

(一)对路面个别坑洞的修补

(1)用手工或机械将坑洞凿成矩形的直壁槽。
(2)用压缩空气把槽内的混凝土碎块及尘土吹净。
(3)用海绵块沾水后湿润坑洞,不得使坑洞内积水。
(4)用高强度等级水泥砂浆等材料填补,并达到平整密实。

(二)对路面较多坑洞的修补

对较多坑洞且连成一片,面积在 20m² 以内的坑洞,应采取罩面方法修补。

(1)画出与路中心线平行或垂直的修补区域图形。
(2)用切割机沿修补图形边线切割 5~7cm 深的槽,槽内用风镐清除混凝土,使槽底平面达到基本平整,并将切割的光面凿毛。
(3)用压缩空气吹净槽内混凝土碎屑和灰尘。
(4)按混凝土配合比设计、配制修补混凝土。
(5)将拌和好的混凝土填入槽内,人工摊铺、振捣密实,并保持与原路面齐平。
(6)喷洒养护剂养生。
(7)待混凝土达到通车强度后,开放交通。

(三)对大面积坑洞的修补

对面积大于 20m²,深度在 4cm 左右成片的坑洞,可用浅层结合式表面修复或沥青混凝土罩面进行修补。

1. 浅层结合式表面修复

(1)将连成片的坑洞周围标画出与路中心线平行或垂直的区域,并用风镐凿除深度 2~3cm 的混凝土,见图 3-5-1。
(2)将修复区内凿掉的混凝土碎块运出,并清除其碎屑和灰尘。
(3)在修复区表面用水喷洒湿润,并适时涂刷黏结剂。
(4)将拌和好的混凝土摊铺于修复区内振捣、整平。
(5)用压纹器压纹,压纹深度宜控制在 3mm 左右。
(6)养生,使修复板块经常处于潮湿状态。
(7)待混凝土达到通车强度后,开放交通。

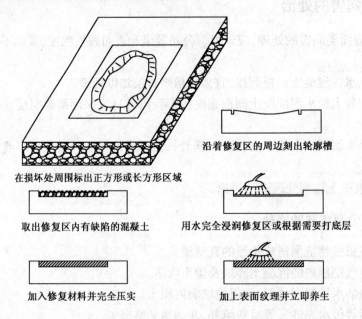

图 3-5-1 浅层结合式表面修复的程序

2. 沥青混凝土修补

(1)画出与路中心线平行或垂直的处治区,并用切割机在其周围切割 2~3cm 的深度。

(2)用风镐凿除处治区内的混凝土,并清除混凝土块、碎屑和灰尘。
(3)将切割的槽壁面和凿除的槽底面喷洒黏层沥青,其用量为 0.4~0.6kg/m²。
(4)铺筑沥青混凝土,并碾压密实。
(5)待沥青混凝土冷却后,开放交通。

单元训练

实训目标

1. 能正确识别水泥混凝土路面表层类病害;
2. 能正确分析水泥混凝土路面表层类病害产生的原因;
3. 能合理制订水泥混凝土路面表层类病害的处治措施。

实训准备

1. 场地准备:选择一段已经出现表层类病害的水泥混凝土路面;
2. 器材准备:笔、记录表格、刻度尺、照相机等;
3. 人员准备:以3~5人为一个小组,将班内同学分成若干小组。

实训内容 各组同学采用实训器材等工具对实训场地内出现的水泥混凝土路面表层类病害进行数据、文字和图像的记录。

实训成果 各组根据水泥混凝土路面表层类病害具体情况,进行病害原因分析,并制订出相应的整治措施,最终以实习报告的形式进行提交。表层类病害分析与防治报告见表3-5-1。

表层类病害分析与防治报告　　　　　　　表3-5-1

实习线路名称:		线路类别:		路面宽度:	
实习人员:		实习日期:		天气状况:	
项　目		内　容		备　注	
线路概况、交通情况描述					
线路中出现的表层类病害等级及照片					
水泥混凝土路面表层类病害成因分析					
水泥混凝土路面表层类病害的防治措施					
实习总结					

任务四　涵洞病害及其防治技术

 导读

涵洞是修建在路基下方的排水结构物,虽然建造规模不是很大,但数量众多且分布较广,一般平原区每公里有1~3道,山区4~6道,是公路中常见的人工结构物,对一条路的正常使用和农田水利灌溉都具有举足轻重的影响。

涵洞使用过程中,在行车荷载、周围填土、水流冲刷等自然因素的共同作用下,涵洞将产生各种各样的破损。这些破损可影响涵洞的正常泄水功能,给运营中的公路造成较大危害。除此之外,涵洞的破损还可能对行车舒适性、交通安全以及环境保护造成较大的影响。因此,涵洞的养护维修成为保证其服务质量和使用寿命的重要手段。

 学习目标

■ 知识目标

(1)涵洞病害类型及其产生的原因;
(2)涵洞各种病害的处治措施;
(3)涵洞的养护方法和病害的预防措施。

■ 能力目标

(1)能够认识涵洞常见的病害类型;
(2)能够分析涵洞病害产生的原因;
(3)能够选择恰当的维护与加固措施;
(4)结合《桥涵施工技术》课程,能写出涵洞加固的大致施工工艺。

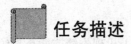 **任务描述**

通过对本任务知识的理论学习,再配合运营中涵洞的实际病害状况,在教师的指导下,正确辨认各类涵洞的病害类型,正确分析病害产生的原因,提出可行的处治方法,并总结预防该类病害的措施。

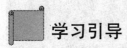 **学习引导**

本学习任务学习流程如下:

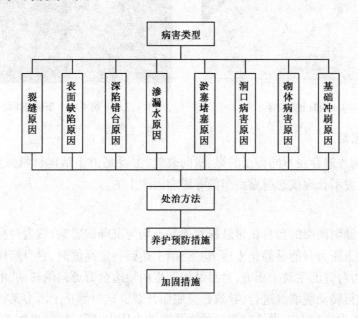

单元一 涵洞常见的病害及其成因分析

知识要点

涵洞常见病害及其原因。

◇想一想:涵洞的病害有哪些?产生这些病害的原因有哪些?

涵洞长期在荷载、水流等的作用下,会产生不同程度的损坏,如裂缝、沉陷、渗水、跳车、排水不畅等。通过对涵洞的结构形式、使用功能、病害特征及破坏程度等方面展开统计、分析,总结了常见的几大类涵洞病害,具体分类和成因如下。

1. 裂缝

涵洞各部位发生裂缝的类型颇多，有个别涵节的侧墙、涵顶、底板上出现裂缝或微小裂纹；也有整个涵节贯通性的（横向或纵向）裂纹或裂缝、涵节间沉降缝的裂开和错位、涵顶结构与其两侧侧墙之间出现的水平或垂直方向上的错位裂缝、底板贯通性的纵向裂缝等破坏性较大的裂缝。各类裂缝危害程度不同，现重点介绍下面几种（图 4-1-1、图 4-1-2）。

图 4-1-1　涵洞上方裂缝

图 4-1-2　沉降缝开裂

1) 上部结构裂缝

洞身承重结构普遍存在不同程度的纵、横向裂缝，主要是由于结构材料强度不足、混凝土的徐变、沉降缝设置不合理或通过重型车辆等影响而产生的。

2) 台身裂缝

填土初期，受涵洞两端的台身长短悬殊和地基不均匀沉降的影响，短边台身不可能向跨中移动，此时其台背土压力只能是静止土压力。当填土达到一定高度时，台身结构抗力及静止土压力无法抗衡长边台背的主动土压力，台身结构产生向短边台背方向的转动，由于背墙附近的填土密度偏低，使得转动绕墙趾进行，导致台身底面开裂。这时静止土压力又转变为被动土压力。因为被动土压力远远大于设计时假设的极限主动土压力，所以转动发生不久，产生的弯矩就超过台身的弯矩抗力，短边台身又在抗弯曲能力最薄弱的截面处开裂。

3) 基础裂缝

整体式基础为一置于弹性地基上的矩形板，直接承受重载处的地基应力大，远离重载处的地基应力小，地基的应力与沉降成正比。由于下卧层强度低、压缩性大，在洞顶与台背填土的作用下，基础边缘的地基应力首先超过容许承载力，产生较大的塑性变形，引起地基应力重分布。随着填土高度的增加，基础的变形要与地基变形逐渐协调一致，当产生的弯矩超过计算弯矩时，基础在跨中截面附近出现明显的开裂。

2. 混凝土表面缺陷

混凝土表层缺陷主要有：蜂窝、麻面、露筋、空洞、层隙、磨损、表面腐蚀、老化、剥落、掉角等。

混凝土表层缺陷产生的原因是多方面的，如设计、施工养护不善、结构老化、交通事故和自然力冲击等，且根据各类型缺陷的特点及其发生的部位也各有不同，具体情况见表 4-1-1。

混凝土结构的表层缺陷　　　　　　　　　　　　　表 4-1-1

缺陷名称	产生原因	发生部位
蜂窝	①施工原因：混凝土浇筑时振捣不密实，分层浇筑违反操作规则，混凝土离析，模板缝隙不严导致水泥浆流失等； ②设计原因：结构不合理、钢筋设计不当、材料配比不当、钢筋太密、混凝土粗集料颗粒太大或坍落度过小等	结构各个部位都可能发生
露筋	钢筋保护层厚度过薄或者不密实等	结构各个部位都可能发生
麻面	模板表面不光滑、模板润湿不充分导致混凝土表面水分被模板吸收、表面失浆	结构各个部位都可能发生
空洞	钢筋布置太密或者漏浆、振捣不密实等	结构各个部位都可能发生
磨损	混凝土强度不够、表面细集料太多；水流夹杂物冲刷等	水流冲刷处
腐蚀、老化、剥落	保护层太薄、结构出现裂缝、钢筋锈蚀膨胀引起的剥落、冻融影响、化学腐蚀等	结构各个部位都可能发生
构件变形接缝不平	施工事故、荷载作用等	涵台
表层成块脱落	外力冲击作用的结果，如汛期水流夹杂的石块等	水流冲刷处

3. 沉陷、错台、跳车（图 4-1-3、图 4-1-4）

涵洞一端或整个沉陷，常常会伴随出现错台、拉裂等病害。由于地质条件差或人工处理地基不当等因素，涵洞不同节段的沉降不同，节与节之间沉降缝拉开，沥青麻絮脱落，相邻涵身之间出现错台，甚至会引起涵洞上方路基沉陷，出现跳车；且裂缝、沉陷、错台等病害，也容易造成涵洞排水不畅、水从铺砌层下渗流等一系列病害。

图 4-1-3　涵洞错台

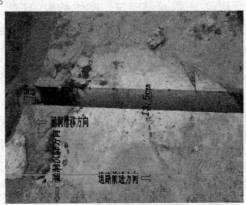

图 4-1-4　涵洞沉陷位移

4. 漏水、渗水

涵洞中此类病害主要表现为：涵节间施工接缝处填缝料脱落、施工接缝过宽且未封闭密实，接缝处渗水、渗砂；盖板与涵台交界处渗水；结构裂缝、沉陷、错台处渗水、漏水等现象。原因可能是涵洞本身施工质量差、施工接缝过大、防水处理有缺陷；或涵洞各节段间产生不均匀沉降，引起结构开裂、沉陷、错台；或路面的雨水渗入涵上填土，填土含水率过大，而防水设施不完善，使得填土内积水从涵身渗出等。

对于混凝土结构来说,渗水漏水将加剧混凝土的风化,影响结构的强度和耐久性;对于砖石砌体结构来说,长期渗水将会使砌体砂浆的强度和黏结力降低,有些会形成结晶(如泛碱现象),对结构表面予以破坏,从而影响结构的整体性。

5. 洞内外淤积、堵塞、排水不畅

由于长期的水流作用,涵洞进出水口容易滋生水草等植物、泥沙淤积堵塞涵洞口,使得涵洞过水能力减小,影响涵洞的正常使用。另外,由于洞身裂缝、整体或局部沉降等原因,造成涵底高程位置降低,出水口高程相对增大,洞内积水和泥沙无法自行排出,也容易形成淤塞和排水不畅。

6. 洞口端墙或翼墙开裂、倾斜、鼓肚等

大多数的涵洞都存在端墙或翼墙方面的病害,这些病害主要有墙体上部出现水平裂缝、斜裂缝,中部出现少量的竖向裂缝以及翼墙与涵台脱开出现倾斜等(图4-1-5)。

形成这些病害的主要原因有:

(1)路基填土不密实,车辆冲击荷载作用下产生侧向压力过大,翼墙、端墙的墙体厚度偏薄,墙体自重轻,抗倾覆力矩小,在墙后路基的过大土压力下,使得墙体向外倾斜,或填土中水分过大而造成鼓肚或外倾,直至倒塌。

(2)上部结构传递来的过大推力,引起翼墙的开裂。

(3)基础不均匀沉降而发生的倾斜、开裂。

图4-1-5 涵洞翼墙裂缝

7. 砌体结构的缺陷

涵洞中砌体结构的使用较常见,如圬工拱涵、石盖板涵常用砖、石等材料砌筑。砌体结构的病害主要有:表面风化、开裂、灰缝剥落,局部块石松动、脱落,或砌体渗漏水等。造成这些病害产生的原因,主要是常年的干燥、潮湿、寒暑、冻融等气候的交替,结构的受力不均、基础沉降不均或受热不均等因素的共同作用而形成。

8. 涵洞基础冲刷悬空

涵洞在使用过程中,由于长时间水流冲刷,水流流速较快(特别是洪水季节),涵洞底板铺砌被冲刷损坏、进出口基础被冲刷掏空的频率比较高,是日常养护的主要工作,应当予以重视。

单元训练

实训目标 能正确识别涵洞各类病害,并进行归类整理。

实训准备

1. 场地准备:选择一个有病害的涵洞;
2. 器材准备:笔、记录表格、刻度尺、皮尺、照相机等;
3. 人员准备:以3~5人为一个小组,将班内同学分成若干小组。

🔸 **实训内容** 各组同学采用实训器材等工具对实训场地内出现的裂缝、沉陷、渗水等病害进行数据、文字和图像的记录。

🔸 **实训成果** 各组将记录下来的各类病害资料进行整理,最终以实习报告的形式进行提交。

单元二 涵洞病害处治措施

🔸 **知识要点**

涵洞各类病害的处理方法、措施。

◇想一想:这么多的病害应该怎么处理才能使涵洞寿命更长呢?

为了提高涵洞承受荷载、泄洪排水的能力,通常对涵洞各个部位病害要及时进行维修处理,以使涵洞的功能能够正常发挥作用、寿命能更长久。下面根据涵洞病害出现位置和原因的不同,分别介绍不同的维修处治方法。

1. 裂缝的处治

1) 裂缝的处治方法

无论是对桥梁还是涵洞而言,混凝土裂缝都是最常见的病害之一,且分类众多,如表面裂缝、深层裂缝、贯通裂缝、横向裂缝和纵向裂缝等。修补混凝土结构裂缝的目的在于恢复结构的整体性,保持结构的强度、刚度、耐久性、抗渗性,保证外形的美观。一般较细的裂缝,对结构的强度影响不大;当裂缝较多且其宽度较大时,结构的刚度要相应降低,同时钢筋容易受到空气、水等物质的侵蚀,强度等下降,结构物的寿命缩短。所以,对于混凝土构件,应视其裂缝的大小,分别采用不同的方法进行处理。

(1)表面裂缝封闭法:适用于宽度小于 0.15mm 的裂缝处理。
(2)自动低压渗注法:适用于数量较多、宽度在 0.1~1.5mm 间的裂缝。
(3)压力灌注法:适用于深度较深、宽度≥0.15mm 的裂缝处理。
(4)若盖板、拱圈等承重结构的裂缝严重且在持续发展时,应拆除,再重建上部。

2) 裂缝处理注意事项

(1)裂缝缝口表面处理,应使工作面平顺、干燥、无油污。处理范围沿裂缝走向宽 30~50mm。
(2)采用表面封闭法处理裂缝时,应在缝口表面处理后,用裂缝修补材料涂刷或用改性环氧胶泥适当加压刮抹。
(3)自动低压渗注法、压力灌注法的施工工艺流程如图 4-2-1 所示。
(4)注浆嘴沿裂缝走向布置,间距视裂缝宽度一般为 200~400mm。
(5)压力注浆修补裂缝应根据浆液流动性选择注浆压力,一般为 0.1~0.4MPa。

(6)竖向、斜向裂缝压降应自下而上进行。

(7)当裂缝区的钢筋锈蚀时,应先对钢筋进行除锈,再进行裂缝修补。

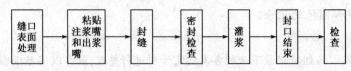

图4-2-1 注浆工艺流程图

2. 混凝土表面缺陷的处治

根据《公路桥涵养护规范》(JTG H11—2004)的规定,对于混凝土的空洞、蜂窝、麻面、表面风化、剥落等表面缺陷,应先将已破损的松散部分清除,直到露出完好的混凝土,并除去钢筋上的铁锈,再用高强度等级混凝土、水泥砂浆或其他材料进行修补。若损坏面积不大,可采用涂抹、压浆、浇筑来修补;若损害面积过大,则可采用高压喷射混凝土或高强度的水泥砂浆进行修补。在修补过程中,要注意新补的混凝土要密实,与原结构应结合牢固、表面平整,养生环境和时间要满足规范要求。具体的工艺流程可参见混凝土桥梁表面缺陷的修补。

3. 沉陷、错台、跳车的处治

根据沉陷、错台这一类病害产生的原因,其整治的方法主要有以下几种:

(1)向沉降缝内压浆回填。压浆前先清理涵节接缝,再用木板等填塞沉降缝,接着向沉降缝后背压浆,对地基及基础实行压浆处理。若沉降缝内积水处理困难时,应采用防水材料胶缝,防水材料胶缝遇水高倍膨胀,可防止路基土溶出。

(2)用千斤顶调整管节的错台。此方法一般用于管涵,通常施工时用两台千斤顶顶起沉降管节,管节就位后往地基土中压入水泥浆,最后再填塞沉降缝。

(3)若是铁管涵、波纹管涵发生沉降变形,则应挖开填土,更换管底土壤,管上加铺土工布或油毡防水层,并注意对回填土分层夯实。

前两种方法应与拆除重建进行技术经济比较,如采用的处理方法较昂贵且较难处理时,可挖开填土处理地基,再重建基础。地基的加固多用换填夯实、扩大基础等费用较少的方法。

若由于沉陷、错台等原因造成涵头跳车,则应根据情况具体处理。当路面轻度下沉,基层和土基较密实时,可只加铺面层,采用原面层材料修理平整;当沉陷面层和基层均已出现破损现象,但土基尚稳定时,可重做基层,并调整平整度和路拱,再铺面层;当土基下沉、路面破损严重时,必须先处理土基,再重铺基层和面层。

4. 渗水、漏水的处治

涵洞施工缝过大、接头或铰缝处发生填料脱落,引起路基渗水;沉降缝错动,缝中的填塞物脱落、失效,出现漏水、漏土或流泥浆等,应及时封堵处理。可用麻絮浸透沥青后填塞入处理好的缝隙中,或用其他黏弹性材料封堵,然后再用水泥砂浆或乳胶水泥砂浆将缝口填满、压实、抹平,以免再次脱落。对涵洞防水设施不完善的,应挖开填土,用高强度等级的水泥砂浆对涵身进行维修处治,并加设油毛毡防水层(三油两毡)或防水土工布。对于错台等病害较严重且有进一步发展趋势的涵洞节段进行地基压浆补强,提高地基承载能力,修复存在破损的路面,完善路面防排水系统,增设泄水设施,加强涵台身的防排水能力。

5. 洞内外淤积、堵塞、排水不畅的处治

及时清除洞内外淤积的水草、泥沙等杂物,以增加过水断面;在进出水口设置沉淤井来防

止泥沙淤积,疏通洞口附近排水通道,使洞口铺砌与上、下游河道平顺相接,降低出水口的高程,以利于洞内积水的排出,并加强日常养护,尤其在每次洪水过后。

6. 洞口翼墙开裂、倾斜、鼓肚等的处治

洞口翼墙或端墙常见病害的处治方法如下:

(1)由于填土夯实不足而发生沉落挤压,或填土中水分过大,土压力增大而造成的外倾或鼓肚,应挖开填土,修理外倾或鼓肚部分,并更换透水性好的填土,认真回填夯实。

(2)因基础不均匀沉降而发生倾斜时,应先处理基础,一般用扩大基础的方法,将原基础外侧洗刷干净,按原结构加宽20~40cm,新旧部分必须结合坚固。也可以采用更换土质的方法加固基础,但要注意做好夯实填土,然后再修理倾斜或开裂部分,必要时重砌洞口部分。

7. 砌体结构缺陷的处治

砌体表层麻面、起皮、剥落、勾缝脱落、松散等表层损坏,如果不及时处理,将会向深度发展,造成内部材料的变质、酥化,使强度降低,对此类问题常见的处理方法如下:

(1)对砌缝中的杂草必须清除,并将损坏的灰缝凿除,用水泥砂浆重新勾缝,或局部拆除后重新砌筑。

(2)砌体表面有风化剥落现象的,可采取表面抹浆或喷浆。抹浆或喷浆前应将表面松动剥落的部分清除,并将表面润湿、洗刷干净。抹面厚度为2cm,喷浆厚度为1~2cm,均应分2~3次进行。必要时可加设钢筋网,提高其强度和整体性。

(3)在砌体背后压注水泥砂浆或化学浆液。

(4)加设涵内衬砌。

8. 涵洞基础冲刷悬空的处治

基础局部冲刷悬空可用水泥砂浆砌片石或片石混凝土填实,一般应比原基础加宽10~20cm,并修复或增设洞口、洞底铺砌层和端部截水墙;当流速特别大时,应设置相应的缓流设施,如消力池、消力槛等。

单元训练

实训目标 能熟练地说出涵洞不同类型病害对应的维修方法和具体的施工工艺。

实训准备 寻找运营中涵洞的一种或多种病害。

实训内容 根据上面找出的病害,分析其产生原因,写出维修的具体施工工艺流程。

实训成果 各组将病害维修资料进行整理,最终以实习报告的形式进行提交。

单元三　涵洞的养护与病害的预防

◇想一想:如何防止涵洞病害？涵洞的病害应该如何处理？

涵洞在公路工程和农田水利灌溉中具有举足轻重的作用,涵洞的正常使用是保证公路和灌溉工程畅通无阻的重要环节。因此,涵洞的养护工作就尤为重要,必须确保涵洞行车安全、排水顺畅和排放适当;保证涵洞结构及填土的完好;维护涵洞表面清洁、不漏水。

根据《公路养护技术规范》(JTG H10—2009),涵洞养护的基本要求主要包括以下几个方面:

(1)定期进行检查,发现病害及时修复加固。
(2)建立、健全完善的技术档案,准确掌握涵洞的技术状况。
(3)加强对涵洞的经常性保养、维修,对损坏严重的涵洞及时加固或改建。

涵洞的养护工作内容包括:涵洞的经常检查和定期检查,日常的养护、维修、加固与改建。

一、涵洞的检查

涵洞的检查是为了发现病害和隐患,并且在此基础上分析其产生的原因,才能采取适当的工程技术措施,及时处治,提高涵洞的使用质量和抗灾能力,保证涵洞的正常使用功能,延长其寿命。涵洞的检查一般与桥梁检查是分别进行的,检查的时间频率不一样,实施检查的人员要求也不一样,通常都是随同路线一起进行。

涵洞的检查分为经常检查和定期检查。

1.经常检查

(1)经常检查每月至少进行两次,在洪水、冰雪前后及洪水期间应加强检查。
(2)经常检查内容包括:进水口是否堵塞、沉砂井有无淤积、洞内有无淤塞及排水不畅;洞口周围是否有杂物堆积,涵洞是否清洁、漏水;周围路基填土是否稳定和完整;涵洞结构是否有损坏。
(3)经常检查中发现有排水堵塞或有较大损坏需要进行维修的,应做好记录并及时报告。

2.定期检查

(1)定期检查每年至少进行一次,在接到较大损坏情况的报告后应增加检查次数。
(2)定期检查内容包括:
①检查涵洞的过水能力,包括涵洞的位置是否适当,孔径是否足够,涵底纵坡是否合适。若过水能力明显不足,经常造成内涝及路基损毁的,应考虑改造。
②进水口铺砌、翼墙、护坡、挡水墙、沉砂井等是否完整,洞口连接是否平整顺适。
③出水口铺砌、挡水墙、翼端、护坡等是否完整,排水是否顺畅。
④涵体侧墙是否渗漏水、开裂、变形或倾斜,墙身砌体砂浆是否脱落、石块是否松动,基础是否冲刷淘空。
⑤涵身顶部盖板或拱顶是否开裂、漏水、变形下挠,拱顶砌块是否松动脱落。
⑥涵底是否淤塞阻水,涵底铺砌是否完整。

⑦洞口附近填土是否有渗水、冲刷、空洞,填土是否稳当。

⑧涵洞顶路面是否开裂、下沉,行车是否安全。

(3)定期检查中,检查人员应当场填写"涵洞定期检查表"(表4-3-1);实地查明损坏情况,根据涵洞的技术状况及排水适应状况,参照桥梁技术状况评定标准中的相关结构类型,对涵洞的技术状况综合作出好、较好、较差、差、危险等五个级别的评定,提出日常养护、维修、加固、改建等建议。

涵洞定期检查表　　　　　　　　　　　　　　表4-3-1

1.路线编号		2.路线名称		3.涵洞桩号	
4.养护单位		5.涵洞类型		6.检查时间	
7.序号	8.部件名称	9.损坏或需维修情况描述		10.维修建议(方式、范围、时间)	
(1)	进水口				
(2)	出水口				
(3)	涵身两侧				
(4)	涵身顶部				
(5)	涵底铺砌				
(6)	涵附近填土				
11.涵洞技术状况总评		好	较好	较差	差	危险
12.养护方案	日常养护	维修	加固	改建	13.下次检查时间	年　月
14.备注						

主管负责人		检查人		检查时间	年　月　日

二、涵洞的日常养护

为了防止小毛病发展成大病害,根据"预防为主,防治结合"的原则,涵洞的日常养护在其使用期间就尤为重要。涵洞日常养护工作大体上可以分为保洁、清淤和防渗堵漏、结构修补两大部分,主要是洞身的疏通及涵洞表面接口、端墙、护坡、涵底等部分轻微损坏的修复。根据《公路桥涵养护规范》(JTG H11—2004),各项任务基本要求如下。

1. 保洁、清淤,防止堵塞

(1)涵洞的洞口应保持清洁,发现杂物堆积应及时清除。涵洞内应保持排水畅通,发现淤塞应及时疏通。

(2)冬季洞口和涵洞内如有积雪应尽快清除,被清除的积雪应堆放在路基边沟以外。经常积雪或积雪较深的涵洞,入冬前可在洞口外加设栅栏,也可以采用树枝、柴草捆或篱笆把涵洞入口挡起来,以防冰冻或雪堵塞涵洞。在春季融雪时,及时拆除遮挡。对于倒虹吸涵,应在冰冻前将涵洞内积水排除,并将进出水口封闭。

(3)涵洞排水如经常出现混浊或杂物,可在进水口加设沉砂井,并注意定期排除杂物。

2. 防渗堵漏、结构修补

涵洞在使用过程中都会因为不同的原因出现不同程度的破损,如裂缝、渗水漏水、翼墙倾斜、沉陷、铺砌破坏等。平时的养护工作应对出现的问题找出原因、及时解决,避免涵洞病害的进一步发展。

(1)涵底铺砌、洞口上下游路基护坡、引水沟、汇水槽、沉砂井发生变形时,均应及时修理。

(2)涵底铺砌出现冲刷损坏、下沉、缺口时应及时修复;路基填土出现渗水、缺口时应及时封塞填平。

(3)涵底和涵墙出现渗漏水,应查明原因,分别采取下列方法处治:

①疏通水道,使洞口铺砌与上、下游水槽坡道平齐顺适。

②保持洞内底面平顺,并有适当纵坡。

③用水泥砂浆对涵底和涵墙重新勾缝。

(4)涵洞出水口的跌水构造应与洞口结合成整体,若有裂缝应及时填塞。

(5)浆砌石拱涵的砌体表面风化、开裂、灰缝剥落,局部石块松动、脱落,或砌体渗漏水,可分别按下列方法处理:

①用水泥砂浆重新勾缝,或局部拆除后重建。

②表面抹浆或喷浆。

③在砌体背后压注水泥砂浆或化学浆液。

④加设涵内衬砌。

⑤挖开填土,对砌体进行维修处治,并加设防水层。

(6)混凝土管涵的接头处和有铰接缝处发生填缝料脱落,引起路基渗水时,应及时封堵处理。可用干燥麻絮浸透沥青后填实,或用其他黏弹性材料封堵,不宜用灰浆抹缝,以免再次脱落。

(7)压力式涵洞进水口周围路堤发现渗流、空洞、缺口或冲刷现象时,应及时进行修补处理。洞口周围路基可用不透水黏性土封堵,洞前做铺砌或修挡水墙。

(8)压力式涵洞或倒虹吸管的涵顶路面出现浸渍,应及时处理。采用对涵内顶部表面抹浆、喷浆或衬砌的方法处理。

三、涵洞的雨季养护

涵洞在使用过程中会不断地受到暴雨、洪水、冰雪等自然灾害的影响,出现不同程度的损坏,尤其是随着雨季的到来,水量剧增,漂浮物容易随洪水流动,通过涵洞时极易造成冲击破坏、堵塞等问题,影响涵洞的正常使用和行车安全。因此,涵洞的雨季养护就要特别注意,应做好汛前检查工作,提高涵洞的抗洪能力,预防涵洞出现水毁。

涵洞雨季养护的主要内容如下:

(1)在汛期来临之前,为保证汛期排水通畅,确保行车安全,应对沿线涵洞进行摸底调查,掌握使用情况,评估抗洪能力,增设适当的防护设施。有必要时,排洪能力较小或损坏的涵洞进行增设或更换。

（2）洪水期间，为了防止漂流物或漂流的大石块等冲击、堵塞涵洞，在涵洞上游应及时打捞、清除漂浮物；涵洞口有堵塞时，必须立即排除；有洪水冲击破坏的地方，应立即用草袋、麻袋装上土石进行防护，以免水毁继续扩大，待雨季后再进行修复加固。

四、涵洞常见病害的预防

通过对涵洞病害的种类和成因的分析，不难发现，其实许多的病害都是可以避免和预防的，主要可以从以下几个方面进行。

1. 结构设计方面

（1）依据水文资料计算，使涵洞具有足够的宣泄能力，保证洪水的排泄，在无可靠水文资料的情况下，实地调查洪水痕迹，按经验选择孔径及形式。

（2）洞口铺砌和隔水墙，用钢筋混凝土板代替目前的浆砌块（片）石，并保证与端墙、翼墙连接牢固，缝隙紧密。

（3）端墙、翼墙的厚度尺寸与墙背面坡度应以保证墙体具有足够的抗倾覆力矩、基础抗滑动力为控制数据。

（4）墙体基础埋置深度要按最大冲刷深度和当地标准冻深双因素确定。

（5）在隔水墙以外且抗冲刷能力弱的条件下，可采取简易、有效、可靠的铺砌或防护类型加以防护，防止水毁的发生。

（6）沉降缝位置是最薄弱、最易渗水的位置，在可能的情况下，尽量少设沉降缝；涵身在纵向连接构造的保证下，不产生错口和沉陷。

2. 施工方面

（1）施工时若地质条件与设计文件不符，及时反馈设计人员进行修改，消除先天性隐患。

（2）改进施工方法，加强结构重要部位的施工及前后施工顺序的合理衔接。

（3）所用材料要严格按设计要求选用，严把质量关，杜绝偷工减料和使用不合格材料。

（4）涵洞施工抓住这几个环节：承载力要均匀、沉降缝要竖直、涵背填土要对称、出入口要及时铺砌疏通、碾压要均衡等。

3. 养护方面

在涵洞的运营过程中，要加强管理和维护，要认真贯彻和执行桥涵养护技术规范。及时清除洞口及洞内的淤积物，以保持洞内排水畅通；经常检查附属设施与涵洞结合的整体性，发现病害和隐患要及早处理，做到防患于未然。

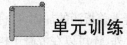

单元训练

实训目标　熟悉涵洞养护方法和检查项目，能够填写定期检查表。

实训准备　由老师或自行组织，寻找涵洞的一种或多种病害。

1. 场地选择：选择一道已经出现不同病害的涵洞进行调查；
2. 实训器材：相机、笔、尺、记录本、涵洞定期检查表、实训报告等。

实训内容 检查涵洞使用情况，是否有破损或需要维修的地方，记录具体情况，并现场填写检查表格。

实训成果 现场完成定期检查表，回来根据记录内容整理涵洞养护报告。

单元四　涵洞的加固与改造方法

◇想一想：路基加宽时涵洞长度不够怎么办呢？
　　　　有些涵洞已经不能再继续使用了，该怎么处理？

承载力不足的涵洞应进行加固与改造。当涵洞位置不当，原有涵洞结构损坏，排洪孔径不足，路基抬高、加宽或扩建以满足农田水利建设、车辆行人交通和各种管线穿越公路的需要时，都需要进行加固或改造涵洞。

一、涵洞的加固

不同类型的涵洞应采用相应的加固维护技术。

1. 管涵

混凝土管涵一般可在管外加筑一层混凝土套壳，予以加固；若管节因基础沉陷而发生严重错裂，则可采取挖开填土加固基础并重新做砂垫层。

2. 圬工拱涵

拱上填土较低时，可采用拱上加拱的方法，挖开填土和防水层，洗刷干净，处理好原有拱圈上的病害，按原结构材料砌筑加固层；若拱上填土较高时，可采用拱下加拱的方法，一般用高强度等级水泥砂浆将新旧部分连接成一个坚固的整体，但此方法需保证加固以后要有足够的排洪净空。

3. 盖板涵

石盖板涵加固可以更换成较厚的盖板或钢筋混凝土盖板；钢筋混凝土盖板涵的加固，可将原盖板面凿毛，洗刷干净，再浇筑混凝土或钢筋混凝土，加厚盖板。除此之外，还可以在混凝土构件需要加固的部位表面粘贴碳纤维等增强复合材料，使混凝土与碳纤维形成一个整体，共同受力。

涵洞地基加固包括严重冲刷的加固及地基沉降变形的处理。冲刷严重时应增设防冲、减冲结构，也可以与沟、渠的疏导整治结合进行。地基的加固法多用换填夯实等费用较少的方法，如采用较昂贵的处理方法时，应与拆除重建进行技术经济比较。

二、涵洞的改造

涵洞改造的原因主要包括如下几方面。

1. 涵洞偏小

对于泄水面积不足的偏小涵洞,应验算其在设计洪水频率条件下是否具有足够的排洪能力,作出评定,采用增建涵洞或增大孔径的方法提高泄洪能力。

2. 破损严重的危险涵洞

涵洞破损严重的原因主要有以下四种:

(1)原涵洞荷载标准过低,不适应交通量的增大和重型车辆的增多所致。

(2)涵洞地基的土质不良,原设计或施工未作处理,因此,发生不均匀沉降而引起严重破坏。

(3)施工质量差。

(4)遭受特大自然灾害,如地震等。

涵洞改造主要有接长及提高承载能力两种情况。接长涵洞一般采用与原涵洞相同的结构形式。接长时应采取措施尽量减少新旧涵洞段的不均匀沉降。提高承载力一般采用加大结构尺寸及用新结构更换的做法。若在涵洞内加大结构截面时,应注意减少过水断面造成的影响,不致引起过大的壅水或造成其他病害。更换新结构或改设、增设涵洞,一般均采用分段施工的方法维持交通,应注意施工、行车安全,设置相应的标志、护栏等,必要时应有值守人员指挥交通,维护安全。

任务五　桥梁常见病害及其防治技术

世界上第一座钢筋混凝土桥于1875年在法国建成,20世纪中期以前,钢筋混凝土桥局限于中小跨度桥梁,1937年在德国第一座预应力混凝土桥梁建成以后,混凝土桥才进入长跨度桥的行列。

回顾历史,不难看出,近代桥梁是在与事故及病害的斗争中不断发展起来的。混凝土桥梁130余年的发展历程,是从教训中不断改善与提高。从素混凝土、钢筋混凝土、预应力混凝土到预应力钢筋混凝土,每一步都是与桥梁倒塌、混凝土毁坏和开裂作斗争中发展的。预应力技术直到20世纪的20年代才得到完善,解决了高强度混凝土、高强度钢材和安全可靠的锚固方法。在公路桥梁中,混凝土桥占绝大多数,据10年前的统计数字,欧洲占70%,美国占52%,我国占90%以上。在混凝土桥梁中,预应力桥梁所占的比例,虽然日趋增加,但仍为少数。钢筋混凝土桥与预应力桥的比例,德国为62:38,美国50:50,我国大约70:30。在各类桥梁中,预应力混凝土桥梁的缺陷率最低,它是钢筋混凝土桥缺陷率的一半。预估钢筋混凝土桥使用寿命70年左右,预应力桥梁100年上下,由此可见,混凝土桥梁越多,使用寿命就越短,缺陷率就超高。这说明桥梁的使用耐久性存在很大的问题,由于荷载标准的不断增加,气候条件的变化,环境污染,风雨酸盐侵蚀,桥梁数量急剧增加,桥梁建设质量下降,这些因素导致桥梁远远达不到设计预期使用寿命。混凝土桥梁的病害由于其数量之大,地域之广,项目之多,对交通运输安全畅通会带来严重的影响;加之修复费用之浩繁,现已成为世界各国共同关注的问题。因此,必须注重桥梁工程的耐久性,减少桥梁的缺陷及病害,下面讲一些病害实例,提出病害产生原因及防治方法。

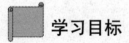

知识目标

(1)桥梁常见病害类型;
(2)桥梁常见病害产生的原因;
(3)桥梁常见病害的预防和处治技术。

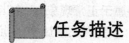 能力目标

(1)能够正确并熟练地识别桥梁常见病害类型;
(2)能够熟练地说出各种类型病害的预防和处治方法;
(3)通过查阅资料等方法,能够合理制订出各种类型病害处治方法的具体施工工艺。

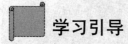 任务描述

通过对本任务知识的学习,在教师的指导下,以小组形式分工合作,以实训基地的桥梁病害为任务对象,正确区分桥梁常见病害类型,正确分析病害产生的原因,提出可行的处治方法,并总结预防该类病害的措施。

学习引导

本学习任务学习流程如下:

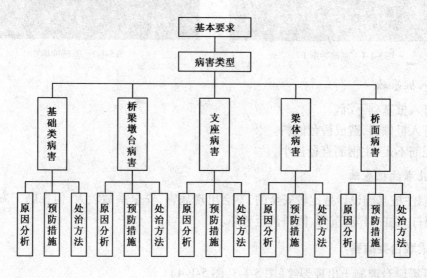

单元一 桥梁常见病害的类型

知识要点

桥梁常见病害及其表现形式。

◇想一想:桥梁病害有哪些?

1. 基础类病害

对常用的三种桥梁基础即扩大基础(挖基)、打入桩、钻孔桩,在施工中和使用中出现的病害阐述如下。

1)扩大基础

扩大基础的病害有冲刷、倾斜、沉降、滑移等(图 5-1-1、图 5-1-2)。由于地基的密实下沉而引起沉降、滑移,这对于任何一座桥梁都是难以避免的,在一定范围内属于正常现象,而超出一定范围则将对桥梁产生有害影响。在软土地基上修建的桥梁基础,由于受到土基压实下沉和地下水位上升的影响,往往还会产生不均匀沉降。不均匀沉降过大或因为水文原因产生的对基础的冲刷等容易造成基础的滑移。

图 5-1-1 基础冲刷 1

图 5-1-2 基础冲刷 2

2)打入桩基础

(1)打入桩基础下沉。

(2)打入桩倾斜,造成桥台倾斜。

(3)配筋不足,主钢筋直径过小。

3)钻孔灌注桩基础

钻孔灌注桩基础设计是比较安全的,不会出现病害,安全系数较大,但在施工方面也有病害发生,同打入桩一样有沉降、倾斜甚至破坏。

2. 桥梁墩台类病害

(1)桥梁墩台混凝土出现裂纹(图 5-1-3、图 5-1-4)。

图 5-1-3 桥台裂缝

图 5-1-4 墩柱裂缝

(2)桥梁墩台出现偏移(图5-1-5)。

(3)桥梁墩台的混凝土强度偏低,表面剥落露石(图5-1-6)。

(4)桥头跳车(图5-1-7)。桥梁运营一段时间后,普遍存在台后填土下沉的现象,使桥头跳车成为一种常见的病害。

图5-1-5　桥墩倾斜　　　　　图5-1-6　桥墩混凝土剥落　　　　图5-1-7　桥头跳车

3.支座类病害

1)支座本身

支座本身病害的表现形式有:止浮装置的损害;限制移动装置的损害;支座构件裂痕;螺母松动;带头螺栓固定螺栓的脱落;滑动面、滚动面锈死;下底板的破裂;各构件的腐蚀;插座相互间接触等(图5-1-8、图5-1-9)。

图5-1-8　支座病害1　　　　　　　　　　图5-1-9　支座病害2

2)支座底板

支座底板病害表现形式有:锚栓切断;填充砂浆裂缝;支座底板混凝土碎裂;支座垫石压坏、剥离等。

4.桥梁梁体病害

(1)梁体出现裂缝(图5-1-10、图5-1-11)。

(2)梁顶板混凝土漏水,T梁、箱梁顶面都有漏水现象,对梁的混凝土及钢筋都造成损害。

图 5-1-10 底板裂缝　　图 5-1-11 腹板裂缝

(3)梁体出现露筋及混凝土剥落(图 5-1-12)。
(4)预应力梁的预应力度不准确。

5. 桥面病害

(1)沥青混凝土桥面铺装层破坏表现为:轻微裂缝(发状或条状)、严重裂缝(龟裂,纵、横裂缝)、坑槽、车辙、拥包、磨光和起皮等(图 5-1-13)。

(2)水泥混凝土桥面铺装的主要病害有:裂缝、剥落、坑洞、磨光等(图 5-1-14)。

(3)各种伸缩缝装置一般具有的缺陷往往表现在伸缩缝本身的破坏损伤、锚固件损坏、接头周围部位后铺筑料的剥落、凹凸不平等,这些缺陷也成为伸缩缝处漏水的原因,从而加速支座和结构本身的恶化(图 5-1-15、图 5-1-16)。

图 5-1-12 梁底剥落

图 5-1-13 沥青桥面破坏

图 5-1-14 水泥混凝土桥面破坏

图 5-1-15　伸缩缝病害 1

图 5-1-16　伸缩缝破坏 2

单元训练

实训目标　能够根据现场情况,准确地找出桥梁出现的各种病害。

实训准备

1. 场地准备:选择一座有多种病害表现的桥梁;
2. 器材准备:笔、记录表格、刻度尺、皮尺、照相机等;
3. 人员准备:以 2~3 人为一个小组,将班内同学分成若干小组。

实训内容　各组同学采用实训器材等工具对实训场地内出现的各种桥梁病害进行数据、文字和图像的记录。

实训成果　各组将记录下来的各类病害资料进行整理,最终以实习报告的形式进行提交。

单元二　桥梁基础类病害成因及防治措施

知识要点

(1)桥梁基础类病害成因;
(2)桥梁基础类病害产生的影响因素;
(3)桥梁基础类病害的预防措施;
(4)桥梁基础类病害处治方法。

◇想一想:桥梁基础类病害产生的影响有多大?

一、桥梁基础类病害产生的原因

对于桥梁基础,其承载力、稳定性及冲刷、冻胀不满足要求,就会出现病害。

1. 扩大基础病害

扩大基础一般其地基强度较高,能够满足设计承载力要求,但有时也会有承载力不足的情况,所以设计文件在说明中都注出,如地质条件变化与设计不符,通知设计部门,经研究后确定是否可继续施工。尽管如此,仍有因设计和施工中的疏忽造成基础施工后严重沉降、倾斜、变形,致使墩台变形、倒塌。出现这种病害的主要原因有:

(1)地基土质较差,在不遇水时,强度较高;在经过水浸泡后就会变软,失去强度。

(2)基础埋设深度不足,垂直承载力、水平承载力不足,在水流冲刷下基础或墩台失去稳定而倾斜。

(3)基础混凝土浇筑时,基坑水没有抽干,混凝土遇水强度及完整性不良。在水流冲刷、冰冻侵蚀作用下,基础局部遭受破坏,造成墩台倾斜,倒塌。

(4)基础地基冻胀上升,造成破坏,致使墩台上升、断裂,桥面变形。

2. 打入桩桩基病害

(1)打入桩基础下沉的主要原因,有桩长不足、地基承载力不够、实际地质条件与设计不符,以及施工时桩很容易打入,没有采取加桩或接桩的补救措施,最终造成墩台沉降。

(2)由于打入桩倾斜,造成桥台倾斜。主要原因是桩打入在软土地基中,台后填土高度大,水平土压力大,桩的柔度过大,随着加载时间的延长,台后超孔隙水压力逐渐消散,土压力逐渐增大,台前土体仍处于流塑状态,对桩压力失去平衡,造成桩的上部向桥内倾斜。遇到上层软、下层硬的地基土质,桩打不进去,便将其截断,入土深度不满足设计规定的要求,在路基填土水平力作用下发生倾斜。

(3)打入桩有些隐患值得注意。配筋不足,主钢筋直径过小,由此造成水平承载力不足,加上钢筋锈蚀后断面会变小,桩身出现裂纹、断裂。

3. 钻孔桩桩基病害

钻孔灌注桩基础设计是比较安全的,不会出现病害,安全系数较大。但在施工方面也会引起病害发生,同打入桩一样有沉降、倾斜、甚至破坏的病害。

(1)桥台钻孔桩倾斜的主要原因是地基上层土软而厚,桩的实际悬臂长度过大(软塑土层无抗力),在台背填土的作用下,其下软土被逐渐压密,对桥台及桩的压力增大,台前的软塑土遭受破坏失稳引起桩及桥台向前倾斜。

(2)钻孔灌注桩基础沉降主要是桩的混凝土浇筑质量出现问题,尤其是在桩的下部承载力大的桩段,发生断桩夹泥、不完整桩,下部坍孔,造成桩长不足或是混凝土与泥浆相混,致使强度不足,当时没有发现,当加上静载、活载以后便发生沉降;也有因洪水冲刷造成桩长不足或损坏,引起沉降,甚至全桥垮塌。

(3)桥台钻孔桩因粗差造成偏位是屡见不鲜的事。主要是设计桥台桩中心线与梁支座中心线不一定在一条直线上,而放样时按在同一条直线上操作而造成的偏位,因无法处理而留下偏心受力的隐患。

(4)钻孔桩断桩时有发生,在施工中应注意发现并进行处理,否则留下后患。断桩可在桩的下部、中间和上部发生,上部容易发现,中、下部需要在浇筑混凝土的过程中跟踪检查、记录,或借助超声波、小应变可发现。

二、桥梁基础类病害的影响因素

1. 设计因素

地质勘探主要存在勘探孔间距太大、孔深太浅、土工试验数据不足、土工取样和土工试验不规范、桩周摩阻力和桩端阻力不准等问题。设计文件主要存在对地质勘探资料没有认真消化、桩型选择不当、原始地面高程不清等问题。因此,在基础开始施工前,应针对这些问题对地质勘探资料和设计文件进行认真审查。另外,对扩大基础的基底承载力和桩基础持力层厚度变化较大的场地,应适当加密地质勘探孔,必要时进行补充勘探,防止桩端落在较薄的持力层上而发生桩端冲切破坏。场地有较厚的回填层和软土层时,设计者应认真校核桩基是否存在负摩擦现象。

2. 施工因素

扩大基础:基础开挖时超挖较大或对扰动部分没有进行处治。基坑在开挖过程中,防水、排水设施没有考虑或考虑不周;或开挖前,没有进行人工降水,以及人工降水失效,造成基坑浸水。基础混凝土浇筑时,基坑水没有抽干,混凝土遇水时其强度及完整性不良,明挖基础实际承载力不够,或基础四角承载力差异较大时,施工单位没有申请变更而直接施工;混凝土在施工过程中因为原材料、运输、养护等原因导致其强度不够。

打入桩:打入桩基础下沉的主要原因是,桩的强度不够,或在进行打桩施工时混凝土的龄期短,导致其强度不够,施工时桩身断裂;桩长不足、地基承载力不够、实际地质条件与设计不符、施工时没有采取贯入度和桩长双控,桩很容易打入,没有采取加桩或接桩的补救措施,最终造成墩台沉降;由于打入桩倾斜,造成桥台倾斜。还有桩的入土深度不足造成桥台倾斜。遇到上层软、下层硬的地基土质,桩打不进去,便将其截断,入土深度不满足设计规定的要求。加上承台挖基、铺砌或流水冲刷,实际桩在原地基中的长度更短,在路基填土水平力作用下发生倾斜。预防的办法是不容许随意截短桩的长度,在原样地基土中不应短于设计。否则应改为扩大基础,不能用桩基。

钻孔灌注桩基础施工过程中引起钻孔桩出现质量缺陷的原因很多,主要有:

(1)钻孔深度的误差。主要有三方面,一是由于地质勘探完成后场地再次回填,计算孔口高程时疏忽引起的误差。二是由于施工场地在施工过程中废渣的堆积,地面不断升高,孔口高程发生变化造成的误差。三是孔底沉渣过厚,清孔泥浆质量差,清孔无法达到设计要求,测量方法不当造成误判。

(2)孔径误差。孔径误差主要是由于工人疏忽,错用其他规格的钻头,或因钻头陈旧,磨损后直径偏小所致。

(3)钻孔垂直度不符合规范要求。场地平整度和密实度差,钻机安装不平整或钻进过程发生不均匀沉降,导致钻孔偏斜;钻杆弯曲、钻杆接头间隙太大,造成钻孔偏斜;钻头翼板磨损不一,钻头受力不均,造成钻头偏离方向;钻头遇软硬土层交界面或倾斜岩面时,钻压过高使钻头受力不均,造成钻头偏离方向。

(4)缩径。主要是地层复杂、钻进进尺过快、护壁泥浆性能差、成孔后放置时间过长没有灌注混凝土等原因所造成。

(5)桩端持力层判别错误。持力层判别是钻孔桩成败的关键,现场施工必须给予足够重视。对于非岩石类持力层,判断比较容易,可根据地质资料的深度,结合现场取样进行综合判定。

(6)水下混凝土灌注和桩身混凝土质量问题。混凝土配制质量关系到混凝土灌注过程是否顺利和桩身混凝土质量两大方面,有足够的理由要求我们对它高度重视。要配制出高质量的混凝土,首先要设计好配合比和做好现场试配工作,采用高强度等级水泥时,应注意混凝土的初凝和终凝时间与单桩灌注时间的关系,必要时添加混凝土缓凝剂。施工现场应严格控制好配合比(特别是水灰比)和搅拌时间。掌握好混凝土的和易性及混凝土的坍落度,防止混凝土在灌注过程中发生离析和堵管。

(7)桩身混凝土夹渣或断桩。引起桩身混凝土夹渣或断桩的原因主要有如下四方面:
①初灌混凝土量不够,造成初灌后埋管深度太小或导管根本就没有进入混凝土内。
②混凝土灌注过程中拔管长度控制不准,导管拔出混凝土面。
③混凝土初凝和终凝时间太短,或灌注时间太长,使混凝土上部结块,造成桩身混凝土夹渣。
④清孔时孔内泥浆悬浮的砂粒太多,混凝土灌注过程中砂粒回沉在混凝土面上,形成沉积砂层,阻碍混凝土的正常上升。当混凝土冲破沉积砂层时,部分砂粒及浮渣被包入混凝土内。严重时可能造成堵管事故,导致混凝土灌注中断。

3. 汽车超载运行

汽车超载主要有三种情况:其一是早期修建的老桥超龄负载运营;其二是桥梁通行的车流量超过原设计预期;其三是车辆违规超载。前两种产生的原因主要是设计荷载的变化和交通量的增加所导致;后者是车辆使用者违法超载营运所致。后两种超载现象在我国公路交通运输中较为普遍。一方面,桥梁的超载使用可能引发疲劳问题。超载会使桥梁疲劳应力幅度加大、损伤加剧,甚至会出现一些由超载引发的结构破坏事故。另一方面,由于超载造成的桥梁内部损伤不能恢复,将使桥梁在此后正常荷载下的工作状态发生变化,从而可能危害桥梁的安全性和耐久性。

4. 其他因素

其他对桥梁造成危害的因素包括:风雨侵袭及自然环境作用,受到意外强烈冲击、温度的变化导致的力及应力重分布,地震、洪水等自然灾害等。桥梁的基础病害和原因并不完全是一一对应的,往往一个因素是诱发病害的主要起因,其他因素则加速或促进病害的发展。

三、桥梁基础类病害的预防措施

1. 扩大基础

(1)基础施工前,要查清桥位处有无地质异常情况,当地基进行隐检时,要进行检测,并认真分析地基土的实际情况是否与设计资料相符,避免漏掉基础异常问题。

(2)减少地基超挖。预防措施是:机械开挖时,槽底的控制高程应比设计高程提高15~30cm,机械挖完后,再用人工清槽;改进机械挖土的铲斗,减小斗齿扰动土的厚度,相应减小槽底的预留厚度,配合专人,随挖随按槽底的设计高程进行人工清槽。

(3)开挖基坑前,在基坑周围的场地上,设置排水系统,截流地面水,防止地面水流入基坑。在地下水位较高的地区,需在地下水位以下挖土,可以采用明排水和三级深度挖土法挖基坑。即挖土深度、排水沟和集水井始终保持三级深差,每级深差一般为20~50cm。开挖时,先从高程最低处开始,并在最低处设置集水井。如果基坑开挖后,不能立即进行下一道工序施工时,可以在基坑设计高程之上预留15~30cm厚的一层土不挖,待下一道工序开始前,再人工开挖至槽底的设计高程。

(4)混凝土各种原材料指标应满足试验要求,混凝土搅拌、运输、灌注、养护应满足规范要求。冬季施工中,地基要用草帘等保温材料覆盖,不允许地基土被冻结。如发生冻结,应将冻土挖掉,在保温维护措施可靠的情况下,才能浇筑基础混凝土。春融期进行基础施工,要注意检查地基表层下有无残留冻土层。如有,要使其融化并进行处理后,才可以进行基础施工。必须保证地基软硬均匀,否则要进行地基处理。

2. 打入桩

打入桩发生事故的主要原因来自三个方面,即管桩质量、施打技术、机具配套。施打的管桩必须具备一定的技术指标,这是能否使施工顺利进行的先决条件,管桩混凝土等级未能达到设计的要求,说明管桩质量是引发断桩事故的一个重要原因。因此,要求管桩生产厂家要严格把好出厂检验关,并加强对运输的管理,严格控制吊点、支点位置,防止桩在吊装运输过程中损坏。每节管桩在接桩前必须进行检测,接桩时接口必须保证质量。施打技术、机具配套也是施打沉桩过程的两个重要因素,施打方法不当或未能及早排除隐患和机具不配套,往往会增加对管桩不利的内力,甚至超过极限引起破坏。

陆地上施打的管桩是在施工过程中分节入土,边施打边接长。在前一节管桩入土时,锤击作用在此节的桩头上。如果桩头平面与桩纵轴线不垂直或桩帽与桩头间垫料缓冲性能差,会使管桩局部承受大偏心受压而引起桩头附近开裂。这时如继续接长势必留下隐患,继续施打到一定程度出现断桩在所难免。根据检测统计,在接头附近部位有时存在桩身缺陷。所以,施工单位应每次接桩前对前一桩节桩头进行检查(包括入土时对外露部分桩身的检查)。

管桩是以端承力为主的桩种,有时因地质的突变而使桩尖进入岩层或遇到孤石,在施打中如果贯入度有突变或其他异常现象,应停止打桩,查明原因,绝不可硬打。因为桩尖遇到极大的阻力会发生破裂,况且管桩是一种刚性材料,其抗弯性能差,如遇到没有坚硬土或强风化岩等的过渡就会发生破裂。桩尖穿过软土直接碰到岩层或孤石,而岩面或孤石面又不水平时,硬打会使管桩倾斜,引起断裂。尤其是斜桩,由于桩身本身斜置,垂直碰到岩面或孤石面的几率是很小的,更应引起注意。

众所周知,管桩在锤击力作用下会产生顺桩轴方向的拉力。桩身越长,拉力将越大。再加上由于接桩不顺直或桩帽、桩机对管桩的约束而引起的弯、扭力矩一起共同作用,更易使管桩内力达到极限而破坏。管桩在锤击力作用下产生的拉应力,有关文献是按应力波理论进行解释的。当锤打击到桩头时,桩头产生压应力波并向下传播,向下传递到桩身的压应力波会以拉应力或压应力的形式从桩尖反射回来。当桩尖土抗力很小或桩通过坚硬的土层打到下面的软土层时,向下传递的压应力将以拉应力形式反射回来,使桩身承受拉应力;当桩尖土抗力很大,向下传递的压应力波仍以压应力形式反射到桩身,然后这个压应力再从桩头的自由端以有效应力的形式再反射回去,使桩身受拉应力。桩身受拉超过极限而破坏的可能性是很大的。因此,在处理断桩事故时,要求施工单位的打桩机具必须配套,支垫有良好的缓冲性能,施打过程应按"重锤低打"的原则进行。因为根据应力波的理论,应力波的波长取决于桩锤与桩垫或桩头接触时间的长短,接触时间越长,波长越长,由此而产生的拉应力越小。不难理解,重锤比轻锤在桩垫上的接触时间要长;锤击在缓冲性能好的桩垫比锤击在缓冲性能差的桩垫接触的时间要长。

3. 钻孔桩

1) 桩长不够和缩径的预防

工程在场地回填平整前就进行工程地质勘探。当地面高程较低,工程地质勘探采用相对高程时,施工时应把高程换算一致,避免出现钻孔深度的误差。钻孔时应避免两部钻机在相邻孔位同时操作,每部钻机完成钻孔后要至少相隔一个孔就位。另外,孔深测量应采用丈量钻杆的方法,取钻头的 2/3 长度处作为孔底终孔界面,不宜采用测绳测定孔深。钻孔的终孔标准应以桩端进入持力层深度为准,不宜以固定孔深的方式终孔。因此,钻孔到达桩端持力层后应及时取样鉴定,确定钻孔是否进入桩端持力层。每根桩开孔时,合同双方的技术人员应验证钻头规格,实行签证手续。

2) 斜孔预防措施

(1) 在施工中要严格按施工操作规程办事。

(2) 对钻机要进行严格的检查。安置钻机前要夯实支撑点地基,钻机安平后要严格校对钻孔中心轴线。

(3) 对地质变化情况要做到心中有数。如缩孔或不规则扩孔主要出现在地层变化处。

3) 混凝土浇筑事故预防

(1) 灌注水下混凝土是成桩的关键工序,灌注过程中要明确分工,密切配合,统一指挥,做到快速、连续施工,确保灌注质量,防止发生质量事故。

(2) 对于导管进水的预防,应保证混凝土的初增量,确保首批混凝土能将导管埋住,定期地通过水密试验检查导管的密封性能,发现问题及时处理;浇筑过程中,认真测量导管埋深,杜绝测深错误。

(3) 对于埋管、堵管和钢筋笼上浮的预防,首先,要加强混凝土施工的组织工作,保证混凝土施工的连续性,严格控制埋深,一般情况下不要超过 6m。另外,可以在浇筑漏斗时安装一个振动器,当混凝土的和易性不太好时,每隔数分钟振一次可以防止堵管。

(4) 对于断桩的预防,应防止导管进水,避免埋管、堵管,提高清孔质量,加强对混凝土质量的控制,可以减少或避免断桩事故的发生。

(5) 对于混凝土高程不够的预防,应加大测量力度,灌注即将结束时,采用加注清水稀释泥浆并掏出部分沉淀土,或者用一根竹竿试探一下等方法,可以预防这种事故的发生。

4) 断桩预防

首批封底混凝土数量要充足,导管底口距孔底间距保证在 0.5m,下落混凝土能有效掩埋导管口,使泥水不能从底口进入导管形成断桩;混凝土中导管在提升过程中要准确地测量,不能提升过猛使导管底口脱离混凝土而引起断桩;采取合适的防治坍孔的措施,防治混凝土灌注中发生严重的塌孔事故而形成断桩;注重机械设备维护,杜绝因故障修理又无备用设备和手段,导致混凝土初凝,不能继续灌注而断桩。

四、桥梁基础类病害的处治措施

由于过桥车辆的日益重型化,实际上大部分活载强度已经超过设计规范规定的负荷要求,墩台的负荷强度在不断增加,经常受到重活荷载的作用。这样,桥梁墩台基础在建成后经过多年使用,经常出现各种形式的质量事故。然而,墩台基础一旦发生危险,对整座桥梁将是一个致命的打击,将给人民的生命和财产造成不可弥补的巨大损失,因此,下部结构事故的预防是重中之重。

1. 基础的沉陷和不均匀下沉

基础的沉陷和不均匀下沉,不仅会影响桥梁作用的正常发挥,如不加处理,任其发展,严重的还会导致坍塌事故的发生。因此,对桥梁基础的沉陷和不均匀沉降应尽早发现,注意观察,果断处理。通常事故发生后,首先应对其进行加固。目前,常用的加固方法主要有如下几种。

1)扩大基础加固法(图5-2-1、图5-2-2)。

图5-2-1　扩大基础加固1　　　　　　　　图5-2-2　扩大基础加固2

将桥梁基础扩大底面积的加固,称为扩大基础加固法。扩大基础底面积应由地基强度验算确定。当地基强度满足要求而仅表现为不均匀沉降变形时,底面积应主要由地基变形计算来选定。在刚性实体式基础周围加做圬工或混凝土,其施工顺序如下:

(1)通常用加宽的打板桩围堰,若墩台基础土壤不好时,应做必要的加固。

(2)挖去堰内土壤,直到挖至必要的深度(应注意墩台的安全)。

(3)在堰内把水抽干,铺砌石块,或做混凝土基础。

(4)新旧基础要注意牢固结合,施工时,可加入联系钢筋或插以钢销,以使加固的扩大基础和旧基础牢固地结合成为一个整体。

2)增补桩基加固法

在桩式基础的周围补加钻孔桩或打入钢筋混凝土预制桩并扩大原承台,以提高基础承载力、增加基础稳定性。增补桩基加固基础的优点是,不需要抽水筑坝等水下作业,且加固效果明显。其缺点是,需搭设打桩架和开凿桥面,对桥头原有架空线路及陆上、水上交通有一定的影响。对单排架桩式桥墩采用桩基加固时,如原有桩距较大,可在桩间插桩。可先凿除原有盖梁并浇筑新盖梁,将新旧桩顶连接起来。但此时必须检查盖梁在加桩顶部能否承受与原来方向相反的弯矩,如不能承受,则必须加固原有盖梁或浇筑新盖梁。加固原有盖梁时,可在盖梁顶部增设钢筋。当桥台垂直承载力不足时,一般可在台前增加一排桩并浇筑盖梁,以分担上部传来的压力。打桩时,可利用原有桥面做脚手架,在桥面上开洞插桩。增浇的盖梁可单独受力,也可连接在一起,使旧盖梁、旧桩和新桩一起受力。

2. 墩台基础冲空

(1)河床比较稳定,冲刷限于墩台周围。冲刷范围比较小的,一般采用平面防护和立体防护墩台基础的方法进行处治。平面防护主要是在桥墩周围冲刷坑范围内全部用块、片石加以铺砌,洪水之后一般不会再被冲深了。墩台四周的铺砌深度,应不小于最大的冲刷深度,也可再加宽 0.5~1.0m,以策安全。如果是冲刷较严重的卵石河床,可用钢筋制成石笼护基,石笼间要相互连锁,使其整体下卧,洪水不致继续冲刷很深。也可用钢筋混凝土预制铺砌块,以钢筋相互连锁,称之为钢筋混凝土块褥垫,连锁成整体,像褥垫一样摊铺在冲刷范围内的河床上,以防基础被冲刷。立面防护应选在距墩身一定距离处设置,以使防护工程较小,效果较好。立面防护一般应用于局部冲刷较深、较大,河床容易打桩的桥梁。如为土质或细砂砾河床,可在桥墩外围打板桩作围堰,堰内填砂卵石,表面用浆砌层防护。

(2)河床不稳定,墩台基础埋置较浅,冲刷范围较大的,采用在整个桥孔下加铺块、片石铺砌层的方法防护基础,并清理桥孔上、下游沙滩,使水流平稳进入桥孔,防止出现大的局部冲刷。这种桥孔下较大宽度的冲刷,往往在洪水后把整个河床冲深,特别是压缩桥孔的河床,更容易出现整个桥孔冲刷的现象。因此,在铺筑块石铺砌层时,应适当铺砌得低些,以增大桥梁的排水面积和能力。

3. 承载力不足

承载力不足时,同样用扩大基础加固法和增加桩基加固法进行处治。

 单元训练

🞧 实训目标

1. 能正确识别桥梁基础类病害;
2. 能正确分析桥梁基础类病害成因及影响因素;
3. 能合理制订桥梁基础类病害的处治方法。

🞧 实训准备

1. 场地准备:选择一座存在基础类病害的桥梁;
2. 器材准备:笔、记录表格、刻度尺、皮尺、照相机等;
3. 人员准备:以 2~3 人为一个小组,将班内同学分成若干小组。

🞧 实训内容　各组同学采用实训器材等工具对实训场地内出现的桥梁基础类病害进行数据、文字和图像的记录。

◆ **实训成果** 各组将记录下来的病害资料进行整理,最终以实习报告的形式进行提交。

单元三 桥梁墩台病害成因及防治措施

◆ **知识要点**

(1)桥梁墩台病害成因;
(2)桥梁墩台病害产生的影响因素;
(3)桥梁墩台病害处治方法。

◇想一想:桥梁墩台病害有哪些?

一、桥梁基础类病害产生的原因

桥梁墩台的病害事故有很大一部分是由于基础产生不均匀沉降、滑移、倾斜等现象时,受到影响而产生很大的损坏。另外还有使用过程中的磨损、老化造成的病害。

1. 桥台偏移

桥梁墩台倾斜、倒塌,主要是由基础引起的,这里不再重复。本身倒塌较多的有轻型桥台,在施工中,没有做下部支撑梁和上部主梁安装,就快速填土,用振动压路机振压或大型推土机推土,在土压力和机械力作用下,致使桥台倒塌。

两端桥台向内侧偏移带动梁体一起滑移,致使在桥梁中间墩处梁端产生起拱现象,桥上人行栏杆因相互挤压而发生折断。

2. 墩台裂缝

(1)网状裂缝,此种裂缝多发生在常水位以上墩身的向阳部位,裂缝宽0.1~1.0mm,深1.0~1.5mm,长度不等。主要原因是由于混凝土外部水化热和气温的温差,或日气温变化和日照影响而产生的温度拉压力;或是由于混凝土干燥收缩而引起的。

(2)从基础向上发展至墩台上部的裂缝,主要原因是基础松软或沉陷不均引起的。

(3)墩台身的水平裂缝呈水平状,原因多为混凝土浇筑接缝不良所引起。

(4)由支撑垫石从下向上发展的裂缝,主要是由于墩台帽在支撑垫石下未布置钢筋所致;也可能是受到过大的冲击力引起的。

(5)桥墩墩帽顺桥轴线横贯墩帽的水平裂缝,主要由于局部应力所致。因梁和活载的作用力集中地通过支座传至桥墩,使墩顶周围其他部位产生拉应力。

(6)双柱式桥墩下承台的竖向裂缝由于桩基下沉不均匀或局部应力所致。

(7)支撑相邻不等高墩的盖梁雉墙上的垂直裂缝多,仅次于雉墙棱角部位及中线部位;严重时部分混凝土剥落露筋,主要是由于局部应力所致。

(8)墩台盖梁上自上至下的垂直裂缝,其产生的主要原因是桩基下沉不均匀引起盖梁不均匀受力。

3. 梁墩台的混凝土强度偏低,表面剥落露石

桥梁墩台的混凝土强度偏低,表面剥落露石。由于过去对耐久性要求"差",下部混凝土强度设计低,施工中有时又达不到要求,受雨雪、气温等的侵蚀,出现表面剥落,强度更低,不得不加固处理。

4. 桥头跳车

引起桥头跳车的主要原因是台后填土及路基与桥台间的不均匀沉降所致。台后施工一般采用回填土,回填土要求透水性好,在接近最佳含水率的情况下分层夯实,密实度控制在90%~98%。但满足这些要求的回填土也会产生沉降,只不过这种沉降在短时间内可以完成且其沉降量不大,不至于引起与桥台间过大的沉降差。若施工时回填土不满足要求,或雨天施工使回填土含水率加大,密实度达不到要求,或分层夯实厚度偏大等,均会使回填土沉降显著加大,且这种沉降在较长时间内才能达到稳定,如2~3年或者更长时间。而桥台一般采用桩基础,着落于持力层较好的天然基础上,其沉降量基本上在施工完毕后已完成,这就导致二者之间在运营一段时间后逐渐产生沉降差。

二、桥梁墩台病害的影响因素

1. 混凝土的碳化

混凝土的碳化是指混凝土中$Na(OH)_2$与渗透进混凝土中的CO_2或其他酸性气体发生化学反应的过程。一般情况下,混凝土呈碱性,在钢筋表面形成碱性薄膜,保护钢筋免遭酸性介质的侵蚀,起到了"钝化"保护作用。碳化的实质是混凝土的中性化,使混凝土的碱性降低,钝化膜破坏,在水分和其他有害介质侵入的情况下,钢筋就会发生锈蚀。

2. 冻融循环破坏

渗入混凝土中的水在低温下结冰膨胀,从内部破坏混凝土的微观结构。经多次冻融循环后,损伤积累将使混凝土剥落,强度降低。冻融循环破坏使混凝土剥落,开始时在混凝土表面出现粒径为2~3mm的小块剥落,随着使用年限的增加,剥落量及剥落块直径增大,剥落由表及里,发展速度很快。一经发现冻融引起的混凝土剥落,必须密切注意剥落的发展情况,及时采取修补措施。

3. 钢筋锈蚀

混凝土中钢筋腐蚀的首要条件是钝化膜破坏,混凝土的碳化及氯离子侵蚀都会造成覆盖钢筋表面的碱性钝化膜的破坏,加之有水分和氧的侵入,就可能引起钢筋的腐蚀。钢筋腐蚀伴有体积膨胀,使混凝土出现沿钢筋的纵向裂缝,造成钢筋与混凝土之间的黏结力破坏,钢筋截面面积减少,使结构构件的承载力降低、变形和裂缝增大等一系列不良后果,并且随着时间的推移,腐蚀会逐渐恶化,最终可能导致结构的完全破坏。

4. 结构不合理

桥梁设计方案的选择,是由当地的水文地质条件、施工技术和方法、经济指标和使用

要求等诸多因素所决定的。桥梁结构形式、构件施工方式、桥梁截面形式，还有桥梁跨径的划分和墩高的处理等，如果这些结构选择或布局不合理，都会使桥梁在运营过程中出现缺陷。

5. 施工质量控制不严格

施工是设计的实现过程，设计正确与否，是否完善，在施工中都会得到检验。同时，施工质量的优劣，也将影响桥梁的整体性能。在桥梁建设中，尽管设计正确，但施工方法不当，施工质量控制不严，施工过程中遇到一些非预见性灾害，如洪水、地震等，常常导致桥梁承载能力降低，不能达到设计的预期目的。由于施工原因，导致日后桥梁承载能力不足。

6. 施工中的质量事故

施工中使用的混凝土、钢筋、砂砾等材料质量达不到规范要求是导致结构产生各种质量缺陷的内因。由于施工方法不当，施工质量控制不严，在施工过程中遇到非预见性的灾害，常常影响工程质量，导致桥梁的承载力不足，达不到设计的预期目标。

7. 其他原因

车流量加大，重车增多，交通碰撞事故，地震、洪水的破坏，环境恶劣，化学腐蚀，周边出现不均匀沉降等，都会使桥梁产生损坏。

三、桥梁墩台病害的预防措施

1. 地基处理

桥台及台后填方的地基，一般情况下为同一性质或同一类型的地层，但从目前情况看，仅对桥台地基进行加固处理设计，而对台后填方路段下的地基一般不进行加固处理设计。桥台和台后填方是两个性质不同的结构体，虽然桥台作用在地基上的压力大于台后填方，但由于桥台基础一般都进行了加固处理，所以一般不发生竖向沉降变形。而台后填方的基础一般不进行加固，其竖向沉降变形都远大于桥台下的地基变形，从而导致地层变形不均匀，结构物产生竖向不均匀沉降和水平滑移。因此，要加大台后地基处理范围以确保地基的稳定性。

2. 混凝土施工

在混凝土工程施工过程中，应注重混凝土配合比及原料、施工管理和施工养护。要求使用正确的配合比设计。根据现场实际的原材料状态设计配合比，合理地使用外加剂，尤其注意根据结构配筋的疏密，合理确定粗集料级配。科学地进行施工操作。首先混凝土应按设计配合比配料，尤其是水灰比，搅拌应均匀；其次，捣固要不漏振、不少振和不过振；最后，应按规范要求进行养护，浇筑完混凝土12h后开始养护，养护龄期不应小于设计。前24h内每2h养护一次，24h后每4h养护一次，并对钢模板洒水降温，达到拆模强度后即可拆模。拆模时应仔细小心，避免模板划伤混凝土表面和损坏结构物的边角等。

3. 桥头跳车预防

考虑桥台与台背路面在结构、材料、刚柔、胀缩等方面存在的差异，为了在其纵、横向都能平顺逐渐过渡，可采取以下措施。

1) 地基加固处理

为消除桥台和台后填方段的差异沉降变形,需要对地基进行加固。对一般地基可采取加固土(水泥土、石灰土等)的方法进行加固处理,对软土、湿陷性黄土、解冻土、河相冲积土等特殊地基,需进行适用于各自特点的特殊地基处理方法,如换土、强夯、固结、轻质路堤和粉喷等方法,以改善地基、提高承载力、减少工后沉降。

2) 设置枕梁和搭板

枕梁和搭板根据不同情况应采取如下不同的布置方式:

(1)桥梁为正交时,搭板预制,板顶浇筑厚 6cm C30 钢筋混凝土或钢筋纤维混凝土铺装层,在搭板与混凝土路面相接处设置胀缝,在与搭板邻近的 2~3 块路面的板缝处连续设置胀缝。

(2)桥梁为斜交时,除用钢筋混凝土搭板和铺装层整体浇灌外,另设置钢筋混凝土渐变板,其一端置于枕梁与搭板连接,另一端则直接置于路基相接于混凝土路面。

3) 设置变厚式埋板

对沥青混凝土路面,在桥台连接处设置变厚式混凝土埋板;对水泥混凝土路面,则将连接处的路面板改为变厚板。在搭板、埋板下,为保证连接部位的刚柔层次面水平和垂直方向均渐次变化,宜采用强度和回弹模量均高于土基的路面结构材料,以提高该部位的整体受荷和抗冲击能力,利于减少锚台幅度,调整不均匀沉降。

4) 路面类型过渡

产生桥头不均匀沉降的原因很多,且难于根除,为此常根据桥涵的长度和接线填方长度,在桥头一定长度范围内铺设过渡性路面,待路堤沉降基本完成后再改铺设计路面。

5) 台背填料的选择

在设计及施工中,台背填料应在现场择优选用。宜采用透水性好的填料填筑桥涵两侧路堤或采用改良性土作为填料。如果条件允许,可用轻质材料填筑。

6) 台背填方的碾压方法

施工过程中尽可能扩大施工场地,以便充分发挥一般大型填方压实机械的作用,认真施工,给予充分压实。在不能用大型机械压实的情况下,要用小型振动压路机或蛙式打夯机进行压实。

7) 设置完善排水设施

排水设施对填方的稳定极为重要,特别对靠近构造物背后的填料,施工前应做好排水,使原地基排水固结,必要时进行换填或打桩排水固结。

四、桥梁墩台病害的处治

1. 墩台位移

桥梁墩台倾斜、倒塌,主要是由基础引起的,处治方法这里不再重复。台后填土较高、台后填土不能满足施工要求,如在雨天施工的桥台基础就不满足施工规范规定,引起桥台推移的现象。解决桥台偏移的防治措施可从以下几个方面考虑:

(1)桥台护坡增加排水孔。

(2)桥台梁端设置活动支座,以适应水平位移的变化。

(3)对台后填土进行加固。

对于墩台位移过大的,则采用在原墩柱两侧对称重新安装两墩柱进行替换(图5-3-1、图5-3-2),重力式桥台还可以采用重新砌筑挡墙的方法,起到控制裂缝发展及承重的作用(图5-3-3)。

图5-3-1 桥墩倾斜处理

图5-3-2 桥台倾斜处理

2. 裂缝处理

墩台出现裂缝后,应加强检查和观测。首先应根据裂缝的特征,结合设计、施工资料进行分析,查明裂缝性质、原因及其危害程度,然后再制订应对方案。常用的措施有如下几种。

1)钢筋混凝土套箍或护套加固法

如桥梁墩台出现贯通裂缝,为防止裂缝的继续发展,使之能正常使用,可用钢筋混凝土围带或钢箍进行加固。加固时,一般在墩身上、中、下分设三道围带,其间距应根据大小而定,一般为墩台高度的1/10左右,厚度采用10~20cm。为加强与墩台的连接,应在墩台身内埋设直径10~25mm的钢销,把钢筋网扣在钢销上,埋钢销的孔径要比销径大出15~20mm,先填满销孔再浇筑混凝土,同时填塞裂缝。

当墩台损坏严重,有严重裂缝及大面积表面破损、风化和剥落时,则可采用围绕整个墩台设置钢筋混凝土护套的方法进行加固。

2)表面封闭法

表面封闭法即采用抹浆进行处理的方法。采用凿槽嵌补、喷浆、填缝的方法使表面裂缝封闭。

3)压力灌浆法

压力灌浆法即采用水泥灌浆或化学材料灌浆的方法,将浆液灌满结构内部裂缝(图5-3-4、图5-3-5)。

4)表面黏结玻璃布或钢板等材料的方法

表面黏结玻璃布或钢板等材料的方法,既可达到封闭裂缝的目的,又能提高结构的强度和刚度。

3. 表面剥落露石

选用适当的补强混凝土或砂浆进行处理。被侵蚀松动的混凝土,胶结结构已经遭到破坏,丧失了原有的强度和承载能力。在进行处理时,应剔除松动的混凝土,采用适当的混凝土或砂浆补强。侵蚀严重的,应考虑增大原来结构的尺寸,降低混凝土表面的拉应力,抑制裂缝的发生,增强结构的承载能力(图5-3-6)。补强的混凝土或砂浆应具有以下性能:

图5-3-3　桥台加固

图5-3-4　桥台裂缝注浆

（1）和易性好,具有较好的弹性和低收缩率,使补强的混凝土不开裂。

（2）与既有混凝土构件要有较高的黏结力,以及相一致的线膨胀系数,满足结构要求的抗弯强度或抗拉强度。

（3）要有较高的密实度以及抗化学侵蚀的性能,满足抗渗、抗冻要求。

（4）位于侵蚀环境水中的桥墩,应采用防水混凝土和适当的混合掺料或添加剂进行浇筑。

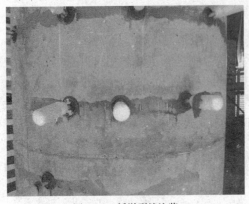

图5-3-5　桥墩裂缝注浆

图5-3-6　桥墩植筋加固

4. 桥头跳车

桥头跳车现象可以通过长期观测,判断其台后及路基沉降是否稳定。对沉降相对稳定的桥梁,可考虑将台后路面凿掉后重新铺装混凝土的方法解决,但不能破坏或扰动原来的台后回填土。设计上考虑增加台后搭板的形式来避免或减轻桥头跳车现象。对不满足施工要求的台后回填土,可考虑对其进行加固处理。

单元训练

实训目标

1. 能够正确分析桥梁墩台病害产生的原因及影响因素；

2. 能够合理制订桥梁墩台病害的处治方法。

🔸 **实训准备**

1. 场地准备：选择一座存在桥梁墩台各种病害的桥梁；
2. 器材准备：笔、记录表格、刻度尺、皮尺、照相机等；
3. 人员准备：以2～3人为一个小组，将班内同学分成若干小组。

🔸 **实训内容**　各组同学采用实训器材等工具对实训场地内出现的桥梁墩台病害进行数据、文字和图像的记录。

🔸 **实训成果**　各组将记录下来的病害资料进行整理，最终以实习报告的形式进行提交。

单元四　桥梁支座病害成因及防治措施

🔸 **知识要点**

(1) 桥梁支座病害成因；
(2) 桥梁支座病害产生的影响因素；
(3) 桥梁支座病害的预防措施；
(4) 桥梁支座更换方案。

◇想一想：如何避免桥梁支座产生病害？

一、桥梁支座类病害产生的原因

梁式桥支座的作用，主要是将上部结构重量及车辆荷载传递给墩台，并完成梁体所需要的变形。支座上存在的缺陷往往会造成桥梁上部结构和墩台的工作不良，造成较弱部位的某些损伤。桥梁建成交付使用后，由于种种原因对整个桥梁养护不及时、不彻底，养护技术低，尤其对桥梁支座这一重要部位的养护更是重视不够。经过对桥梁进行检查，发现普遍存在的支座病害大体有如下几种。

1. 支座本身的病害

支座本身病害产生的主要原因有：止浮装置的损害；限制移动装置的损害；辊轴的偏移和下降；销子和辊轴的破坏；支座构件裂痕；螺母松动；带头螺栓固定螺栓的脱落；滑动面、滚动面锈死；下底板的破裂；各构件的腐蚀；插座相互间接触。

2. 支座底板的病害

支座底板病害产生的主要原因有：锚栓切断；填充砂浆裂缝；支座底板混凝土碎裂；支座垫

石压坏、剥离。因此,对桥梁支座的检查应进行以下几个方面的内容:

(1) 简易垫层支座的油毡是否老化破裂。
(2) 钢板滑动支座和弧形支座是否干涩、锈蚀。
(3) 摆式支座各部分相对位置是否正确,受力是否均匀,钢筋混凝土立柱是否损坏。
(4) 橡胶支座是否老化、变形,位置是否正确。
(5) 滑动钢盆橡胶支座的固定螺栓有无剪断破坏,螺母有无松动。
(6) 活动支座是否灵活,实际位移是否正确。
(7) 是否有滑动面、滚动面夹杂尘埃和异物,以及防水装置和排水装置等的缺陷而产生的漏水、溢水等。

二、桥梁支座类病害产生的影响因素

多数桥梁使用的油毛毡已经破裂、挤出脱落,橡胶板支座出现橡胶老化变质、梁体失去自由伸缩能力,直接导致梁端或墩、台帽混凝土破裂,造成掉角、啃边现象和橡胶板易位。严重者,导致伸缩缝破坏、盆式橡胶支座固定处松动、错位钢盆外露部分锈蚀、防尘罩破裂。

支座座板损坏,发生翘起、断裂;垫石混凝土压坏、剥离掉角等常见病害造成桥梁支座损坏,其原因大致如下:

(1) 支座本身为不合格产品,强度低、承载力不足。
(2) 在设计方面,桥梁支座选择形式、布置方式不合理,支座边缘预留宽度不够,支座、垫石混凝土强度等级偏低或垫石加强筋不足,固定用的螺栓、螺母强度不够等。
(3) 施工方面,在安装支座时,支座、垫石、梁底面不平整或垫石顶面不是水平面,砂浆填充不密实,垫石内预埋钢板不稳固,与支座连接不牢,金属支座防腐、防锈处理质量不高。
(4) 养护维修方面,滑动面、滚动面不洁净,异物得不到及时清理,固定件松动加固不及时,因防水装置缺陷使支座或连接面浸水腐蚀,加速老化过程等。
(5) 由于桥墩、台产生不均匀沉降而导致倾斜与上部结构水平移位,上部结构振动变位等,直接影响桥梁支座的正常使用。

三、桥梁支座病害处治

1. 支座修补

支座修补可大致分为支座主体的修补及支座附近的修补。支座主体的修补方法有更换支座主体、更换或加固破损部分等。一般采用下述方法进行:用千斤顶顶起上部主梁面作为临时支承,使支座处于脱空状态来进行修补,完成之后,退回正常位置上。支座附近的修补有支座底盘混凝土剥离和破损的修补或支承边缘距离不足时对桥台或桥墩顶面的加宽。

(1) 滚动面不平整,轴承优劣、切口以及个别辊轴大小不合适时,必须更换。
(2) 梁支点承压不均时,应进行调整。
(3) 支座座板翘起等应予更换或补充,焊缝开裂应进行维修加固。
(4) 如要抬高支座时,可采用捣筑砂浆垫层、加入刚垫板或预制钢筋混凝土块等方法。
(5) 油毡支座损坏、掉落而不能发挥作用时,摆式支座脱皮、露筋或其他异常情况发生时,橡胶支座老化、变质、失效时,都须进行调整,加以维修加固。
(6) 刚辊轴式支座其辊轴的实际纵向位移大于允许偏差或有横向位移时,应加以校正。

2. 支座更换

方案一：采用支架基础大吨位千斤顶一次顶起桥跨（图 5-4-1、图 5-4-2）。为便于安装支架并提供足够的支承能力，需在支架下设置钢筋混凝土基础。由于支架基础均处于河道，地基较为软弱，承载力低并且不均匀。基础置于其上将产生较大的不均匀沉降量。为了减小沉降量，必须增大钢筋混凝土基础尺寸，并对支架进行预压。此方案工程量较大、工期较长、安全性低、费用高。

图 5-4-1　桥台支座更换　　　　　　　　图 5-4-2　桥墩支座更换

方案二：采用超薄单向千斤顶墩顶顶起及百分表配合支撑顶起桥跨，充分利用梁体与墩顶的空间，采用超薄单向千斤顶墩顶支撑顶起桥跨，用高度为 70mm、$\phi=300$mm 的圆形扁式油压千斤顶（最大顶升质量为 250t，最大行程为 15mm）配电动油泵同步进行桥跨顶升，利用百分表观测梁体上升的速度，以保证桥跨各梁体受力均匀、同步提升。

单元训练

实训目标

1. 能够正确分析桥梁支座病害产生的原因及影响因素；
2. 能够合理制订桥梁支座病害的处治方法。

实训准备

1. 场地准备：选择一座有桥梁支座病害表现的桥梁；
2. 器材准备：笔、记录表格、刻度尺、皮尺、照相机等；
3. 人员准备：以 2~3 人为一个小组，将班内同学分成若干小组。

实训内容
各组同学采用实训器材等工具对实训场地内出现的桥梁支座病害进行数据、文字和图像的记录。

实训成果
各组将记录下来的桥梁支座病害资料进行整理，最终以实习报告的形式进行提交。

单元五　桥梁梁体病害成因及防治措施

知识要点

(1)桥梁梁体病害成因；
(2)桥梁梁体病害产生的影响因素；
(3)桥梁梁体病害的预防措施；
(4)桥梁梁体病害处治方案。

◇想一想：桥梁梁体病害影响因素有哪些？

一、桥梁梁体病害分类及其产生的原因

1. 梁体裂缝

梁体开裂是一种较为普遍的现象。对于普通混凝土梁而言是允许其开裂的，对部分预应力混凝土梁而言，根据其预应力度的大小分别对其开裂性作了严格的限制。

钢筋混凝土梁常见裂缝形式及产生原因如下：

(1)网状裂缝：多为混凝土表面收缩引起的混凝土表面龟裂。

(2)下翼缘受拉区的裂缝：多为混凝土表面收缩或梁受挠曲时产生的裂缝。

(3)腹板上的竖向裂缝：多是设计不当或施工质量不良，养护不及时，或温度和周围环境不良的影响所至。

(4)腹板上的斜向裂缝：一般是因为设计的缺陷，主拉应力计算较大，混凝土不能负担而导致产生裂缝。施工质量不好，会加速裂缝的产生和发展。

(5)运梁不当产生的上部裂缝：运梁时支撑点没有放在梁的两端吊点上，而是偏向跨中，使支点处上部出现负弯矩，因而引起裂缝。

(6)梁端上部裂缝：由于墩台产生不均匀的沉降，而形成梁端部局部支撑压力增大，产生局部应力所致，裂缝由下而上开裂。

(7)梁侧水平裂缝：由施工不当引起，分层灌注时，间隔时间太长。

(8)预应力混凝土梁的裂缝：

①梁端沿钢丝束的裂缝(后张法)。裂缝基本上与钢丝束方向一致，通常发生在端部扩大部分；裂缝比较细小，有的仅几厘米长，最长在2m左右。宽度小于0.1mm，个别在0.2mm左右；在运营初期有所发展，但不严重，以后趋于稳定。主要由于梁端集中应力所致，加上运输过程中受各种综合作用的影响使裂缝显露出来。端部混凝土质量不良也是原因之一。

②梁端沿钢丝束的裂缝(先张法)。裂缝均起始于张拉端面，近水平状向跨中方向延伸，通常自梁底50~130cm高度范围内有1~5条宽度0.1mm左右的裂缝，长度一般只延伸到扩大部分的变截面处。产生原因主要是由于无弯起钢丝束，全部钢丝束均集中在下缘，上缘仅

1~2根,因上、下两组钢丝束相距很远,而预应力在梁端传递有一定的范围,由于局部应力,在两组钢丝束的中间部分两端混凝土处于受拉区,使梁端发生水平裂缝。因锚头处应力集中和锚头产生的楔形作用会使锚头附近产生细小的水平裂缝。

③腹板垂直裂缝。主要是混凝土收缩及温差引起的,它是厂制过程中产生的一种裂缝,数量不多,大多在脱模后两三天内发生裂缝,通常从上梁肋到下梁肋,整个腹板裂通;宽度0.2~0.4mm,个别严重的甚至桥面及梁底部被裂断;施加预应力后,裂缝大都闭合,但在孔道压浆时还会从裂缝中挤出来。

(9)当墩台沉降不均匀时(因实际受力状况与实际不符),梁将发生不同的裂缝。如两端桥台下沉较大,则中间桥墩上梁所产生的负弯矩增大,顶部会发生自上而下的裂缝。

引起梁体开裂的原因是多方面的,但归纳起来主要为混凝土干缩产生的干缩裂缝、温度变化产生的温度裂缝及张拉受力后因为应力偏差产生的张拉裂缝。

这些裂缝,有的会严重影响到结构的正常使用和耐久性,有的对桥梁结构的影响则微不足道,但会给人一种不安全的感觉。

2. 梁体露筋及钢筋锈蚀

梁体露筋及钢筋锈蚀有两方面原因,一是因梁渗水或裂缝进水,造成钢筋锈蚀而露筋。二是先露筋,引发钢筋锈蚀、膨胀混凝土开裂进水。

3. 梁顶板混凝土漏水

T梁、箱梁顶面都有漏水现象,对梁的混凝土及钢筋都造成损害,使混凝土溶蚀、钢筋和钢丝锈蚀。造成渗漏的原因有:

(1)设计没有防水。
(2)顶部混凝土不密实。
(3)开设的拆除模板的天窗封闭不严密。
(4)桥面排水不良。
(5)桥面出现裂缝。

4. 预应力梁的预应力度不准确

预应力过大或过小都会造成隐患,过大,钢筋安全系数降低,梁的拱度增大;过低,预应力不足,混凝土会产生裂纹或毁坏。产生预应力度不准确的原因,一是设计计算时对各种应力损失计算偏高或偏低;二是施工控制不严格,对千斤顶、油表检测标定不准确,甚至不检校,如:有的千斤顶漏油还在用。另外,施工中对张拉伸长值和拉力计算不准,如锚圈摩阻损失取值不当等。

二、桥梁梁体病害的预防措施

1. 裂缝

对于裂缝的防治,应根据产生裂缝的不同原因,分别采用相应的防治措施。

1)干缩裂缝的防治

配置水泥混凝土时应严格控制水泥用量,水灰比、砂率不能过大。严格控制砂石料中含泥量及过量粉砂。水泥混凝土既要捣密实,又应避免过振。预制构件达到张拉要求强度后,适时张拉。

2)温度裂缝的防治

为预防表面温度裂缝,应控制构件内外过大的温差。在夏季施工时,优先使用低水化热水泥。在低温时预制构件,应采取保温措施,不要过早拆除模板。对空心板等薄壁构件,适当延长拆模时间,使之缓慢降温。预制构件和台座间应涂有效隔离剂,以预防黏结,使构件不受底模热胀冷缩的作用。在混凝土浇筑前的施工作业中,应注意保护隔离剂。用长线法生产先张构件时,应及时放松应力筋,以减少约束作用。

3)张拉后出现裂缝的防治

(1)控制每次张拉生产线的张拉应力值,使其差值控制在5%以内。

(2)控制预应力钢材的温度对伸长量的影响,调整其伸长率。

2. 梁体露筋及钢筋锈蚀

梁体露筋及钢筋锈蚀的预防措施,首先是保证钢筋保护层厚度一定足够,不能当时露筋或很短时间便露筋;其次,使混凝土振捣密实,尽量减少或防止水的渗入。

3. 梁顶板混凝土漏水

梁顶板混凝土漏水的防治可从以下几个方面入手:

(1)桥面用防渗性能高的材料做防水。

(2)做好桥上纵、横向排水坡度。

(3)梁顶板混凝土要用平板振捣器捣实,顶板厚度达到设计要求,要抹平拉毛。

(4)箱梁天窗按设计要求封严,减少天窗的开设数量。

4. 预应力梁的预应力度不准确

对于预应力梁的预应力,应通过试验、计算得出准确数据,并按此控制施工,严格检验,避免出现差错。

三、桥梁梁体病害的处治措施

1. 梁体裂缝修补(图5-5-1、图5-5-2)

梁体缝宽大于0.2mm的裂缝,采用"壁可"法注入BL-CROLT灌注胶,达到堵塞裂缝、防止钢筋锈蚀,把开裂混凝土黏结成整体,恢复梁跨承载能力的目的。具体操作如下:

(1)表面处理。在沿裂缝走向宽约5cm的范围内用钢丝刷刷除混凝土的松散颗粒及黏结物等,用丙酮清洗油污,用压缩空气及潮湿抹布清除浮尘并晾干,必要时用喷灯烤干。

(2)调制101号封口胶。封口胶按主剂:硬化剂=7:3的比例配合而成,每米裂缝约需0.2kg封口胶,要计算使用量,适量配制,防止报废。配制时,将两种组分用抹刀反复混合搅拌,形成均匀一致的灰色即可。

(3)安装注入座。用抹刀将少许封口胶抹在注入座底面四边,将注入孔正对裂缝中稍加力按压,使胶体从底面的4个小孔中挤出,并用胶注入座底板四周包覆。注意不要让胶堵塞注入孔,注入座粘贴好以后不要再移动。注入座的数量,可按3个/m布置,裂缝分叉处应有注入座。

(4)密封裂缝。用封口胶沿裂缝走向宽约5cm的范围内对裂缝进行封口,胶体厚度控制在2m左右,尽量一次成形,避免反复涂抹,与注入座衔接处要注意加固。裂缝密封后,让封口胶自然固化。固化时间约为12h(20℃)、6h(30℃)。封口胶在固化前要注意防水。

(5)安装注入器。同一条裂缝的注入器要一起安装完成,防止注入材料从未安装注入器的底座上流出

(6)调制灌注胶。BL-GROUT灌注胶为双组分材料,使用时根据用量需要,按主剂:硬化剂＝2:1的比例进行混合,搅拌均匀即可。

(7)注入灌注胶。注入灌注胶用黄油枪进行,将调制好的灌注胶装入黄油枪,并用波纹管将它连接到注入器的注入端,即可进行注胶工作。注胶时,从裂缝端部开始,按顺序进行,同一条裂缝上的灌注胶应连续注入,间隔时间不能太长。

图5-5-1　梁底板注浆

图5-5-2　梁顶板注浆

(8)注入量的控制。当注入胶充满注入器(橡胶管)的限制套时,即停止注入,应等待注入器缓慢地将胶体压入裂缝内。当注入器膨胀后收缩较快,说明该处裂缝深,缝内空间大,要补灌,直到注入器能稳定地保持一定的膨胀状态。因为注入器的使用是一次性的,残留在注入器内的胶体即被报废。因此,开始注胶时应进行试灌,即适当掌握注入器的膨胀程度,让其在完成灌注工作时保持一定的膨胀度(压力),而不要膨胀太多(甚至还保持极限膨胀程度),以减少灌注胶的浪费。

(9)灌注胶的固化。在固化过程中,可手捏注入器,随时了解固化情况。完全固化一般需要10～24h。固化以后,即可敲掉注入器和注入座,并用砂轮机把封口胶打磨掉,保持梁体表面平整。

2.梁体加固

1)桥面补强层加固法

通过一定的工艺和结构措施,在梁顶面上加铺一层钢筋混凝土面层,使其与原主梁形成整体,达到加厚主梁高度和增大梁的抗压截面的目的,以提高桥梁的承载能力。其特点是:

(1)施工简便,亦较经济。但加铺梁面层后,静载亦增加,承载力提高不显著。

(2)施工时需凿除原有桥面铺装,同时考虑到新旧混凝土相结合,新浇筑混凝土的干燥收缩影响等,尚需设置连接钢筋及钢筋网。

(3)此法适用于在抗压截面较小的场合,使用浇筑后,混凝土需养护,故对交通必须加以限制。

2)增大梁截面和配筋法

在梁底面或侧面,加大钢筋混凝土截面(增配主筋),使梁抗弯截面加大,提高梁的承载能

力。其特点是:为加强新旧混凝土的结合,需对旧梁进行凿毛工作,操作麻烦、凿除工作量大,常需在桥下搭设脚手架。

对 T 形梁,有采用底面和侧面同时加大以及底部马蹄形加大两种加固方法,加固效果明显,适用于桥梁及拱桥对拱圈的加固。

(1)型钢黏贴锚固法(图 5-5-3)

用环氧树脂黏结剂,将钢板黏贴锚固在混凝土结构的受拉缘或薄弱部位,使其与结构形成整体,以钢板代替钢筋作用,提高梁的承载能力。关键是钢板与原混凝土的黏结是否牢固,能否耐久,这也是有待进一步研究的问题。

(2)增设纵梁法

在桥台地基安全性较好、并有足够承载能力的情况下,可增设承载能力高和刚度大的新纵梁。当基础承载力不足时,必须同时对基础采取加固措施。新增主梁与旧梁连接,共同受力,从而达到提高桥梁承载力的目的。当新增主梁位于两侧时,则兼有加宽的作用。

3)改变结构体系的加固法(图 5-5-4)

通过改变桥梁结构体系,如在简支梁下增设支点(墩台),缩短桥跨,或把相邻两跨简支梁加以联结,从而使简支梁变成连续梁。对于小桥,还可以采用改桥变涵的方法,来提高桥梁的承载能力。前者,一般为临时通过重车时的应急措施,后者则必须由通航和排洪灌溉要求而定。应用预应力加固原理,以梁身为锚固体,通过张拉,对梁的受拉区施加压力,以抵消部分自重应力,从而减少和避免梁上出现裂缝,提高梁的耐久性。

图 5-5-3 梁底贴钢板加固

图 5-5-4 结构体系改变

4)更换部分或全部主梁法

将旧梁部分或全部拆除,再部分或全部更换上荷载等级较高的新梁。该法加固效果明显,施工亦较简便。但由于要拆除旧桥面,所以造价较高。同时旧桥面拆除时,影响交通的时间也较长。

单元训练

实训目标

1.能够正确分析桥梁上部结构病害产生的原因及影响因素;

2. 能够合理制订桥梁上部结构病害的处治方法。

实训准备

1. 场地准备:选择一座有上部结构病害的桥梁;
2. 器材准备:笔、记录表格、刻度尺、皮尺、照相机等;
3. 人员准备:以2~3人为一个小组,将班内同学分成若干小组。

实训内容 各组同学采用实训器材等工具对实训场地内出现的桥梁上部结构病害进行数据、文字和图像的记录。

实训成果 各组将记录下来的桥梁上部结构病害资料进行整理,最终以实习报告的形式进行提交。

单元六　桥梁桥面铺装病害成因及防治措施

知识要点

(1)桥梁桥面铺装病害成因;
(2)桥梁桥面铺装病害产生的影响因素;
(3)桥梁桥面铺装病害的预防措施;
(4)桥梁桥面铺装病害处治方案。

◇想一想:桥梁桥面铺装病害影响因素有哪些?

一、桥梁桥面铺装病害产生的原因

1. 铺装层损坏

公路桥面铺装常见病害主要表现为不规则网状裂缝,或较长且比较规则的纵、横裂缝,也有的是局部碎裂、凹陷、雍起。其破坏原因有:

(1)沥青混凝土桥面铺装层过薄,有的设计厚度为50mm,有的只铺筑30~40mm或更薄。
(2)水泥混凝土铺装层或梁面受油污、水泥浆等污染,不能与沥青面层相结合。
(3)水泥混凝土铺装层或梁面无拉毛处理,表面光滑,与沥青混凝土黏结不良。
(4)黏层质量不良,不能起到沥青混凝土层与水泥混凝土层的黏结作用。
(5)沥青混凝土面层漏水,水泥混凝土表面防水不良,水泥混凝土强度低,引起表面冻融剥落,致使沥青混凝土面层剥落。

2. 伸缩缝病害

伸缩缝设置于梁端构造较弱部位，因直接承受车辆的反复荷载，故最易遭受破坏。随着交通量的增大，重车增多，这些老的伸缩缝装置的破坏逐渐增多。这不仅妨碍行驶性能，而且会发展到引起结构本身的破坏，如桥面伸缩缝的损坏，使水向下渗漏从而影响梁体端部结构和造成支座锈蚀等破坏。各种伸缩缝装置一般具有的缺陷往往表现在伸缩缝本身的破坏损伤、锚固件损坏、接头周围部位后铺筑料的剥落、凹凸不平等，这些缺陷也成为伸缩缝处漏水的原因，从而加速支座和结构本身的恶化。

二、桥梁桥面铺装病害产生的影响因素

1. 设计因素

造成桥面铺装病害的设计因素主要有：
(1) 桥面板板端刚度不足。
(2) 伸缩缝装置本身刚度不足。
(3) 伸缩装置锚固构件强度不足。
(4) 过大的伸缩量。
(5) 后浇筑填料选择有误。
(6) 伸缩量计算有误。

2. 施工因素

1) 混凝土质量

桥面铺装混凝土要有足够的强度和耐磨性，必须选用安定性良好的水泥，选择合适的配比。另外，混凝土的养护直接影响混凝土的质量，特别是在夏季施工时，水分蒸发快，如果养生不及时就很容易产生收缩裂缝。桥面混凝土强度不足，过早开放行车也会造成桥面铺装破坏。

2) 施工程序不够严格

桥面铺装混凝土施工中，未清除桥面浮灰及杂物，未认真凿毛处理，会影响桥面铺装混凝土与桥面板的黏结，以致混凝土铺装层不能与主梁一起受力并协调变形，导致桥面铺装碎裂。钢筋未严格按设计位置安设，钢筋网起不到它应有的作用，桥面铺装很容易损坏。

3) 铺装混凝土层厚度不够

由于在施工中对梁顶面高程控制不严或梁（板）张拉引起反拱等原因，造成桥面铺装混凝土厚度不均，致使梁的两端铺装混凝土层厚，而中部起拱部分铺装混凝土厚度达不到要求。

4) 特殊位置的处理

桥面层中一些特殊的位置，如施工缝、伸缩缝、横缝等位置，如果施工中处理不当，很容易留下质量隐患，造成病害。例如，纵向施工缝未能避开车辆重轮作用带位置，导致铺装层混凝土首先在施工缝两侧破坏；在伸缩缝处的桥面铺装层不能完全断开，也会导致断裂破坏；有些特殊形式的桥梁，铺装层受力情况较复杂，如果施工处理不当，必然导致铺装层混凝土断裂；混凝土桥面横缝未能及时锯开，会导致桥面产生横向裂缝。

3. 其他因素

造成桥面铺装病害的其他因素有：

(1)车辆荷载及频率加大。
(2)桥面板老化。
(3)后浇筑填料老化。
(4)桥头前后桥面凸凹不平。
(5)桥面清扫不彻底。
(6)支座、桥墩异常。
(7)灾害事态发生。

三、桥梁桥面铺装病害的预防措施

1. 优化设计

在设计上适当考虑桥面的受力状况,布设一定数量的受力钢筋和构造钢筋。对于受力结构刚度较小、振动较大、面层拉应力较大的桥梁,建议采用柔性路面或其他强度和耐磨性更好的钢纤维混凝土等。在设计时应充分考虑预应力梁上拱度对铺装层混凝土厚度的影响,加密局部桥面钢筋网,以确保桥面铺装混凝土的强度及耐久性。

2. 规范施工

桥面铺装混凝土强度应不低于主梁(板)的混凝土。混凝土应采取适当的配合比,采用合格的水泥、砂石料等原材料,严格按配合比施工。特殊季节如冬季施工或夏季高温作业,要采取适当的防护措施,保证砂石料的入模温度,并采取适当的养护措施。混凝土强度达不到规范要求时,不得开放行车。

3. 严格施工程序

在灌注铺装层混凝土前应彻底清理梁(板)顶面,凿除松动砂石、浮浆,清除各种油渍,凿毛表层混凝土并清洗干净,保证新老混凝土黏结牢固。铺设接缝钢筋网或桥面钢筋网时应保证受力钢筋和构造钢筋的位置准确,符合设计要求。必要时可在桥面板中预埋连接钢筋。

4. 加强特殊位置的处理

在施工缝、伸缩缝、纵横缝等特殊位置,施工中应加以特殊处理。必须在横向连接钢板焊接完成后,方可进行桥面铺装工作,以免后焊钢板胀缩引起桥面混凝土发生裂缝。伸缩缝处的混凝土应达到平整,上下贯通,缝中应填塞有弹性、耐高温的材料。伸缩装置应能保证上部结构自由伸缩,并能承受车辆荷载作用,安装时定位值应通过计算确定。防水层及其与泄水管衔接处、伸缩缝、沉降缝必须处理好,不得漏水以致渗入结构本体。混凝土横缝应及时锯开,不得产生错缝。横缝间距一般为 4~6m,受拉区要适当加密。纵缝宜根据桥面板结构、桥面宽度等因素决定,应避开重车轮作用带位置。锯缝深度以不损伤钢筋网为度。各种缝隙应灌浆饱满平整。

四、桥梁桥面铺装病害处治

1. 桥面铺装加固

将原桥面铺装损坏部分全部凿除,在梁顶部钻孔,孔深大于梁顶板厚度的三分之二。清孔后,插入螺纹钢筋,并与桥面钢筋网焊接。桥面钢筋网采用 15cm×15cm 螺纹钢筋,以参与 T

梁受力,增大桥面连接处抵抗变形的能力,并加强了桥梁横向整体刚度。

加固顺序:对旧桥桥面进行凿毛处理。先用凿钻两用电锤钻凿去桥面铺装,然后再凿去部分梁顶混凝土,并使表面粗糙箍筋外露(图5-6-1);对结合面进行适当处理,采取清扫、干燥等措施。可在凿毛混凝土面上涂抹一层环氧树脂黏胶;用钢筋探测器FS—10探测钢筋混凝土保护层的厚度及钢筋的位置,用电锤钻钻孔,然后清孔并注入植筋胶HIT—HY150,再进行种植钢筋;采用干硬性混凝土浇筑补强层(图5-6-2),以减少新浇混凝土的收缩,从而减少新旧混凝土之间产生的差动收缩力,提高补强效果;补强层混凝土浇筑后,应加强养护,避免使补强层过早受力。

图5-6-1 桥面植筋

图5-6-2 铺装层浇筑

2. 更换伸缩缝(图5-6-3、图5-6-4)

更换顺序:凿除原伸缩缝钢筋混凝土及T梁顶部混凝土保护层;种植预埋伸缩缝门式钢筋;回填伸缩缝,并注意保护预埋筋不变形;桥面沥青混凝土铺装48h后,用路面切割机割除伸缩缝范围内的沥青混凝土及清除回填物;安装伸缩装置;浇筑C50干硬性混凝土,并注意养护,混凝土强度达到设计要求后开放交通。

图5-6-3 伸缩缝凿除

图5-6-4 重新安装伸缩缝

单元训练

✤ 实训目标

1. 能够正确分析桥梁桥面铺装病害产生的原因及影响因素;

2. 能够合理制订桥梁桥面铺装病害的处治方法。

实训准备

1. 场地准备：选择一座有桥梁铺装病害的桥梁；
2. 器材准备：笔、记录表格、刻度尺、皮尺、照相机等；
3. 人员准备：以 2~3 人为一个小组，将班内同学分成若干小组。

实训内容
各组同学采用实训器材等工具对实训场地内出现的各种桥梁铺装病害进行数据、文字和图像的记录。

实训成果
各组将记录下来的桥梁铺装病害资料进行整理，最终以实习报告的形式进行提交。

任务六　隧道常见病害及其防治技术

 导读

国内外调查研究表明,相当比例的隧道衬砌结构存在裂损、变形、掉块和渗漏水和冻胀等病害现象。病害的存在会影响交通,威胁隧道内行车的安全,缩短公路隧道的维护周期和使用寿命。隧道病害影响行车安全,造成安全事故,亟须科学、有效的分析与研究方法,分析评估病害产生对衬砌结构安全和使用性能造成的影响,为病害治理方法与对策提供依据。目前,隧道病害出现后,技术人员只能结合隧道病害的表观特征和隧道所在地区的地质、气候、水文等信息,根据经验判断病害成因,并制订相应的加固方案和措施。经验表明,隧道病害处治缺乏系统和科学的隧道病害研究理论、方法与程序,不可避免地会导致不合理甚至错误的病害治理方案和措施,造成不必要的浪费或灾害,所以,有必要展开系统、全面的隧道病害研究。隧道发生病害,如同人生病。与医学的研究方法类似,隧道病害的研究也包括"望闻问切""对症下药"等不同的阶段、方法和程序,只有遵循科学、合理的隧道病害研究方法与原则,找到隧道病害的"病根",评估"病",方可"对症下药",达到"祛病强身"的效果。针对目前国内公路隧道运营的现状,有必要系统、深入地研究公路隧道病害产生的原因及相应的防治措施。

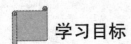 学习目标

知识目标

(1)隧道常见病害类型;
(2)隧道常见病害产生的原因;
(3)隧道常见病害的预防和处治技术。

能力目标

(1)能够正确并熟练地识别隧道常见病害类型;
(2)能够熟练地说出各种类型病害的预防和处治方法;
(3)通过查阅资料等方法,能够合理制订出各种类型病害的处治方法的具体施工工艺。

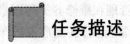 **任务描述**

通过对本任务知识的学习,在教师的指导下,以小组形式分工合作,以实训基地的隧道病害为任务对象,正确区分隧道常见病害类型,正确分析病害产生的原因,提出可行的处治方法,并总结预防该类病害的措施。

 学习引导

本学习任务学习流程如下:

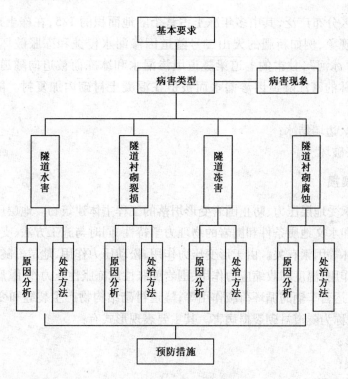

单元一　隧道常见病害的类型

🔸 知识要点

隧道常见病害及其表现形式。

◇想一想:隧道病害有哪些?

我国地域辽阔，各地自然条件差异很大，公路隧道所穿越山体的工程地质及水文地质条件复杂多变，又由于公路隧道工程的特殊性，受地质、设计、施工及运营管理和维修养护等因素的影响，出现的病害也越来越多，有些隧道的病害已严重影响车辆的正常行使，甚至危及行车和养护人员的安全。隧道常见的病害类型主要有以下几种。

1. 隧道水害

隧道水害主要是指隧道围岩的地下水或部分地表水，以渗漏或涌出方式进入隧道内造成的危害。它包括：

(1) 隧道漏水和涌水；
(2) 隧道衬砌周围积水；
(3) 潜流冲刷。

2. 隧道冻害

我国冻土地区分布广泛，其中多年冻土占整个陆地面积的1/5，在冻土地区修建的公路隧道易产生冻害现象，例如新疆的天山二号隧道因渗漏水侵蚀和冻胀破坏而报废，青海的大阪山隧道成为"冰河"，甘肃的七道梁隧道因渗漏水和冰冻而被迫向隧道送暖气，辽宁的八盘岭隧道和吉林的密江隧道因渗漏水而被迫在混凝土衬砌内加复衬。隧道冻害的形式主要有：

(1) 拱部挂冰、边墙结冰；
(2) 围岩冻胀破坏。

3. 隧道衬砌裂损

隧道衬砌是承受地层压力、防止围岩变形坍落的工程主体建筑物。地层压力的大小，主要取决于工程地质和水文地质条件和围岩的物理力学特性，同时与施工方法、支护衬砌是否及时和工程质量的好坏等因素有关。由于形变压力作用、松动压力作用、地层沿隧道纵向分布及力学性态的不均匀作用、温度和收缩应力作用、围岩膨胀性或冻胀性压力作用、腐蚀性介质作用、施工中人为因素、运营车辆的循环荷载作用等，隧道衬砌结构物产生裂缝和变形，影响隧道的正常使用，这些统称为隧道衬砌裂损病害。其主要表现形式有：

(1) 衬砌变形；
(2) 衬砌开裂；
(3) 衬砌背后空洞；
(4) 拱脚下沉以及仰拱破碎。

4. 隧道衬砌腐蚀

建在富含腐蚀性介质地段的公路隧道，其衬砌背后的腐蚀性环境水，容易沿衬砌的工作缝、变形缝、毛细孔及其他孔洞渗流到衬砌内侧，使隧道渗漏水对衬砌混凝土和砌石、灰缝产生物理性或化学性的侵蚀作用，造成衬砌侵蚀。根据侵蚀原理的不同隧道侵蚀分为：

(1) 物理侵蚀；
(2) 化学侵蚀。

单元训练

🔸 **实训目标**　能够根据现场情况,准确地找出隧道出现的各种病害。

🔸 **实训准备**

1. 场地准备:选择一座有多种病害的隧道;
2. 器材准备:笔、记录表格、刻度尺、皮尺、照相机等;
3. 人员准备:以2~3人为一个小组,将班内同学分成若干小组。

🔸 **实训内容**　各组同学采用实训器材等工具对实训场地内出现的各种隧道病害进行数据、文字和图像的记录。

🔸 **实训成果**　各组将记录下来的各类病害资料进行整理,最终以实习报告的形式进行提交。

单元二　隧道水害成因及防治措施

🔸 **知识要点**

(1)隧道水害成因;
(2)隧道水害产生的影响因素;
(3)隧道水害产生的预防措施;
(4)隧道水害处治方法。

> ◇想一想:隧道水害的影响有多大?

一、隧道水害产生的原因

隧道水害的成因是修建隧道破坏了山体原始的水系统平衡,隧道成为所穿越山体附近地下水集聚的通道。在工程勘测设计中,对其工程地质及水文地质情况了解得不够仔细,对衬砌周围地下水源、水量、流向及水质勘察不全;有时还缺乏反映防水材料性能的室内试验数据和对结构抗渗、抗腐蚀的具体要求;另外,施工和监理中存在的问题,也是形成水害的原因。

1. 隧道穿过含水的地层

(1)砂类土和漂卵石类土含水地层。

(2)节理、裂隙发育,含裂隙水的岩层。

(3)石灰岩、白云岩等可溶性地层;有充水的溶槽、溶洞或暗河等与隧道相连通时。

(4)浅埋隧道地段,地表水可沿覆盖层的裂隙、孔洞渗透到隧道内。

2. 隧道衬砌防水及排水设施不完善

(1)原建隧道衬砌防水、排水设施不全。

(2)混凝土衬砌施工质量差,蜂窝、孔隙、裂缝多,自身防水能力差。

(3)防水层施工质量不良或材质耐久性差,经使用数年后失效。

(4)混凝土的工作缝、伸缩缝、沉降缝等未做好防水处理。

(5)衬砌变形后,产生的裂缝渗透水。

(6)既有排水设施,如衬砌背后的暗沟、盲沟,无衬砌的辅助坑道、排水孔、暗槽等,年久失修阻塞。

二、隧道水害的危害及影响因素

1. 水害的危害

1)隧道漏水和涌水

隧道漏水和涌水会对隧道的电力设备造成不同程度的损坏,对照明设备产生锈蚀,影响设备的正常运行,降低使用寿命,增加维修费用。渗漏水促使混凝土衬砌风化、剥落,造成衬砌结构破坏。渗漏水还会软化围岩,引起围岩变形;有些隧道渗水中含有对路面的侵蚀性介质,造成一般的混凝土碱化;在寒冷地区造成边墙结冰、拱部挂冰,侵入建筑限界。渗漏水还会造成路面翻浆,危及汽车的安全行驶。严重渗漏水还会引发隧道基础的沉陷,进而造成地面和地面建筑物的不均匀沉降和破坏,使得地表水和含水层水大量流失,破坏周围的生态环境。

2)隧道衬砌周围积水

运营隧道中地表水和地下水向隧道周围渗流汇集,水压力较大时会导致衬砌破裂和拱脚下沉,使围岩的结构面软化或泥化,使膨胀性围岩体积膨胀,在寒冷地区造成冰胀和围岩冻胀。在黄土隧道衬砌周围的水还会离析土中的胶体并带出黄土,使周围的衬砌变成空洞。

3)潜流冲刷

潜流冲刷主要是指由于地下水渗流和流动而产生的冲刷和溶蚀作用,使得隧道衬砌基础下沉。它可使边墙开裂或者仰拱、隧道内路基下沉开裂;围岩滑移错动可导致衬砌变形开裂;对超挖回填不密实或未全部回填者,引起围岩坍塌,导致衬砌结构破坏。

2. 水害主要影响因素

1)选线原因

隧道范围内的岩溶洼地、岩溶漏斗都较发育,大量的漏斗、落水洞、岩溶泉、溶蚀洼地密布四周。地表排水系统多为天然形成或局部人工修筑,因山体汇水面积大,排水系统无法满足泄水要求,这些浅层岩溶水、岩溶裂隙水、岩溶管道水等潜水类型的地下水就为隧道周围提供了充足的外部水源。

2)设计原因

排水设计不合理。对具有膨胀性、遇水软化的围岩,应设置仰拱和深排水沟。事实上,多数基底出现翻浆冒泥病害的隧道均存在基底积水、排水不畅等问题。

3) 施工原因

(1) 隧道施工因受空间限制,使得在浇筑拱部和回填超挖空间时混凝土难以振捣密实,一旦出现纵向刚度不够,加上地基沉陷和围岩扰动,就会产生环向裂缝,这使外部水源有了主要的渗漏水通道。

(2) 对隧道衬砌的伸缩缝、施工缝及墙拱接缝,没有采取有效的防水措施,人为地造成许多渗漏水通道。

(3) 浇筑大体积混凝土时,水灰比往往大于控制值,再加上隧道内的积水,水灰比大大超值。当混凝土内多余水分游离蒸发后,水分所占据的空间就成为毛细孔隙,降低了混凝土自身的抗渗强度,最终形成渗漏水的通道。

(4) 虽然有的隧道前期在临时支护与永久支护之间设置了防水层(聚乙烯薄膜或防水板),但在实际施工过程中,防水层难以形成一个连续的整体;暗埋于衬砌体内的疏水管移位、破损和变形相当普遍,防水效果甚微。

4) 维护不当引起的病害

洞外排水系统遭破坏,未及时修复,增加隧道渗漏水的可能;洞内水沟被堵,造成基底积水,可能使基底围岩软化,产生翻浆冒泥;对已出现病害的隧道,或病害原因分析不清楚,或处理措施不当,或处理不彻底,造成病害继续发展,形成更大的病害或形成危害。

5) 其他原因

(1) 受温度应力、收缩应力、机械振动和爆破震动的影响,衬砌荷载发生变化,局部应力集中,形成拉裂或压裂性裂缝,随着时间的推移,相互贯通,形成不规则的贯穿性渗漏水通道。

(2) 因温度或养护等原因,衬砌体产生较大的收缩变形,同时又因强度不能充分发挥,承载及抵抗变形能力差,很容易造成混凝土衬砌垂直轴向的收缩性裂缝。

不论是哪一类建筑物或构筑物,出现渗漏水现象必须同时具备两个条件:一是有外部水源供给;二是建筑物或构筑物内部有贯穿的渗漏水通道。水是无孔不入的,水分子的直径约为 0.3nm,它可以渗入任何肉眼看不见的细微裂隙。也就是说,建筑物和构筑物内部的裂缝一旦与外部水体相连,就会伴随着渗漏水现象的出现。这已经成为业内专家的普遍共识。

三、隧道水害的处治措施

从大量的技术文献资料分析来看,目前国内在隧道水害整治方面采用的方案大多是:"截、堵、排、填相结合,以堵为主"。就治理方案而言,"综合治理"是得到一致认可的,只是侧重点不同,侧重程度不同而已。关键是与综合治理方案相配套的治理手段是否有效、可行。

1. 直接堵漏

(1) 对衬砌表面裂缝和环向裂缝,先将裂缝凿成"V"形槽,再在槽内填充"快速堵漏剂"加以封堵(亦称为直接堵漏法)。

(2) 对隧道衬砌表面渗水(也称之为面渗)采取涂抹高效防水材料来处理。

(3) 在隧道边墙施工缝上设置排水槽,将隧道衬砌背后积水通过排水槽引至隧道侧沟。

(4) 衬砌表面裂缝处滴水或漏水较严重时,采用凿槽埋设 $\phi 50mm$ 半圆胶管的方式将水引至边沟。

(5)对于"集束流动"的漏水点,采用压注水泥—水玻璃,或水泥浆的方法加以封堵。

2. 综合治理方案

隧道渗漏水治理方案应体现它的合理性、可行性、可靠性和经济性,其中可靠性尤为重要。它应遵循以下的指导思想:

(1)刚柔结合、多道设防,最大限度地保证施工质量。

(2)在条件允许的情况下,尽可能将渗漏水有序地疏导至排水沟,减轻外部水体对结构的渗透压力,变被动为主动。

(3)引水泄压、大面止水、注浆封堵、口部处理。使注浆堵水施工程序迎合混凝土多孔介质内水流运动规律。

(4)工艺先进,划分合理,方法得当,材质优良。

(5)对后期的亮化工程不产生较大的影响。

"堵排结合,以排为主,综合治理"方案是符合上述几条指导思想的,也是当今国内外治理隧道水害的总体趋势。

在长期的理论研究和工程实践的基础上,经过反复试验,制订出具有普遍适用性的隧道水害综合治理方案。其具体内容为:将由环向裂缝、施工缝和模板接缝渗漏到隧道内的水截住,由经过特殊加工和特殊处理的"截水槽"引导,按照设计的路线引入排水沟内。对经过确定的漏水点,引水泄压、埋设注浆管和微小裂隙止水等特殊处理后的部位,采用双液单系统注浆工艺向衬砌体内注入化学浆液,使其在被罐体裂缝内扩散,直至凝胶固化,达到封堵渗漏水的目的。

在"堵排结合,以排为主,综合治理"方案中,划定堵水或排水的原则是:

(1)对不允许排水,或者影响后期亮化工程效果的渗漏水部位,采取化学注浆的方法进行封堵。具体就是纵向水平裂缝、斜裂缝和独立的漏水点、面渗部位。

(2)对允许并且利于排水的渗漏水裂缝,采用人为的办法疏导水流。具体就是环向伸缩缝、施工缝和模板接缝处。

单元训练

实训目标 能正确分析隧道水害产生的原因,并能合理制订水害的处治措施。

实训准备

1. 场地准备:选择一座出现水害的隧道;
2. 器材准备:笔、记录本、照相机等;
3. 人员准备:以2~3人为一个小组,将班内同学分成若干小组。

实训内容 各组同学采用实训器材等工具对实训场地内出现的水害进行数据、文字和图像的记录。

🞙 **实训成果** 各组根据隧道内的水害情况进行分析,找出产生隧道水害的原因,并制订相应的处治措施,最终以实习报告的形式进行提交。

单元三 隧道冻害成因及防治措施

🞙 知识要点

(1)隧道冻害成因;
(2)隧道冻害产生的影响因素;
(3)隧道冻害处治方法。

◇想一想:隧道冻害有哪些?

一、隧道冻害产生的原因

隧道冻害是寒冷地区和严寒地区的隧道内水流和围岩积水冻结,引起隧道拱部挂冰、边墙结冰、洞内网线设备挂冰、围岩冻胀、衬砌胀裂、隧底冰锥、水沟冰塞、线路冻起等,影响安全运营和建筑物的正常使用的各种病害。

隧道冻害会导致衬砌冻裂开胀,甚至疏松剥落,造成隧道衬砌结构的失稳破坏,降低衬砌结构的安全可靠性,严重影响运输的安全和正常运行。隧道常见的冻害种类有:拱部结冰、边墙结冰、围岩冻胀破坏、衬砌发生冰楔、洞内网线挂水等。

冻害形成的主要原因有:寒冷气温的作用,季节冻结圈的形成(如果隧道的排水设备在隧道的冻结圈内,冬季易发生冰塞;在冻结圈内如果围岩的岩性是非冻胀性土,则不会发生冻胀性病害)。

二、隧道冻害的危害及影响因素

1. 冻害的危害

1)拱部挂冰、边墙结冰

渗漏的地下水通过隧道衬砌混凝土裂缝逐渐渗出,在渗水点出口处受低温影响,在拱部形成挂冰,边墙积成冰柱。尤其在施工接缝处渗水点多,结冰明显,如不清理,挂冰越积越大,侵入限界危及行车安全。水沟因结冰堵塞,使地下排水困难,水沟(管或槽)冻裂破损。隧道衬砌周边因水结冰而冻胀,致使隧道内各种冻害接踵而至,特别是路面结冰严重危及车辆的安全行驶。

2)围岩冻胀破坏

隧道修筑在不良地质地段的围岩(Ⅰ、Ⅱ类及破碎花岗岩、砂岩)地段,如果围岩层面及结

构内含水多时,冬季就易发生冻胀破坏,主要有:

(1)隧道拱部衬砌发生变形与开裂。拱部受冻害影响时,拱顶下沉内层开裂,衬砌开裂严重时尚有错牙发生,拱脚变形移动。冻融时又有回复(留有残余裂缝),多次循环危及结构安全。

(2)隧道边墙变形严重。边墙壁后排水不畅,积水成冰,产生冻胀压力,造成拱脚不动,墙顶内移,有的是墙顶不动墙中发生内鼓现象,也有墙顶内移致使断裂多段。

(3)隧道内线路冻害。线路结构下部无排水设施,在地下水丰富地区,水在冬季就冻结,道床隆起。在水沟之处因保温不好,与线路一样有冻结,这样水沟全长也会高低不平。由于冻融使线路和道床翻浆冒泥、水沟断裂破坏。水沟破坏后排水困难,渗入线路又加大了线路冻害范围。

(4)衬砌材料冻融破坏。隧道混凝土设计强度等级较低,抗渗性差,在地下水丰富地区,水就渗入混凝土内部。到冬季水在混凝土结构内冻结,膨胀产生冻胀压力,经年冻融循环使结构变酥、强度降低,造成冻融破坏。洞口段冻融变化大,衬砌除结构内因含水受冻害外,岩体冻胀压力传递等破坏,促使衬砌发生纵向裂纹和环向裂纹。

(5)隧底冻胀和融沉。对多年冻土隧道,隧底季节融化层内围岩若有冻胀性,而底部没有排水设备,每年必出现冻胀融沉交替,无铺底的线路很难维持正常状态;有时铺底和仰拱也发生隆起或下沉开裂。

2. 冻害的影响因素

(1)寒冷气温的作用对隧道冻害的产生有直接关系。由于气温的变化使得隧道产生冻害。

(2)季节冻结圈的形成:沿衬砌周围各最大冻结深度连成一个圈称为季节冻结圈。当衬砌周围超挖尺寸大小不等,超挖回填用料不当及回填密实不够产生积水时,易形成冻结圈。在严寒冬季,较长的隧道,两端各有一段长度能形成冻结圈,称为季节冻结段。中部的一段,多年不会形成季节冻结圈,称为不冻结段。隧道两端冻结段长度不一定相等。同一座隧道内季节冻结段的长度恒小于洞内季节负温段的长度。隧道的排水设备如埋在冻结圈内,冬季易发生冰塞。在冻结圈范围内的岩土,由于受强烈频繁的冻融破坏,风化破碎程度与日俱增,也是冻害成因之一。

(3)围岩的岩性对冻胀的影响:在隧道的季节冻结圈内如果是非冻胀土,是不会发生冻胀性病害的。冻结圈内冻土的分布情况就决定了发生冻害的部位。如果隧道围岩全是冻胀性土且均匀分布,则发生冻胀时沿衬砌外围对称均匀分布;如果是冻胀性土与非冻胀性土成层状分布,就可能出现冻胀部位不对称和非均匀分布。

(4)隧道设计和施工的影响:隧道在设计和施工时,对防冻问题没有考虑或考虑不周,造成衬砌防水能力不足、洞内排水设施埋深不够、治水措施不当,加上施工单位未按施工规范认真施工等,都会造成和加重运营阶段隧道的冻害。

三、隧道冻害的处治措施

隧道冻害的根本原因就是围岩地下水的冻结,如果能将水排除在冻结圈以外,杜绝水进入冻结圈,就能达到防治冻害的目的,综合治理是防治冻害的最基本措施。为防治冻害而采取的治水措施主要是:

(1)消灭衬砌漏水缺陷,保证衬砌污工不再充水受冻。
(2)加强结构层和接缝防水(所用防水材料要有一定的抗冻性)。
(3)对有冻害的段落,保证排水系统畅通,不允许衬砌背后积水,并防止冻结圈外的地下水向冻结圈内迁移。
(4)衬砌背后空隙用砂浆回填密实。
(5)保证排水设施或泄水沟在任何季节、任何条件下不冻结。
(6)在严寒地区可采用中心深埋泄水洞的方法。
(7)采取更换土壤、增加保温材料防冻、防止融坍、加强结构等措施。

单元训练

实训目标 能正确分析隧道冻害产生的原因,并能合理制订冻害的处治措施。

实训准备

1. 场地准备:选择一座出现冻害的隧道;
2. 器材准备:笔、记录本、照相机等;
3. 人员准备:以2~3人为一个小组,将班内同学分成若干小组。

实训内容 各组同学采用实训器材等工具对实训场地内出现的冻害进行数据、文字和图像的记录。

实训成果 各组根据隧道内的冻害情况进行分析,找出产生隧道冻害的原因,并制订相应的处治措施,最终以实习报告的形式进行提交。

单元四 隧道衬砌裂损原因及防治措施

知识要点

(1)隧道衬砌裂损成因;
(2)隧道衬砌裂损产生的影响因素;
(3)隧道衬砌裂损的预防措施;
(4)隧道衬砌裂损的处治。

◇想一想:隧道衬砌裂损的原因有哪些?

一、隧道衬砌裂损产生的原因

隧道设计时因围岩级别划分不准、衬砌类型选择不当,造成衬砌结构与围岩实际荷载不相应引发裂损病害。客观上因隧道穿越山体的工程地质和水文地质条件复杂多变,受勘测设计工作的数量、深度所限,大量的隧道都只有较少的地质钻孔,设计阶段难以取得完整准确的资料,可能出现一些地段的围岩级别划分不准,衬砌类型选择不当的情况。如果在施工中得不到纠正,或施工中进行了错误的设计变更,都会造成这些地段的衬砌结构与围岩实际荷载不相适应。例如,对一些具有膨胀性围岩地段未采取曲墙加仰拱衬砌;偏压地段未采取偏压衬砌;断层破碎带、褶皱区等局部围岩松散压力或构造应力较大的地段未采取相应的衬砌结构加固措施;对地基软弱和易风化、泥化地段未设可靠防、排水设施等。施工时受技术条件限制,方法不当,管理不善,造成工程质量不良。例如先拱后墙法施工时拱架变形下沉,造成拱部衬砌产生不均匀下沉,拱腰和拱顶发生施工早期裂缝;拱顶与围岩不密贴;过早拆除模板支撑使衬砌承受超容许的荷载,易发生裂损。上述这些问题包括水害均可能造成隧道衬砌的裂损。

二、隧道衬砌裂损危害及影响因素

1. 衬砌裂损的危害

衬砌裂损的危害是不言而喻的,它可导致隧道结构变形、掉块甚至塌落;降低衬砌结构对围岩的承载能力;使隧道的净空变小,侵入建筑限界,影响车辆安全通过;衬砌裂缝还会成为渗漏水的通道。

2. 衬砌裂损的影响因素

1) 设计、地质方面的原因

客观上,隧道穿越山体的工程地质与水文地质条件复杂多变,受地质勘测的数量、深度及技术所限,最后的勘测结果很难保证完整准确,特别是对于地质构造特殊、岩性特异以及地下水破坏作用较强的围岩的勘测如果不准确,在进行设计工作时可能对某些地段的围岩级别划分不准确,从而导致衬砌的类型选择不当,为日后的衬砌裂损埋下隐患。

2) 施工方面的原因

(1) 施工方法选择不当。施工方法的选择应根据隧道所处的地质条件、隧道断面、隧道长度、工期要求、机具装备、技术力量等情况确定。但由于施工工艺、施工设备等方面的原因,很难达到施工方法的要求(例如围岩稳定性、水影响等),因此,在一些情况下,衬砌裂损在所难免。

(2) 施工质量不过关。运营隧道衬砌裂损除少部分与设计、地质、环境、结构老化等因素有关外,大部分都与施工质量有关。主要表现在施工单位管理不善,追求施工速度,造成施工质量不良。例如工程测量误差、欠挖、模板拱架支撑变形、塌方、过早拆除支撑、混凝土捣实质量不佳、对超挖部分回填不实、防排水处理措施不当等。

3) 地下水方面的原因

地下水的动、静压力作用,也可将衬砌压裂。严寒地区冻胀也是衬砌裂损的原因之一。当围岩背后存在空洞时,地下水便会存积在其中,从而增大围岩压力而引起裂损。尤其当隧道处于软质围岩环境中,软质围岩因浸水发生泥化或软化而失去承载力或产生塑性流动对衬砌的压力增大;围岩的结构面及软弱夹层因浸水发生软化、滑动失稳,对衬砌压力增大,均会导致衬砌的裂损。有关实测资料表明,雨季与旱季相比,围岩压力有的要增加一倍,而这一因素极易导致隧道衬砌裂损的发生与已有裂损的发展。

4) 运营维护方面的原因

隧道衬砌在运营中,养护工作跟不上,对隧道的设计施工情况了解不清楚,特别是对围岩地质、地下水分布及处理,坑道开挖,支撑拆除,衬砌背后回填,防排水设施,衬砌质量情况,施工中有关技术、质量、安全等方面的问题和处理措施缺乏全面的了解;对衬砌裂损缺乏定期的检查监视,缺乏较长期的系统的观测与分析,这样对裂损变形的发现与发展情况不明,难以对造成原因及其安全影响作出正确判断,更难以做到及时有效地治理,均将会造成施工发生的裂缝继续发展,整治达不到应有效果,或原来没有裂损的衬砌也会出现新的病害。

5) 其他方面的原因

除上述因素外,运营阶段的振动与空气污染、人为破坏与突发荷载也是衬砌裂损的重要原因。

三、隧道衬砌裂损处治

由于引起隧道衬砌裂损的原因是多方面的,大体上分为外因(外力和环境等外部因素)和内因(材料和设计、施工等结构上的因素)两大原因,因此隧道衬砌裂损没有固定的整治方法,必须在隧道检测的基础上,结合要治理隧道衬砌裂损的特点,采取相应的措施。总的原则是,在加固围岩和衬砌结构的基础上,辅以裂缝的整修。综观国内外主要治理衬砌裂损的技术,其常用的加固方法如表 6-4-1 及表 6-4-2 所示。如何选用整治方法,要根据衬砌裂损原因、衬砌裂损程度、与其他病害的相互影响、对正常运营的干扰、整治费用等因素确定。

加固围岩的常用方法　　　　　　　　　　　　表 6-4-1

处理方法	适用条件
回填压注法	衬砌背后和围岩间有空洞
锚杆补强法	塑性地压及偏压造成的变异的发展;衬砌掉块区
治水稳定围岩法	隧道穿过含水的地层;隧道衬砌防水及排水措施不完善

加固衬砌的常用方法　　　　　　　　　　　　表 6-4-2

处理方法	适用条件
直接涂抹法	裂缝不明显的剪切错动和渗透水迹象,不影响结构安全和正常适用凿槽嵌补法
凿槽嵌补法	裂缝不明显的剪切错动和渗透水迹象,且裂缝范围较小,数量少,且为环向裂纹
锚喷加固法	锚喷是衬砌加固最有效的方法,锚喷加固可分为素喷、网喷、锚网喷、喷射早强钢纤维四种

引起衬砌裂损病害的原因很复杂,往往不是单一原因引起的,而是几种因素综合作用的结果,因此,需要从工程资料、检测资料与工程经验着手,找出引发病害的主要原因,从而提出正确的处理办法。另外,建议在隧道建设初期加强勘测设计,施工期提高施工质量,运营期建立监测系统及监督机制,尽量避免病害的发生。对于已经发生病害的隧道,要加强观测,及时发现及时处理,并对处理的效果进行监测评估,最终达到整治病害的目的。

单元训练

▶ **实训目标** 能正确分析隧道衬砌损坏的原因,并能合理制订相应的处治措施。

▶ **实训准备**

1. 场地准备:选择一座出现衬砌损坏的隧道;
2. 器材准备:笔、记录本、照相机等;
3. 人员准备:以 2~3 人为一个小组,将班内同学分成若干小组。

▶ **实训内容** 各组同学采用实训器材等工具对隧道内出现的衬砌损坏进行数据、文字和图像的记录。

▶ **实训成果** 各组根据隧道内的衬砌损坏情况进行分析,找出产生隧道衬砌损坏的原因,并制订相应的处治措施,最终以实习报告的形式进行提交。

单元五 隧道衬砌侵蚀的成因及防治措施

▶ **知识要点**

(1)隧道衬砌侵蚀成因;
(2)隧道衬砌侵蚀产生的影响因素;
(3)隧道衬砌侵蚀的预防措施;
(4)隧道衬砌侵蚀处治方案。

> ◇想一想:隧道衬砌侵蚀影响因素有哪些?

1. 隧道衬砌侵蚀产生的原因

衬砌侵蚀的种类分为物理侵蚀和化学侵蚀两类。

1)物理侵蚀

物理侵蚀又可分为冻融交替部位的冻胀性裂损和干湿交替部位的盐类结晶性胀裂损坏两种。

2)化学侵蚀

隧道衬砌混凝土的化学侵蚀是一个很复杂的物理化学过程。综合国内外的研究成果,根据主要物质因素和腐蚀破坏机理,化学侵蚀可分为硫酸盐侵蚀、镁盐侵蚀、溶出性侵蚀(软水侵蚀)、碳酸盐侵蚀和一般酸性侵蚀五种。

产生侵蚀的三个要素是:第一,侵蚀介质的存在;第二,易侵蚀物质的存在;第三,地下水的存在且具有活动性。衬砌背后的侵蚀性环境水,容易沿衬砌的毛细孔、工作缝、变形缝及其他孔洞渗流到衬砌内侧,成为隧道渗漏水,对衬砌混凝土和砌石、灰缝产生物理性或化学性的侵蚀作用,造成衬砌侵蚀。隧道衬砌侵蚀使混凝土变酥松,强度下降,降低隧道衬砌的承载能力,缩短使用寿命,危及行车安全。

2. 隧道衬砌侵蚀的防治措施

隧道衬砌防侵蚀措施,应首先从做好勘测设计着手,掌握隧道工程地质和水文地质资料。查明环境水含侵蚀性介质的来源和成分,在正确判定其对衬砌混凝土侵蚀程度的基础上,因地制宜地采取防治措施。

环境水对混凝土和水泥砂浆的侵蚀作用主要可归纳为三种:溶出性侵蚀(即非结晶性侵蚀)、结晶性侵蚀和复合性侵蚀(溶出性和结晶性侵蚀同时作用或交替作用)。对溶出性侵蚀,只要能解决衬砌的渗漏水问题,就能达到防蚀的目的。对于结晶性侵蚀,由于侵蚀是因水泥中的化合物与水作用后的新生成物或水中盐类介质析出结晶,发生体积膨胀而导致材料破坏,而析出结晶的条件是混凝土中的干湿变化,干湿变化越频繁,侵蚀速度越快。因此,对这类侵蚀,不仅要防渗漏,还要防止混凝土浸水,避免侵蚀水与混凝土发生作用。复合性侵蚀包含了上述两种侵蚀的特性。

针对侵蚀产生的原因和条件,对公路隧道侵蚀采取的防治措施主要有:

(1)提高混凝土的密实性和衬砌的整体性。
(2)外掺加料法。
(3)选用耐侵蚀水泥。
(4)加强衬砌外排水措施,使用密实的与混凝土不起化学反应的材料,在衬砌外表面做隔离防水层;
(5)采用与侵蚀性环境水不起化学反应的天然石料砌筑衬砌。
(6)向衬砌背后压注防蚀浆液。
(7)使用防腐蚀混凝土等。

单元训练

实训目标 能正确分析隧道衬砌侵蚀的原因,并能合理制订相应的处治措施。

实训准备

1. 场地准备:选择一座出现衬砌侵蚀的隧道;
2. 器材准备:笔、记录本、照相机等;
3. 人员准备:以2~3人为一个小组,将班内同学分成若干小组。

➕ 实训内容 各组同学采用实训器材等工具对隧道内出现的衬砌侵蚀进行数据、文字和图像的记录。

➕ 实训成果 各组根据隧道内的衬砌侵蚀情况进行分析,找出产生隧道衬砌侵蚀的原因,并制订相应的处治措施,最终以实习报告的形式进行提交。

参 考 文 献

[1] 汪益敏.路基边坡坡面冲刷特性与加固材料性能研究[D].广州:华南理工大学,2003:16-20.
[2] 李彦武.黄土地区路基防护与支挡工程病害及防治措施[J].公路交通科技,2009,26(9):53-58.
[3] 梁俊勋,覃再肯.南宁市某道路路基下沉开裂原因及整治措施探讨[J].城市勘测,2008,(1):147-149.
[4] 郑士暄,胡胜飞.杭甬高速公路桥头跳车的处理[J].公路,2003(8):43-45.
[5] 张宝龙.呼集高速公路K415+950处路堑高边坡坍塌治理方案介绍[J].交通标准化,2010(212).
[6] 张凤凌.某公路软土路基病害分析及整治[J].岩土工程界,2007,10(8):60-62.
[7] 张志清,吕宁,韩柳.GZ25宁夏段黄土路基纵向开裂成因及防治方法研究[J].公路交通科技,2007,24(9):25-27.
[8] 冉高,肖波.成雅路膨胀土路基病害的处治[J].西南公路,2002(4):5-7.
[9] 赵振东,陈惠民.公路养护工程常见病害及防治[M].北京:人民交通出版社,2006.
[10] 马华堂,张新旺.公路工程病害分析与防治技术[M].北京:人民交通出版社,2003.
[11] 马华堂,孙建豪,张新旺.公路工程病害分析与防治技术[M].郑州:黄河水利出版社,2008.
[12] 李上红.公路工程施工常见地质病害处治[M].北京:人民交通出版社,2004.
[13] 张湧,等.高等级公路路基病害分析与防治技术[M].北京:人民交通出版社,2007.
[14] 黎明亮.公路工程养护技术[M].北京:人民交通出版社,2007.
[15] 徐世法,等.沥青铺装层病害防治与典型实例[M].北京:人民交通出版社,2005.
[16] 韩丽馥.高等级公路养护[M].北京:人民交通出版社,2010.
[17] 河南交通厅公路局.公路养护技术[M].北京:人民交通出版社,2007.
[18] 聂忠权.路基病害整治[M].北京:人民交通出版社,2010.
[19] 伍石生,等.公路养护与抢修实用技术[M].北京:人民交通出版社,2008.
[20] 许发明,刘吉福,等.某高速公路软基涵洞病害原因与防治[J].广东公路交通,2010(4).
[21] 张晔芝,赵博.某沿海高速公路涵洞病害成因及处理措施浅析[J].西部探矿工程,2008(12).
[22] 王玲,陈明非.山区公路涵洞病害调查分析及对策[J].黄河规划设计,2008(3).
[23] 姚国文,张学富.桥涵维护与加固技术[M].北京:人民交通出版社,2007.
[24] 管频,王运周.公路桥涵与隧道养护[M].北京:人民交通出版社,2009.
[25] 中华人民共和国行业标准.JTG H20—2007 公路技术状况评定标准[S].北京:人民交通出版社,2008.
[26] 中华人民共和国行业标准.JTJ 073.2—2001 公路沥青路面养护技术规范[S].北京:人民交通出版社,2001.
[27] 中华人民共和国行业标准.JTG H10—2009 公路养护技术规范[S].北京:人民交通出

[28] 中华人民共和国行业标准.JTG H11—2004 公路桥涵养护规范[S].北京:人民交通出版社,2004.

[29] 中华人民共和国行业标准.JTG H12—2003 公路隧道养护技术规范[S].北京:人民交通出版社,2003.

[30] 中华人民共和国行业标准.JTJ 073.1—2001 公路水泥混凝土路面养护技术规范[S].北京:人民交通出版社,2001.

[31] 中华人民共和国行业标准.JTG F40—2004 公路沥青路面施工技术规范[S].北京:人民交通出版社,2004.

[32] 中华人民共和国行业标准.JTG D50—2006 公路沥青路面设计规范[S].北京:人民交通出版社,2006.

[33] 中华人民共和国行业标准.JTG F41—2008 公路沥青路面再生技术规范[S].北京:人民交通出版社,2008.

[34] 中华人民共和国行业标准.JTG/T J22—2008 公路桥梁加固设计规范[S].北京:人民交通出版社,2008.

[35] 中华人民共和国行业标准.JTG/T J23—2008 公路桥梁加固施工技术规范[S].北京:人民交通出版社,2008.